Les fantômes de Beethoven

Univers Musical

Collection dirigée par Anne-Marie Green

La collection *Univers Musical* est créée pour donner la parole à tous ceux qui produisent des études tant d'analyse que de synthèse concernant le domaine musical.

Son ambition est de proposer un panorama de la recherche actuelle et de promouvoir une ouverture musicologique nécessaire pour maintenir en éveil la réflexion sur l'ensemble des faits musicaux contemporains ou historiquement marqués.

Déjà parus

Pauline CASANOVA, *La place de la musique dans les arts à la cour du roi René*, 2019.
Dominique SALINI, *Webern, Fourier et Butor selon Pousseur, Un voyage en utopie*, 2019.
Danièle PISTONE, *Le Paris d'été. Musique et société à Trouville-sur-Mer de 1830 à 1914*, 2019.
Charlotte SAULNERON, *Les grands sujets d'actualité à l'opéra*, 2019.
Alain VON RODEN, *Musiques polyphoniques, d'art contrapuntique, Années 1180-1530, Informations sur les compositeurs, et leurs oeuvres vocales et instrumentales*, 2018.
Alexandra CHERCIU, *La dramaturgie devant l'histoire, La figure de Jeanne d'Arc dans l'opéra et l'oratorio européens depuis 1938*, 2018.
Hélène ROUTIER, *Offenbach mis en scène par Laurent Pelly, Une esthétique* métakitsch, 2018.
Roland GUILLON, *Archie Shepp et Pharoah Sanders*, *Deux héritiers de John Coltrane,* 2018.
Jean FRANCHETEAU, *John Coltrane. La décennie fabuleuse*, 2018.
Guillaume PASTRE, *Un art de la cohérence, Different trains, Steve Reich*, 2018.
Ludovic FLORIN (édition préfacée, rassemblée et annotée par), *Alexandre TANSMAN. Un musicien entre deux guerres. Correspondance Tansman – Ganche (1922 – 1941)*, 2018.
Carole BERTHO-WOOLLIAMS, *Les femmes lauréates du premier Prix de Rome de composition musicale. 1913-1966*, 2018.
Jacqueline WILLEMETZ, *Chopin, chasseur d'âmes*, 2018.
Patrick CALAIS, *Bach en concert, Essai sur les Variations Golberg, nv. Ed.*, 2017.
Rafael ANDIA, *Labyrinthes d'un guitariste*, 2016.
Jean-Blaise COLLOMBIN, *Ennio Morricone, Perspective d'une œuvre*, 2016.
Henri-Claude FANTAPIÉ, *60 ans de vie musicale. De 1945 à nos jours*, 2016.
Amin CHAACHOO, *La musique hispano-arabe Al-Ala*, 2016.

Dominique RENIERS

LES FANTOMES DE BEETHOVEN

À partir du *Testament d'Heiligenstadt*

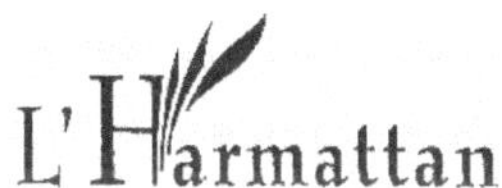

5-7, rue de l'École-Polytechnique ; 75005 Paris
http://www.editions-harmattan.fr
ISBN : 978-2-343-20983-8
EAN : 9782343209838

INTRODUCTION :
"L'ART DE L'ESQUISSE"

Chez les "*Grands*" de la musique, peut-être aussi dans d'autres domaines, l'*écriture* n'a jamais eu importance aussi grande que chez Beethoven. On sait la place essentielle que prend chez lui l'*esquisse*. Loin de comporter quelque motif musical qui attendrait simplement d'être intégré dans une œuvre finale, elle devient chez lui l'enjeu d'une écriture qui reste dans son incomplétude même. Qu'y observe-t-on en effet ? Une multitude d'idées musicales brutes qu'il reprend et développe parfois après les avoir abandonnées des années plus tôt. Plus encore, un même thème pouvait devenir le cœur de plusieurs œuvres différentes. Ainsi le fameux thème dit *Eroïca*, qu'on trouve dans une simple *Contredanse* (la septième du *WoO 14*), dans le ballet *Les créatures de Prométhée op. 43*, dans une symphonie (*Symphonie Héroïque op. 55*, quatrième mouvement) et dans une série de variations pour clavier (*Variations Eroïca* op. 35). Ainsi également le célèbre motif saisissant qui introduit la *Cinquième symphonie op. 67*, qu'on pouvait entendre plus tôt dans la *Sonate pour piano à quatre mains op. 6*, dans la *Sonate Appassionata op. 57*, dans une phrase du premier mouvement du *Quatuor op. 18 n° 3*, ainsi que dans le *Quatrième concerto pour piano op. 58*. Tout aussi célèbre, le motif de *l'Hymne à la joie*, qui existe dès la jeunesse de Beethoven et qu'on retrouvera dans la *Neuvième symphonie op. 125*, après avoir été évoqué dans la *Fantaisie pour piano, chœurs et orchestre op. 80*.

Point de correspondance directe, chez Beethoven, entre ce qu'il écrit et ce qui deviendra l'œuvre dans sa forme finale. On est loin, en vérité, du génie de Mozart dont on disait la création directement inspirée de Dieu, tant ce qu'il couchait sur partition se retrouvait quasiment à l'identique dans l'œuvre finale, ne comportant en effet qu'un nombre infime de corrections. Se présente chez ce dernier la clarté cristalline d'une écriture qui semble d'emblée contenir une inspiration intérieure, tandis que chez Beethoven, ça rature, ça reprend, ça corrige, en un mot ça travaille dans le conflit. Impossible de savoir, lorsque le regard s'arrête sur une de ses esquisses, ce que sera le produit final.

Son inspiration désordonnée n'admet pas d'être enchaînée à une œuvre déterminée. « *Je prends ceci ou cela* », dira-t-il lui-même. L'esquisse est un temps qui n'a aucun poids tant que l'auteur n'en aura pas fait quelque chose. Le *choix*, celui de Beethoven, sera là pour donner une orientation finale dans le seul temps de l'après-coup de l'inspiration. C'est ce choix qui prévaudra toujours dans sa composition. Il pétrit la terre musicale des thèmes qui lui viennent, quand Mozart laisse s'écouler le ruisseau limpide de son inspiration. Le résultat, chez l'un comme chez l'autre, sera grandiose mais masquera parfaitement, dans le cas de Beethoven, ce labeur incessant qui ne laisse jamais en paix le thème musical.

Beaucoup prendront cet "*Art de l'esquisse*" typiquement beethovénien comme reflet direct de la psychologie de l'homme, notamment ceux qui se sont attachés à l'image romantique et qui « *verront dans l'aspect chaotique* [des esquisses] *l'illustration d'une notion qui leur est chère : un art à l'image d'un homme.* »[1] Sans aucun doute Beethoven fut un homme profondément tourmenté. Certains l'entendent dans ses œuvres, telles la *Sonate Appassionata* ou la *Cinquième symphonie*. Mais beaucoup s'arrêteront, pour justifier ce tourment, sur les multiples anecdotes reprises par les biographes qui semblent dresser pour le compositeur une vie qu'il ne fit que subir, à coups réguliers du Destin. Surdité, déceptions amoureuses répétées, trahisons de ses amis et même de sa famille, ingratitude du neveu Karl qu'il a pris sous sa tutelle pour le sauver des griffes d'une mère dangereuse… Assurément, on retrouve bien ici l'image d'un Beethoven martyr qui trouva néanmoins, là est le modèle du héros à la Plutarque, la force de vaincre le Destin qui lui fut réservé. Victime et héros à la fois, c'est ainsi qu'est classiquement présenté Beethoven dans les biographies… C'est pourtant oublier la leçon de l' "*Art de l'esquisse*" chez lui, qui témoigne d'un conflit avant tout interne et d'un *non* répété qu'il adresse à lui-même plus qu'aux autres ou à quelque tour du sort.

Exemplaire est à ce titre la lecture qui est classiquement proposée d'un document exceptionnel que Beethoven a rédigé en automne 1802, dans la petite ville d'Heiligenstadt. On le considère, depuis Rochlitz, comme un testament. Il est vrai que, dans le texte, le compositeur désigne ses frères comme les légataires de sa petite fortune et des instruments de musique que lui a offerts un de ses premiers mécènes, le prince Lichnowsky. Il est vrai également qu'à deux reprises, il y parle explicitement d'idées suicidaires. C'est un document, Beethoven l'écrit lui-même sur la partie restante une fois celui-ci cacheté, qui ne doit être lu qu'après sa mort. En vérité, ceux qui, des biographes, prônaient l'idée d'un Beethoven malheureux et victime du Destin ou des autres, n'avaient qu'à se baisser pour cueillir ce qui allait parfaitement

---

[1] Nicholas Marston, in Bary Cooper, *Dictionnaire Beethoven*, Paris, JCLattès, 1991, p. 271.

dans le sens de leurs affirmations. Ils oublient toutefois qu'avant tout, Beethoven y crie à l'injustice. Les autres le prennent pour un misanthrope, et ils se trompent. La victime (présumée) se met alors à plaider sa défense : quelle injustice les hommes lui réservent ! Ils ne savent pas ce qu'ils font, parce qu'ils ignorent le mal secret qui le ronge. Ce que Beethoven veut faire *entendre*, c'est qu'il est sourd et qu'il doute de guérir un jour.

Il est étrange, tout de même, qu'un tel cri à l'injustice ainsi qu'une telle révélation figurent dans un document qui ne pourra être lu qu'après sa mort ! Il n'écrit pas, donc, dans l'attente de quelque retour de la part de ceux à qui il est supposé s'adresser, retour qui irait dans le sens d'une pacification du rapport avec eux. C'est là une première question que pose le *Testament d'Heiligenstadt*, et il en est bien d'autres, comme on le verra… Je m'y arrête cependant pour pointer la teneur exacte du présent travail. Un tel document, je le poserai comme une affirmation de départ, ne peut être compris, entendu dans sa portée essentielle, que si on accepte de se départir de cette vision romantique d'un Beethoven victime d'un Destin, des événements de sa vie ou des autres. Au risque de ternir l'image idéalisée qu'on a produite de lui, je soutiendrai ici la gageure qu'il est possible, à partir du *Testament d'Heiligenstadt*, de voir à l'œuvre ce conflit intérieur qu'on a vu plus haut comme fondement de l' "*Art de l'esquisse*" qui lui est propre. Ce conflit intérieur trouve place entre les lignes du Testament, dans le "*blanc*" qui les sépare, et rend compte d'une faille identificatoire à plusieurs visages qui le hante de toujours.

Il sera question, dans les analyses à venir, de secrets, et même de fantômes, au sens évidemment psychopathologique du terme. Le terme peut faire peur en ce qu'il pourrait inciter à penser l'horizon de ce travail sous les auspices d'un ésotérisme de dernier ordre. De fait, le "*fantôme*" a été érigé au rang de concept par certains auteurs psychanalystes qui ont pris la mesure, dans leur pratique, du poids que pouvaient avoir certains secrets qui, sur deux générations le plus souvent, fournissent une assise identificatoire particulière orientant de façon parfois décisive les choix essentiels du sujet. Des secrets, chez Beethoven, on va voir qu'il y en eut plus d'un, et un document tel que le *Testament d'Heiligenstadt* constitue une voie d'entrée idéale pour tenter de les approcher.

Il faut être clair cependant sur un point ! En aucune façon le sujet-Beethoven (ou qui que ce soit, d'ailleurs !) ne peut être considéré comme simple *victime* de ces secrets, c'est-à-dire de quelque élément inconscient qui prendrait forcément la place de l'événement ou du destin chez les biographes classiques. À l'instar de l'esquisse chez Beethoven, l'essentiel reviendra toujours à ce qui est fait après-coup d'un matériel brut. C'est ainsi d'ailleurs, à mon sens, qu'il convient d'entendre la question du Destin chez lui : une élaboration incessante de ce qui s'impose en lui et le conduit à faire choix signifiant face à tout événement. C'est sur une telle considération, en tout cas, que se détermine la direction, la seule viable, que doit prendre un travail qui porte sur le fantôme qui persiste en silence dans une économie subjective. Son point de départ, en effet, ne saurait être quelque volonté absurde de localiser ou de repérer ce qui hante Beethoven. La démarche est opposée à cette volonté d'un savoir qui n'aurait pas pris le temps de l'écoute ou de la lecture… Ce qui hante de toujours Beethoven ne peut en soi être saisi que dans l'après-coup des multiples masques qu'il a pu porter dans sa vie : ses choix, ses échecs, mais aussi ses excès en amitié, ou encore son acharnement à sauver son neveu d'une mère qu'il tient pour nocive… De là seulement, à rebours, il deviendra possible de suspecter le ou les fantôme(s) qui le hante(nt) de toujours. Il en va bien, donc, d'un travail d'élaboration qui a en vérité la semblance de la création beethovénienne. Partant de faits bruts, il s'agit d'élaborer pour aboutir à une compréhension dont la pertinence sera à la mesure de celle des liens significatifs qui auront pu être repérés entre eux. Telle est, au demeurant, la démarche clinique dans sa rigueur première : partir de la parole d'un patient et construire (jamais retrouver !) dans l'après-coup ce qui a pu conduire au symptôme…

Il faut partir des faits, donc. Mais quels faits ? Avec Beethoven, on a affaire à un personnage historique, et non à un patient qui déploie sa parole à l'adresse d'un autre dans le contexte très particulier d'une consultation ! De plus, le concernant, s'impose, ou s'expose, l'image du héros façonnée par la grande majorité des biographes, ce qui, inévitablement, enlève à leur discours toute possibilité de trouver ces faits à partir desquels il convient ici de partir. Doit donc être retenue pour le présent travail une méthodologie des plus rigoureuses pour atteindre un objectif en soi particulièrement délicat…

Hors de question, évidemment, de partir des biographies qui portent forcément, parfois presqu'exclusivement, l'empreinte de leur auteur et participent incontestablement de cette image idéalisée du compositeur. C'est l'analyse du biographe, parfois, et non de Beethoven, qui s'imposerait pour certains ouvrages ! Il ne s'agira pas de partir ici du discours de ces autres, ou alors seulement de façon sporadique et illustrative, mais de s'appuyer fondamentalement sur l'expression du compositeur lui-même. Sa musique ? Ce serait lui conférer une portée expressive, c'est-à-dire susceptible d'informer sur la vie de son auteur, ce à quoi maintes œuvres de Beethoven font objection de façon évidente. Il est cependant une autre forme d'expression beethovénienne qui, appréhendée avec la rigueur qui s'impose, peut fournir une voie particulièrement riche et fiable : sa correspondance. Là, point de doute, Beethoven parle à travers un écrit. Nul filtre de quelque lecteur qui impose sa signature interprétative. De plus, et on en trouvera maintes illustrations dans les développements de ce travail, il est possible d'y saisir nombre de caractéristiques formelles (au-delà de leur simple contenu, donc) qui viennent signifier bien plus que ce que le contenu de la lettre escompte exprimer de façon explicite.

Freud lui-même a retenu une démarche similaire dans des essais portant sur deux génies de l'Histoire : Léonard de Vinci et Goethe.[1] Son approche porte rigoureusement sur les traces écrites de chacun de ces deux hommes. Et de telles traces, il *construisit*, avec rigueur, ce qui pouvait être tenu comme vérité secrète les hantant l'un et l'autre. Je procéderai ainsi avec Beethoven. Au demeurant, partir des lettres de celui-ci s'inscrit dans la parfaite continuité du document écrit sur lequel porte avant tout ce travail, à savoir le *Testament d'Heiligenstadt*.

J'aborderai dans un premier temps ce document en fonction du contexte historique dans lequel il a été rédigé, pour présenter ensuite la lecture qu'en ont proposée plusieurs auteurs, biographes et autres. Dans un second temps, j'en proposerai une lecture littérale, ce qui permettra de dégager trois questions essentielles qui s'y posent : à qui le *Testament* s'adresse-t-il ? Quelle place y occupe précisément la mort qui justifia précisément son titre de *testament* ? Enfin, je tenterai de découvrir le motif de son écriture dans cette période précise d'automne 1802. Il est cependant dans le *Testament d'Heiligenstadt* une caractéristique formelle qui n'est certainement pas simple détail. Je veux parler d'un "*blanc*" qui se trouve à trois reprises en lieu et place d'un prénom précis, celui de Johann, le frère du compositeur… C'est à ce titre, précisément, qu'une recherche plus large pourra être entamée, qui interrogera ce qui, chez Beethoven, a pu le hanter et déterminer, en partie au moins, certaines positions subjectives dans sa vie, notamment, quoique pas seulement, avec les membres de sa famille et certains de ses amis proches. C'est là qu'il sera question de fantôme…

Il n'est absolument pas dans mon intention de découvrir, à entendre ici dans les deux sens du terme, celui-ci. Il s'agira, simplement mais avec rigueur, de le suivre… à la trace, celle qu'auront laissée le *Testament* de 1802 ainsi que sa correspondance…

Je remercie ici très sincèrement Dominique Prévot, président de l'*Association Beethoven France et francophonie* (ABF). Pour son soutien et sa confiance, ce travail peut être entendu comme un hommage amical à celui

[1] Freud (Sigmund), *Un souvenir d'enfance de Léonard de Vinci* (1910), Paris, Gallimard, 1987 ; « Un souvenir d'enfance de Poésie et vérité » (1917), in *Œuvres complètes XV*, Paris, PUF, 1996, p. 65-75.

qui contribue depuis des années, avec passion et efficacité, à faire connaître "*le vieux*" (c'est ainsi qu'est parfois surnommé Beethoven au Conservatoire de Paris). Je dois énormément à mon ami Jean-Paul Delorme, dont les réguliers encouragements et le suivi attentif de l'avancée de ce travail et de bien d'autres, n'ont d'égal que la discrétion qui le caractérise. Je dois le reconnaître et le dire, il est véritablement le parrain de nombre de mes travaux consacrés à Beethoven... Je remercie également Michel Rouch, dont la culture beethovénienne, je crois, n'a pas d'équivalents en France. Je ne saurai également oublier mon épouse, Anne, qui, dans la discrétion et surtout dans les vicissitudes du quotidien, m'a toujours encouragé à m'inscrire dans ce travail. Je crois pouvoir dire qu'elle a été et reste le témoin principal d'une passion dont les lignes qui suivent ne sont qu'une simple... esquisse...

PREMIERE PARTIE :

APPROCHES DU *TESTAMENT D'HEILIGENSTADT*

I) LE CONTEXTE BIOGRAPHIQUE

Beethoven n'a pas 32 ans lorsqu'il rédige le *Testament d'Heiligenstadt*, en octobre 1802. Son extraordinaire talent d'improvisation le place déjà parmi les premiers pianistes de Vienne, et ce depuis plusieurs années déjà.[1] Ses premières compositions se sont également imposées et font de lui, dès 1798, l'un des premiers musiciens de la capitale autrichienne, juste après Haydn.[2] Son style, dès cette époque, se démarque progressivement de celui de ses maîtres, parce qu'il prend conscience de plus en plus nettement qu'il a autre chose à faire que de suivre le modèle des anciens.

En 1802, il a composé bon nombre de sonates pour piano qui ont grand succès (parmi lesquelles la *Pathétique*), le fameux *Septuor op. 20* qui restera longtemps une œuvre très appréciée (à son grand déplaisir, d'ailleurs !), 5 sonates pour violon et piano, 6 quatuors à cordes (op. 18), et même, pour grand orchestre, deux concertos pour piano, un ballet (*Les créatures de Prométhée*) et sa *Première symphonie*. La plupart des styles sont donc abordés, à l'exception de la musique religieuse et de l'opéra.

Bref, Beethoven est, en cette année 1802, un compositeur déjà connu, respecté (quoique pas toujours aimé) pour un style qui se démarque de celui des anciens. Pourtant, sur un plan personnel, les choses se présentent tout autrement, et ce sur deux plans au moins : celui de la surdité qui semble progresser gravement, et celui d'un amour particulièrement malheureux.

---

[1] DeNora (Tia), *Beethoven et la construction du génie*, Paris, Fayard, 1995, p. 176 et s.

[2] Arndt, cit. in Prod'homme (Jean-Georges), *La jeunesse de Beethoven*, Paris, Payot, 1921, p. 301, n. 1.

Le spectre de la surdité...

Les troubles auditifs du compositeur sont apparus en 1796, ou plus exactement en 1797 selon Thayer.[1] Les premiers symptômes consistaient en la perception de bourdonnements, de tintements, de sifflements et d'une perte d'audition pour les sons à fréquence élevée (aigus). Seule l'oreille gauche était tout d'abord touchée, la droite l'étant peu après.[2] Il est essentiel, pour ce qui va suivre, de savoir que ces troubles auditifs ont fait tout d'abord l'objet d'une dissimulation de la part de Beethoven. Au demeurant, ces troubles n'affectaient que partiellement son activité musicale et ne compromettaient pas ses performances d'improvisateur dans les salons viennois, ni son activité de composition. L'aveu de la surdité n'apparaîtra que quatre ou cinq ans plus tard, dans deux lettres envoyées à de fidèles amis auxquels il demande avec insistance de n'en rien dire. Il s'agit de Franz Wegeler, l'ami d'enfance, et de Karl Amenda, un pasteur courlandais avec qui il noua une relation de très forte amitié en 1798-1799, mais qui dut retourner précipitamment dans son pays natal suite au décès brutal de son frère. Ces deux lettres ont été rédigées au même moment, la première (à Wegeler) le 29 juin 1801, l'autre deux jours plus tard, le 1er juillet.

C'est à un ami, mais aussi à un jeune médecin[3], que Beethoven s'adresse dans sa longue lettre à Wegeler (L 51, p. 65-70)[4]. Il est intéressant de voir que l'aveu de sa surdité prend place tout d'abord dans un ensemble de propos dont la nature, comme on le verra plus loin, est essentielle. Dans un premier temps, il affiche sa volonté de se faire pardonner pour la rareté de ses courriers (« *Combien je te sais gré de penser à moi ; je l'ai si peu mérité* (...) *alors que tu es si bon et ne te laisses détourner par rien, pas même par mon impardonnable négligence* »). On en déduit d'entrée de jeu que la lettre est une réponse à celle que vient de lui envoyer Wegeler, ce qui place d'emblée l'aveu de la surdité qui va venir sous les auspices d'un lien qui s'atteste dans le préalable de sa confirmation de la part de l'autre. Il n'évoquera cette surdité qu'à la faveur d'une amitié qui vient de lui être signifiée de l'extérieur, et non en fonction d'une pression interne qui, bien qu'elle soit incontestablement présente, se voit tributaire d'un assentiment préalable pour s'exprimer.

---

[1] Thayer (Alexander Wheelock), *The life of Ludwig van Beethoven, I*, 2013, Cambridge University Press.

[2] Michaux (Jean-louis), *Le cas Beethoven. Le génie et le malade*, Bruxelles, Ravin, 1999.

[3] Wegeler venait d'achever ses études de médecine à Vienne, avant de retourner à Bonn.

[4] Dans ce travail, les références aux lettres de Beethoven seront indiquées dans le texte entre parenthèses, avec le numéro de la lettre tel qu'il est retenu dans l'édition Anderson (Turin, 1958), reprise par Koenig (Paris, Actes Sud, 2010). La pagination, lorsqu'indiquée, renverra à cette dernière édition.

Cette amitié qui ainsi se rappelle s'inscrit dans l'horizon plus large du passé, celui de son enfance à Bonn, que Beethoven présente comme ce à quoi il tient plus que tout au monde : « Ma patrie, la belle contrée où j'ai vu le jour, est restée pour moi toujours aussi belle et présente à mes yeux que depuis que je vous ai quittés (...) Je considère le temps où je pourrai vous revoir, saluer de nouveau notre père le Rhin, comme un des événements les plus heureux de ma vie. » On pourrait tenir une telle évocation pour un peu forcée et justifiée avant tout par l'importance que prend à ses yeux le *rappel* de l'ami d'enfance à son souvenir. On verra au contraire, avec la lettre envoyée à Amenda, qu'il n'en est rien. Ce recours à l'origine est crucial pour Beethoven. Sa terre d'origine, à travers le père-Rhin, peut être témoin, comme son ami, qu'il est devenu un autre homme, « meilleur, plus accompli ». Et il précise, pour le confirmer, comment se présente sa situation actuelle : plus que satisfaisante (« [ma situation actuelle] n'est pas du tout mauvaise »). Le prince Lichnowsky qui, il le souligne, est devenu un ami, lui alloue une somme fixe de 600 Gulden, ses compositions lui rapportent considérablement, les commandes pleuvent, pour chacun de ses ouvrages il peut compter sur six voire sept éditeurs, voire davantage s'il s'en donne la peine... Bref, c'est le beau fixe, mais...

Mais sa mauvaise santé lui a « damé le pion ». Voilà l'aveu : « Depuis trois ans, mon ouïe est devenue de plus en plus faible. » Et le compositeur évoque immédiatement ce qui lui semble en être la cause : un problème abdominal dont il souffre depuis longtemps, et qui était même déjà présent avant qu'il ne quitte sa ville natale pour s'installer à Vienne. Un lien est donc établi entre la surdité et un problème de santé plus ancien que l'autre, Wegeler, n'est pas sans savoir, puisqu'apparu lorsqu'ils se voyaient à Bonn. On pourrait ici entendre le redoublement de cette nostalgie pour le passé de son enfance gravitant autour du père le Rhin. La surdité d'aujourd'hui rappelle encore une fois l'origine, la belle contrée où il est né. Mais ces troubles abdominaux semblent pris au sérieux dans la relation qu'ils entretiennent avec ceux de l'audition. C'est ainsi en tout cas que Beethoven pose les choses tandis qu'il évoque les traitements engagés pour la soigner. Un premier médecin, Franck, a voulu soigner ses problèmes intestinaux au moyen de remèdes fortifiants, tout en traitant ses oreilles avec de l'huile d'amande. « Bernique ! » Aucun effet ! Un second recommande des bains froids, un troisième « des bains tièdes ordinaires du Danube. » Ces derniers produisent un véritable « miracle » pour son ventre, mais son ouïe « est restée ce qu'elle était ou devenue encore pire. » Des coliques affreuses sont réapparues l'hiver précédent jusqu'à quelque temps avant la rédaction de la lettre : « Cela a duré jusqu'à il y a environ quatre semaines, où je suis allé chez Vering[1] » dont le traitement (toujours des bains tièdes, mais avec un flacon de reconstituant à utiliser à chaque bain) s'avère efficace. Il se sent un peu mieux, mais ses oreilles « continuent à siffler et à bourdonner jour et nuit. »

Quelques précisions se présentent alors concernant la façon dont se présente cliniquement sa surdité : au théâtre, il doit se tenir tout près de l'orchestre pour comprendre ce que dit l'acteur ; les sons aigus, qu'ils proviennent d'instruments ou de voix humaines, sont devenus inaudibles ; lorsque quelqu'un lui parle à voix basse, il entend bien les sons mais absolument pas les paroles. Pour l'heure, son problème auditif parvient à passer inaperçu : « Comme la plupart du temps, j'étais distrait, on me tient pour tel. » L'essentiel de cette surdité est situé en effet au niveau de ce qu'elle occasionne dans son rapport aux autres : « Depuis près de deux ans, j'évite tous les rapports sociaux, puisqu'il m'est impossible de dire à mes interlocuteurs : "Je suis sourd" ». Cela serait acceptable pour quiconque n'est pas musicien, mais pour lui, Beethoven, qui s'est affirmé dans son Art, cela devient dramatique, car ses ennemis en musique, « dont le nombre n'est pas restreint », pourraient en tirer le plus grand avantage.

Après ce descriptif de son état vient l'annonce de sa position face à lui : un mélange de *révolte* (« J'ai plus d'une fois maudit le créateur et mon existence »), de *résignation*, comme sa lecture de Plutarque le lui a enseigné (« Résignation, quel pis aller ! Voilà pourtant le seul qui me reste ! ») et de *combativité* (« Je veux d'autre part, si possible, braver le sort, dût-il y avoir dans ma vie des moments où je serai la créature de Dieu la plus infortunée »). Mais l'essentiel, ajoute-t-il, est de garder un silence absolu sur son infirmité. Cela doit rester un secret entre Wegeler et lui. Même Lorchen, c'est-à-dire Éléonore von Breuning, qu'il a tant aimée à Bonn et qui deviendra quelques mois plus tard Mme Wegeler, ne doit rien savoir de tout cela.

La lettre aurait pu s'achever sur ce terrible aveu. Il n'en est rien ! Beethoven se met soudain à parler de Stephan von Breuning (le frère de Lorchen) qui est arrivé dernièrement à Vienne. Il souhaite qu'il vienne habiter chez lui. Nouvelle référence au passé de Bonn, donc, qui se poursuit de façon très significative car elle admet soudain la demande qu'il formule à Wegeler de lui envoyer le portrait de son grand-père Ludwig, contre lequel il compte lui envoyer celui de « *son petit-fils*, de ton Beethoven toujours bon et cordial » (souligné dans le texte). La démarche est essentielle dans sa portée psychologique : Ludwig, de Bonn (le grand-père) doit le rejoindre à Vienne, tandis que lui, le Ludwig qui écrit, doit en échange y retourner. On ne saurait

[1] Un des meilleurs chirurgiens de Vienne, dont la fille épousera un ami commun à Beethoven et Wegeler et dont il sera question par la suite, Stephan von Breuning.

trouver plus nette expression de cet accrochage massif à sa terre d'origine qu'il plaçait, au début de la lettre, sous l'autorité de « son père le Rhin ». On verra plus loin, avec le *Testament d'Heiligenstadt*, l'authentique portée de cet échange de portraits qui a tout d'un jeu de miroir autour de la question de l'origine. Disons seulement pour l'instant que se présente déjà, là, ce qui justifie le lien très particulier que Beethoven entretiendra avec ses deux frères qui auront justement, dans le *Testament*, une place centrale.

La fin de la lettre, d'ailleurs, consiste à se rappeler au souvenir de ceux qu'il a connus justement à Bonn : Christoph von Breuning (le frère de Stephan et de Lorchen dont il vient d'être question), Madame von Breuning elle-même, la famille Koch, Franz Ries (le père de son futur élève qui aura, lui aussi, une place cruciale dans le *Testament*). On notera que la famille Breuning, chez qui il passa, avec Wegeler du reste, l'essentiel de sa jeunesse, est ici citée au complet.[1] Avec la référence au portrait du grand-père qu'il demande en échange du sien, cela prend un sens tout particulier. L'aveu de sa surdité, en vérité, se présente à proximité d'un appel à une famille perdue. Cela est essentiel pour ce qui va suivre, avec le *Testament d'Heiligenstadt*, comme on va le voir...

Wegeler a répondu à cette lettre du 29 juin 1801. Le 16 novembre, en effet, Beethoven lui écrit de nouveau (L 54, p. 74-77) en commençant par ces mots : « Tu désires savoir comment je vais et quels médicaments j'emploie. » Vient alors le descriptif assez détaillé des traitements suivis : Vering lui applique sur les bras des vésicatoires[2], ce qui a pour effet d'atténuer les sifflements et les bourdonnements, mais n'a aucun effet sur sa faculté acoustique qui ne s'améliore en rien, voire qui empire. Son abdomen va un peu mieux chaque fois qu'il prend un bain tiède. Mais Beethoven exprime son mécontentement vis-à-vis de Vering : « Il a trop peu de soin et d'attention pour une maladie de ce genre. » Surtout, il ne daigne pas se déplacer (« Si je n'allais pas chez lui, et je ne le fais pas sans fatigue, je ne le verrais jamais ! »). Au-delà d'un soin mécanique, l'attention de l'autre semble donc compter avant tout. Beethoven l'avait déjà souligné dans la lettre précédente ! L'effet de la surdité sur le plan de ses relations sociales compte autant que l'infirmité elle-même. Il faut abandonner Vering, donc ! Il a entendu parler des effets extraordinaires du galvanisme (« Un médecin m'a dit qu'il a vu à Berlin un enfant sourd-muet

[1] Il manque Lorenz, qu'il aimait particulièrement, mais qui était décédé peu de temps après son retour de Vienne à Bonn, en 1798.

[2] Très précisément, il s'agissait d'applications d'écorce de *daphne mezereum* (bois-joli) macéré et enveloppé autour des bras du patient. En séchant, l'écorce se rétracte, meurtrit la peau et entraîne la formation de cloques que le médecin draine alors pour, selon lui, améliorer l'ouïe. Seul résultat tangible pour Beethoven, pareil traitement l'empêchait de jouer correctement au piano.

de naissance réacquérir [avec ce traitement] l'ouïe et un homme qui de même était sourd pendant sept ans aurait lui aussi retrouvé l'ouïe »). Surtout, il demande l'avis de Wegeler sur un de ses confrères, Schmidt, dont il suppose qu'il n'est pas si *négligent* (il n'évoque pas, cela est significatif, sa compétence médicale). On retrouvera ce Schmidt plus loin. C'est lui qui proposera à Beethoven de partir à Heiligenstadt. En tout cas, on sent qu'il cherche, au-delà d'un simple traitement, l'attention soutenue de l'autre sur son état. Et c'est ce que confirme la suite de la lettre où il souligne que, depuis près de deux ans, sa surdité l'a complètement isolé de toute société. (« La faiblesse de mon ouïe m'a fait l'effet d'un spectre et je fuyais le monde. Je devais paraître misanthrope et je suis bien loin de l'être »[1])

Or, très brutalement, de façon même contradictoire, Beethoven affirme soudain qu'il retrouve plus de plaisir à vivre *depuis qu'il fréquente davantage la société*. La raison ? « Une charmante jeune fille qui m'aime et que j'aime. » Il affirme pourtant, juste après, que le mariage avec elle est impossible. Son évocation suffit toutefois pour transformer complètement le ton de la lettre qui voit surgir deux messages qui se complètent l'un l'autre. Le premier est l'affirmation d'une volonté de se battre : « N'était mon ouïe, j'aurais depuis longtemps parcouru la moitié du monde, et je dois le faire. Ma jeunesse, je le sens, vient tout juste de commencer (...) Ma force physique depuis quelque temps s'accroît plus que jamais (...) Oh, il serait si agréable de vivre un millier de vies ! Quant à une vie tranquille, non merci, je sens que je ne suis pas fait pour elle. »

En même temps, il semble engager un démenti vis-à-vis de son passé et de son origine, qui le placeraient trop vivement dans la position d'une victime du destin : « Ne va pas croire que chez vous à Bonn j'eusse été heureux ; votre attention elle-même serait pour moi cause de chagrin. À chaque instant, je lirais la pitié sur vos visages et je ne ferais que me trouver encore plus malheureux. »

Le ton, on le sent bien, a changé depuis la lettre du 29 juin. La terre natale, son père le Rhin, ne sont plus des recours, mais des risques de caution de sa misère. L'autre menaçant, vis-à-vis de sa surdité, n'est plus le viennois à qui il ne peut dire qu'il est sourd, mais tous ceux qui, de son passé, n'auraient de cesse de le plaindre.

Cependant, à examiner de près le texte de la lettre, un élément capital se fait entendre qui éclaire la psychologie de Beethoven de façon décisive. Il écrit donc qu'il veut « prendre le destin à la gorge » et ajoute : « Pas question de

---

[1] On le verra plus loin, ce sont les termes-mêmes qu'il emploiera dans le *Testament d'Heiligenstadt.*

repos. Je n'en connais point d'autre que le sommeil, et il m'est assez pénible de constater que je dois maintenant m'y livrer plus longtemps qu'autrefois. » Or, la fin de la lettre convoque une nouvelle fois l'ami commun, Stephan von Breuning, et en des termes qu'il vient de refuser justement d'adresser à son propre compte : « Je n'irai pas jusqu'à dire que la société remédierait à son *épuisement*, mais il est impossible de le persuader de se rendre n'importe où » (souligné dans le texte). Cette société vis-à-vis de laquelle lui-même se mettait à l'écart et qu'il affirme retrouver au nom d'un combat à mener, la voilà qui se retrouve pour un autre, Stephan. Et le repos qu'il affirme refuser pour lui (« Point de repos ! ») se voit comme déplacé à son endroit : il demande à Wegeler de recommander à Stephan « plus de repos et de calme ; c'est à quoi je me suis employé aussi par tous les moyens : sans cela, il ne pourra jamais être heureux ni en bonne santé. » Ce que Beethoven refusait à son propre endroit se voit donc transféré à l'endroit de Stephan von Breuning, qui semble ainsi érigé tel un double inversé de lui-même. Ce contre quoi il lutte, en lui, se retrouve comme transposé chez un être qu'il aime, qu'il veut protéger et qui, surtout, vient de sa terre natale. Cela constitue un point essentiel de la psychologie beethovénienne, et on aura l'occasion d'en prendre l'exacte mesure dans le *Testament d'Heiligenstadt*.[1]

La lettre, comme la précédente, s'achève sur un salut adressé à la famille Breuning au complet, Lorchen, la mère, Christophe, qui font écho au "double" Stephan.

Karl Amenda est le second à qui Beethoven avoue sa surdité. Il n'est pas médecin. Il ne vient pas de Bonn. Rien n'attache, apparemment, le compositeur à ce jeune courlandais d'un an seulement plus jeune que lui, sinon une espèce de passion en amitié, comme un coup de foudre, qui les amènera à se fréquenter quasiment tous les jours de sa présence à Vienne.[2] Leur proximité, en ville, était telle que les passants qui ne voyaient qu'un des deux dans la rue se demandaient : « Mais où est passé l'autre ? »[3] Amenda dut repartir précipitamment dans sa Courlande natale suite au décès accidentel de son frère. Il ne reverra jamais Beethoven qui, plus d'une fois, le citera comme l'un de ses meilleurs amis.[4] C'est à lui, juste après Wegeler, qu'est confié le secret de la surdité.

---

[1] Autant, je le dis en passant, que dans le rapport très particulier qu'il entretint avec son neveu Karl.

[2] Cf Dominique Reniers, « Beethoven et Karl Amenda. Beethoven et son entourage (3) », *Beethoven, sa vie, son œuvre*, *19*, second semestre 2016.

[3] Karl Amenda, in Prod'homme (Jean-Georges), *Beethoven raconté par ceux qui l'ont vu*, Paris, Stock, 1947, p. 11-12.

[4] Cf L 52 (p. 71) à Amenda (juin 1801), L 94 (p. 127) à Ries (24 juillet 1804).

Là encore, c'est en réponse à une lettre reçue que la confession s'annonce possible. En juin 1801, Beethoven lui écrit en effet : « Comment Amenda peut-il songer que je pouvais l'oublier ? Parce que je ne lui écris pas ou ne lui ai pas écrit ? Comme si c'était la seule façon pour les humains de se souvenir les uns des autres. » (L 52, p. 70). Il lui promet une longue lettre prochaine qui décrira sa situation actuelle. Elle sera rédigée le 1er juillet, deux jours après avoir écrit à Wegeler.

« Mon cher Amenda, mon bon Amenda, mon sincère ami. » C'est ainsi que la lettre commence (L 53, p. 71-74), ce qui marque l'existence d'un lien plus démonstratif que le plus discret « *Mon bon et cher Wegeler* » de la lettre du 29 juin. On ne s'étonnera pas que Beethoven commence par insister sur le lien privilégié avec l'ami parti. Il fait état de sa réaction devant les lettres qu'il reçoit de lui (« C'est avec une tendresse émue, un mélange de souffrance et de plaisir que j'ai reçu et lu ta dernière lettre ») pour souligner la force de leur amitié (« À quoi puis-je comparer ta fidélité envers moi, ton attachement à moi, qu'il est beau de ta part d'être resté pour moi si constant ! »).

Un peu plus loin dans la lettre sont convoqués deux proches du compositeur qui sont vivement critiqués, comme pour confirmer *a contrario* ce lien unique avec Amenda (« Vivre parmi des hommes aussi misérables, aussi égoïstes que Zmeskall, Schuppanzigh et leurs pareils » ; « Je les considère (…) comme de simples instruments sur lesquels je joue quand il me plaît de jouer »). Beethoven mentionne ici évidemment deux de son entourage qu'Amenda connaissait bien ! Mais ils semblent convoqués parce qu'avant tout ils se trouvent à Vienne, près de lui, tandis que l'ami n'y est plus. Et se présente à nouveau cette référence à l'origine qu'on a vue déjà dans la lettre à Wegeler : « Tu n'es pas un ami de Vienne, toi, mais un de ceux que le sol de ma patrie se plaît à mettre au monde. » Il s'agit ici d'une affiliation proprement symbolique qui souligne encore une fois l'attachement profond du compositeur à son père le Rhin. Ainsi est posé l'ami : ce n'est pas celui qui le côtoie et l'aide au quotidien (tel Zmeskall)[1] ou qui travaille à la création de ses œuvres (tel Schuppanzigh)[2], mais celui qui répond d'une origine, fût-elle mythique, qui est commune. D'ailleurs, comme pour se consoler de son absence, Beethoven mentionne l'arrivée à Vienne d'un ami d'enfance. C'est Stephan von Breuning, encore lui, qui semble condenser à la fois l'ami perdu (il peut remplacer Amenda) et la référence à la terre de ses origines (« Je lui

[1] Cf Reniers (Dominique), « Beethoven et Zmeskall von Domanovecz. Beethoven et son entourage (1) », *Beethoven, sa vie, son œuvre, 17*, 1er semestre 2015, p. 5-16.
[2] Premier violon du quatuor Lichnowsky, il créera en effet bon nombre des quatuors de Beethoven.

[à Stephan] ai souvent parlé de toi et lui ai dit que depuis que j'ai quitté ma patrie, tu es un de ceux que mon cœur a choisis »).

La référence à l'amitié est ici centrale. C'est à partir d'elle que l'aveu de la surdité prend un sens tout particulier. C'est un ton pathétique, presque théâtral, qu'emploie Beethoven : « Ton Beethoven est très malheureux de vivre en dissension avec la nature et le Créateur. Plus d'une fois j'ai déjà maudit ce dernier d'avoir exposé ses créatures à la merci du moindre accident, si bien que la plus belle fleur aussi en est réduite à dépérir ou être écrasée. Sache, mon ami, que la partie la plus précieuse de moi-même, *mon ouïe*, a beaucoup baissé » (souligné dans le texte). Et la question de l'avenir de cette infirmité est directement posée : « À présent, le mal ne fait que s'aggraver. Peut-on encore y remédier ? C'est ce que l'on verra. » Comme dans la lettre à Wegeler, c'est à la fin que Beethoven insiste sur le silence qui doit demeurer à propos de sa surdité : « *L'histoire de mon ouïe, je te prie de la garder comme un grand secret et de ne la confier à personne* » (souligné dans le texte).

Il est intéressant de s'arrêter un instant sur l'aspect formel de la lettre, qui laisse entrevoir un désordre affectif considérable chez le compositeur. Juste avant, en effet, de demander à Amenda de garder le secret à propos de sa surdité, se présente un passage tout-à-fait étonnant. Après l'évocation de la triste résignation à laquelle il est contraint de recourir, Beethoven demande, exige plutôt, de la part de l'ami, un sacrifice total pour le suivre : « Oui, Amenda, si dans six mois mon infirmité s'avère incurable, je ferai appel à toi et alors tu devras tout quitter pour revenir me rejoindre. Je voyagerai alors (...) Ainsi tu seras mon compagnon. » Soudain surgit une phrase qui fait état de ses compositions (« Depuis ton départ, j'ai composé en tout genre, à l'exception des opéras et de la musique religieuse »). Puis, retour tout aussi brutal à la demande de sacrifice : « Tu dois être mon chaperon, ne me refuse pas cela, tu aideras ton ami à supporter ses ennuis, son infirmité (...) Tu demeureras désormais chez moi. » Le propos, on le voit bien, peine à suivre une ligne directrice, la demande de sacrifice relevant de toute évidence d'un cri du cœur absolument pas réfléchi. On notera que cette demande n'est pas posée pour la première fois. Deux jours avant, dans sa lettre à Wegeler, Beethoven disait parvenir sans doute à obtenir que Stephan von Breuning vienne habiter chez lui. Se présente une répétition, donc, autour de cette question centrale de la proximité physique d'un ami qui entretient un rapport réel (Stephan von Breuning) ou symbolique (Karl Amenda) avec sa terre natale, et qui semble constituer la réponse désespérément attendue par Beethoven à l'endroit de son infirmité auditive croissante. On verra que cette répétition ne concerne pas uniquement ces deux lettres, à Wegeler et à Amenda. Les éléments qui s'y trouvent évoqués, avec la violence d'un affect à peine maîtrisé, se retrouveront effectivement dans la rédaction du *Testament d'Heiligenstadt*.

La lettre à Amenda se poursuit avec l'insistance qu'il lui écrive : « Écris-moi très souvent. Tes lettres, quelle qu'en soit la brièveté, me réconfortent, elles me font du bien. Et j'attends prochainement de toi, mon cher ami, une nouvelle missive. » Amenda lui répondra... 14 ans plus tard ! Il est vrai que la lettre qu'il avait envoyée à Beethoven avant de recevoir celle-ci, faisait état de son projet de fiançailles avec une jeune femme qu'il avait rencontrée en Suisse. La façon dont il l'annonce est en soi assez équivoque : « Question désir, je suis plus sérieux que lorsque je me trouvais à Vienne. Tout cela me semble d'ailleurs si peu quand je vois comme j'ai trouvé ma bien-aimée comme jadis, là-bas, j'avais rencontré mon Beethoven. »[1] On comprendra que la lettre de Beethoven ait pu l'effrayer. Comment peut-il demander de tout sacrifier, et dans quel style, alors qu'il vient d'apprendre qu'il allait se fiancer ? Il lui réécrira cependant, en 1815. Mais on verra qu'il entrera en concurrence avec deux autres Karl, le frère et le neveu. Il sera même question alors d'un autre testament, mais il ne sera pas de Beethoven, celui-là...

Beethoven fou amoureux...

À l'aube de 1802, et donc de la rédaction du *Testament d'Heiligenstadt*, s'impose pour Beethoven le drame d'une surdité croissante. On a vu cependant, dans la seconde lettre envoyée à Wegeler, qu'un évènement très particulier semblait l'avoir aidé, fin 1801, à sortir des affres de la douleur dans laquelle sa surdité le plongeait : « Une charmante jeune femme qui m'aime et que j'aime. » La question est donc ici de savoir en quoi une relation amoureuse, dans sa rupture, pourrait avoir été déterminante pour la rédaction du *Testament d'Heiligenstadt*.

À croire précisément Wegeler, Beethoven ne fut jamais sans une passion, surtout pour les dames d'un certain rang,[2] et ce bien avant son arrivée à Vienne. Le premier amour de sa vie, qui fut en même temps celui de Stephan von Breuning, fut Mlle Jeannette d'Honrath, de Cologne, qui passait souvent quelques semaines à Bonn dans la famille Breuning.[3] Ensuite vint une inclination passionnée pour Mlle de Westerholt, à qui il donna quelques cours de piano. Celle-ci ne se doutera jamais d'avoir été de la part du jeune

---

[1] Cf Reniers (Dominique), « Beethoven et Karl Amenda. Beethoven et son entourage (3) », op. cit.

[2] Wegeler (Franz) & Ries (Ferdinand), *Notices biographiques sur L. van Beethoven*, Paris, Dentu, 1862, p. 62.

[3] Ibidem.

Beethoven l'objet d'un amour "à la Werther".[1] Sans doute également eut-il quelque sentiment pour la comtesse Wolf-Metternich ainsi que pour la comtesse Zieratin, devenue en 1792 comtesse Hatzfeld (à qui il dédiera les variations *Venni Amore WoO 65*). Il aima évidemment Lorchen, Éléonore von Breuning, la future Mme Wegeler, qu'il quittera cependant, en venant à Vienne, sur la base d'un sévère malentendu, comme le montre la lettre du 2 novembre 1793 qui lui est adressée (« La fatale brouille revenait encore me hanter, ramenant à mes yeux l'image de mon abominable conduite d'alors. Mais la chose est arrivée, et que ne donnerais-je pour être à même d'effacer de ma vie ma façon d'agir en ce temps-là, qui m'aura fait si peu honneur, et du reste si peu conforme à mon caractère » –L 7, p. 11-). Elle était l'amie intime de Barbara Koch (surnommée "Babette") que le jeune musicien fréquenta également, générant peut-être une jalousie considérable chez Lorchen.

Ces passions amoureuses, toujours éphémères, se poursuivirent à Vienne. Quoi d'étonnant chez un jeune homme de 23-24 ans qui commence à se sentir reconnu et apprécié chez les grands de la capitale ? À Simrock, resté à Bonn (qui deviendra un des principaux éditeurs de ses œuvres), il écrivit le 2 août 1794 : « Si vos filles sont maintenant assez grandes, préparez-en une à devenir mon épouse, car si je dois vivre célibataire à Bonn, je n'y resterai certes pas longtemps » (L 12, p. 21).[2] Beethoven volage ? Peut-être. Il était en tout cas, souligne Ferdinand Ries qui le côtoyait quotidiennement à partir de fin 1801, très fréquemment amoureux, mais le plus souvent pour peu de temps.[3] Il eut un flirt avec une de ses élèves, Anna-Louisa-Barbara (ou Babette) Keglevics, à qui il dédia la *Sonate op. 7* qu'à Vienne on surnommait "*L'amoureuse*". Beethoven avait pris l'habitude, comme il demeurait en face de chez elle, de venir donner sa leçon en robe de chambre et en pantoufles.[4] Il avait de plus envisagé d'épouser une ancienne camarade de Bonn, Magdalena Willmann, devenue cantatrice assez talentueuse qui brillera notamment dans l'interprétation de son *Ah Perfido !* (op. 65) ainsi que dans son Lied *Adélaïde* (op. 46). La jeune fille écarta le jeune Beethoven de telles intentions « parce qu'il était trop laid et à moitié fou. »[5] Il ne lui garda cependant aucune rancune.

Une autre cantatrice fut également l'objet d'une de ses "flammes", Christine Gerhardi. Celle-ci, en 1797, lui envoya un poème qui dut l'encourager à lui faire la cour, comme semble le révéler la lettre qu'il lui

---

[1] Schindler (Anton), *Histoire de la vie et de l'œuvre de Ludwig van Beethoven*, Paris, Garnier, 1864, p. 9.

[2] À cette époque, Beethoven envisageait encore un retour dans sa ville natale.

[3] Wegeler (Franz) & Ries (Ferdinand), op. cit, p. 152.

[4] Prod'homme (Jean-Georges), *La jeunesse de Beethoven*, op. cit., p. 236.

[5] C'est ainsi qu'elle s'exprimera auprès de Thayer venu la rencontrer en 1860.

écrivit : « Je mentirais si je ne vous disais pas que les vers qui viennent de m'être envoyés par vous m'ont mis dans l'embarras (...) Que je désire faire la connaissance *du poète ou de la poétesse*, vous pouvez bien le croire » (L 23, souligné dans le texte). La lettre commençait par : « Ma chère Demoiselle Gerhardi ». La suivante, écrite peu de temps après, marque une familiarité attestée par un « Chère Christine ». Le lien semble donc s'être établi entre eux. Peut-être y a-t-il eu plus... Mais la jeune cantatrice épousera, le 20 août 1798, le fils du Dr Franck, le futur médecin personnel de Napoléon, à qui Beethoven avait confié le premier sa surdité naissante (cf L 51 à Wegeler vue plus haut).

Le cœur de Beethoven est à prendre, donc, dans ces premières années à Vienne. Les choses prennent cependant une autre tournure à partir de 1799, avec l'arrivée de la famille Brunswick. Anna, la mère, veuve, y amène ses trois filles, Thérèse, Joséphine et Charlotte, afin de trouver un, ou mieux plusieurs bons partis pour elles.[1] Et il est de bon ton qu'elles aient un maître de musique. Ce sera Beethoven, qui s'attachera sincèrement à ces filles, surtout Thérèse dans un premier temps. Le 23 mai 1799, il compose pour celle-ci et Joséphine des *Variations* pour piano à quatre mains sur « *Ich denke sein* » (WoO 34). Le texte du poème est éloquent : « Je pense à toi lorsqu'à mes yeux la clarté du soleil rayonne sur la mer ; je pense à toi quand le scintillement de la lune se reflète dans la source. » Impossible de savoir, toutefois, si ces vers s'adressent, indirectement, à Thérèse ou à Joséphine.

Juste avant la fin du séjour de la famille Brunswick, un prétendant se présente auprès de la Comtesse Anna pour demander la main de Joséphine. Il est Comte, même s'il a pris depuis trente ans le pseudonyme roturier de Müller. Il a deux ans de plus que la mère, Anna. Joséphine résiste un instant mais doit se soumettre. Elle devient donc, le 29 juin 1799, l'épouse du comte Joseph Deym. Le lien demeurera, cependant, entre Beethoven et Joséphine, seule des filles à ne pas être retournée à Martonvasar. En octobre, elle écrit en effet à ses sœurs qu'il vient tous les trois jours lui donner des leçons.[2] Il devient même l'ami intime de la Maison Deym.[3] À la mort du Comte, en 1804, une véritable relation amoureuse s'établira avec Joséphine, avant qu'elle n'épouse en secondes noces, en 1808, le baron Christoph von Stackelberg. Plus d'un auteur affirmera que Joséphine von Brunswick est l'Immortelle bien-aimée de Beethoven. Mais cela est une autre histoire...

Il est en tout cas improbable que Joséphine Brunswick ait été cette « charmante jeune fille qui m'aime et que j'aime », que Beethoven évoque dans sa seconde lettre à Wegeler. Son amour pour elle viendra en son temps,

---

[1] Franz, le frère, qui deviendra un grand ami du compositeur, n'est pas du voyage.

[2] Massin (Jean & Brigitte), *Recherche de Beethoven*, Paris, Fayard, 1970, p. 24.

[3] C'est à cette occasion qu'il fait précisément la connaissance de Franz, le frère.

plus tard, après le décès en 1804 de son mari. Pour l'heure, en 1801, elle est mariée, devient mère de trois enfants (le quatrième naîtra juste après la mort du Comte), et rien ne permet de suspecter quelque liaison secrète entre eux. Au demeurant, Beethoven parle de « mariage » dans sa lettre (« Le mariage pourrait me rendre heureux. Hélas, elle n'est pas de mon rang »), ce qui exclut *de facto* qu'il puisse s'agir de Joséphine. Il s'agit d'une jeune fille célibataire. Sur son identité, l'unanimité semble faite : il s'agit sans nul doute de Giulietta Guicciardi, la petite cousine des sœurs Brunswick.[1] Elle arrive à Vienne le 25 juin 1800, son père venant d'y être nommé conseiller à la chancellerie de Bavière. Après avoir passé l'été en Hongrie, chez ses cousines, elle arrive à Vienne et Beethoven commence à lui donner des cours de piano. Plusieurs éléments font état d'une relation intime entre eux. Giulietta lui offre son portrait (il le conserva jusqu'à sa mort, et on le découvrira à proximité de la lettre à l'Immortelle bien-aimée ainsi que du *Testament d'Heiligenstadt*). En retour, le compositeur lui dédie la *Sonate quasi una fantasia op. 27,2*, que Rellstab surnommera plus tard « *Clair de lune* ». Y eut-il réel projet de mariage entre eux ? Sans aucun doute, en tout cas dans l'esprit de Beethoven. Il affirme en effet, juste après avoir évoqué l'idée du mariage à laquelle fait objection son rang : « Je dois encore me remuer de tous côtés. N'était mon ouïe, j'aurais déjà depuis longtemps parcouru la moitié du monde, *et je dois le faire* » (c'est moi qui souligne). Une telle expression de conquête, placée sous l'égide du devoir, et qui semble de surcroît ponctuer l'annonce d'un mariage impossible, donne raison aux Massin qui affirment[2] que Beethoven a certainement pensé, vis-à-vis de ce mariage, qu'« il arriverait, à force de travail et de réputation, à forcer le barrage du préjugé de caste. »

Parmi les femmes aimées, Giulietta gardera cette place particulière d'être étroitement liée à l'apparition de la surdité de Beethoven. Intérieurement, il a cru pouvoir soulever des montagnes pour s'affranchir des barrières sociales et pouvoir l'épouser un jour. C'est là l'importance (la seule, sans doute !) qui revient à la Guicciardi qui dut aimer en retour le compositeur « juste autant que cette petite oie frivole, mondaine et égoïste était capable d'aimer, c'est-à-dire très peu. »[3] Elle épousera finalement un homme de son monde, aussi frivole qu'elle semble-t-il, le jeune comte Gallenberg, qu'elle prenait, ironie du sort, pour un compositeur de génie. La rupture avec Beethoven fut consommée vraisemblablement vers mars 1802. La jeune femme, qui semblait avoir le pouvoir de l'amener à conquérir le monde et à vaincre les obstacles

---

[1] Certains biographes, Schindler le premier, la considéreront comme l'Immortelle bien-aimée, à tort…

[2] *Recherche de Beethoven*, op. cit., p. 31.

[3] Massin (Jean & Brigitte), *Ludwig van Beethoven*, Paris, Fayard, 1967, p. 107.

de sa surdité, aura donc joué de lui durant quelques mois, suffisamment en tout cas pour lui infliger une douleur profonde et durable.

Beaucoup plus tard, en 1823, il sera de nouveau question d'elle dans l'un des cahiers de conversation que Beethoven, devenu complètement sourd, utilisait. Dans un mauvais français, il écrit : « J'étois bien aimé d'elle et plus que jamais son époux. »[1] Il est en soi étrange que Beethoven se soit ainsi exprimé par écrit (il ne le faisait quasiment jamais dans ses cahiers de conversation), et en français (!) de surcroît. Cette double précaution ne pouvait être due à quelque inquiétude quant à être entendu. Peut-être faut-il y voir plutôt, implicitement, ce qui a pu faire *trace* de cette relation avec une jeune donzelle qui, dès le départ, en jouant de lui, ne parlait pas la même langue, question sentiments. Juste retour des choses, en quelque sorte ! Elle l'avait méprisé pendant tous ces mois. Désormais, au faîte de sa gloire, après avoir vaincu l'adversité de la surdité à travers son œuvre, il peut écrire noir sur blanc, en français de piètre qualité : « Elle cherchoit moi pleurant mais je la méprisois. »[2]

En tout cas, en cette terrible année 1802, Beethoven doit faire face à deux drames, celui d'une surdité qu'il a commencé à avouer à ses médecins et à deux amis intimes tout juste un an auparavant, et celui d'autre part d'une profonde déception amoureuse avec celle qui, ainsi qu'il l'écrivait à Wegeler, aurait pu lui donner la force de conquérir le monde. Et c'est avec, dans ses valises, ces deux drames intérieurs qu'il se rend, en mai, dans un petit village de la banlieue nord de Vienne : Heiligenstadt…

II) BEETHOVEN, ÉTÉ 1802

Se présente un contraste saisissant entre le tourment intérieur de Beethoven, en ce début 1802, et la tranquillité de la petite bourgade d'Heiligenstadt. À quelques kilomètres au nord de Vienne, elle est située à proximité des pentes du Kahlenberg et du Leopoldsberg. « Un peu plus haut, la formidable abbaye augustine de Klosternenburg, la plus riche et la plus ancienne d'Autriche, écrase sous le poids de ses bâtiments, construits au XVIIIème siècle, la terrasse d'où l'on aperçoit les montagnes et, noyé dans la brume, le château de Kreuzenstein. »[3]

---

[1] Beethoven, *Cahiers de conversation (1819-1827)*, édition révisée par Nathalie Krafft, Paris, Buchet-Chastel, p. 192.

[2] Idem, p. 193.

[3] Edouard Herriot, *La vie de Beethoven*, Paris, Gallimard, 1929, p. 111.

Le lieu est celui du repos et de l'immensité de la nature. C'est là, d'ailleurs, plus tard, que la *Symphonie Pastorale* sera composée. Heiligenstadt est aussi la patrie des vins autrichiens. « C'est là, dit la tradition, que l'empereur Probus planta les premières vignes de l'ancienne Norique. »[1] S'y trouve également une source d'eau minérale dotée de vertus merveilleuses, depuis que l'apôtre Saint-Séverin passa dans la contrée et bénit les lieux. C'est ici, d'ailleurs, que l'apôtre mourut, dans ce petit village qui, depuis 482, s'appelle "Ville du Saint", en allemand "*Heiligenstadt*".

Beethoven s'y rend donc, sur le conseil du Dr Schmidt, qu'il évoquait dans la lettre du 16 novembre 1801 à Wegeler. Selon le médecin, il lui faut ménager son audition le plus possible.[2] Au-delà de l'argument médical, le compositeur trouve, dans ce déplacement estival à Heiligenstadt, le moyen de s'isoler. Seul Ries, son élève, peut-être quelques proches, viennent lui rendre visite. Cet isolement est essentiel. Il constitue en effet l'un des éléments majeurs du texte du *Testament.*

Différent...

Durant l'été, rien ne témoigne d'une crise à venir. Il écrit à Hoffmeister, le jour-même de son arrivée à Heiligenstadt, qu'il est à la campagne et paresse un peu, de façon à se remettre plus tard d'autant plus activement à l'œuvre (L 60, p. 84). Beethoven est en effet au repos. En témoigne un travail qui consiste essentiellement en la reprise finale d'œuvres déjà entamées, voire quasiment achevées. Une erreur très souvent commise consiste à croire qu'il y termine sa *Deuxième symphonie*, ce qui a généré maints commentaires sur le contraste étonnant entre la grandeur joviale de l'œuvre et la crise d'Heiligenstadt. En fait, la symphonie était achevée déjà en avril 1802.[3] Tout au plus y a-t-il apporté, pendant cet été, quelques ultimes corrections. De même, les trois *Sonates pour violon et piano op. 30*, débutées début 1802, sont également achevées en avril. De fait, c'est au piano seul que Beethoven va se consacrer à Heiligenstadt, avec notamment trois œuvres essentielles : les *Variations op. 34*, celles *op. 35*, et les trois *Sonates* rangées sous le numéro d'*opus 31*.

Les *Variations op. 34* ont été écrites au cours de l'été 1802. Celles *op. 35*, connues sous le nom de *Variations Eroïca*, entamées également durant cet été, seront achevées quant à elles plus tard, peut-être en décembre. Ces œuvres

---

[1] Victor Wilder, *Beethoven. Sa vie et son œuvre*, Paris, Charpentier & Fasquelle, 1917, p. 145.
[2] Alexander Wheelock Thayer, *The life of Ludwig van Beethoven, I*, Cambridge University Press, 1921, p. 349.
[3] Brisson (Elisabeth), *Guide de la musique de Beethoven*, Paris, Fayard, 2005, p. 255.

sont importantes ! Elles témoignent d'un style novateur que la plupart des biographes commettent l'erreur de situer à l'issue de la crise d'*Heiligenstadt*. Beethoven avait en effet composé nombre de *Variations* avant 1802, la plupart du temps sur un air à la mode. De 1782, avec ses toutes premières *Variations pour clavier sur une marche de Dressler* (WoO 63), à 1801, avec les *Variations* sur "*Bei Männern Welche Liebe fühlen*" (WoO 46), il en avait composé très exactement 19. Après celles de l'été 1802, il en composera encore 9 seulement, mais de facture beaucoup plus complexe, le *summum* étant évidemment atteint avec les *Variations Diabelli op. 120*, composées entre 1819 et 1825. C'est voir que celles *op. 34* et *op. 35* occupent une place charnière. On sent avec elles que Beethoven cherche cette fois à expérimenter de nouveaux procédés. « Pour se conformer à sa volonté de faire du nouveau, il décida de recourir à sa propre imagination (le terme "*selbst*", de soi-même, revient d'ailleurs très souvent dans sa correspondance) et de chercher en même temps dans des directions différentes, tout en brouillant les limites des genres jusque-là bien établis. »[1]

Ce style nouveau ne se présente donc pas à l'issue de la crise qui apparaîtra en octobre seulement. Au cœur de l'été, sa passion créatrice s'engage sur une voie déjà révolutionnaire.

Il est piquant, d'ailleurs, de constater que la toute première lettre que Beethoven écrira après la rédaction de son *Testament*, huit jours après très précisément, concerne justement ces *Variations op. 34* et *op. 35*. Il y insiste sur leur caractère novateur : « L'une et l'autre [séries de Variations] sont composées *d'une façon nouvelle*, chacune de *caractère différent*. » (L 62, p. 85, à Breitkof & Härtel, souligné dans le texte). Et il ajoute ceci d'essentiel : « *Chaque thème est traité d'une façon différente, comme s'il formait un tout en lui-même indépendant de l'autre*. Quand il me vient des idées neuves, c'est d'ailleurs uniquement par autrui que je l'entends dire, *car je ne sais jamais m'en apercevoir* » (souligné dans le texte).

Que cette création concerne justement la *Variation* mérite d'être souligné. Il s'agit, dans ce mode de composition, de "*travailler la différence au cœur du même*". Cela se retrouvait déjà dans celles antérieures à 1802. Cependant, avec les *Variations op. 34* et *op. 35*, « le thème proposé doit engendrer à chaque variation une idée juste de son nouveau devenir. »[2] Peut-être même ces *Variations* de 1802 peuvent-elles être tenues comme « le point de départ de ce qui sera proprement paradigmatique dans la création beethovénienne, à savoir

---

[1] Brisson (Elisabeth), idem, p. 281.

[2] Stricker (Rémy), *Le dernier Beethoven*, Paris, Gallimard, 2001, p. 122.

la mise en instance de l'Autre »[1], c'est-à-dire la différence à l'état brut qui loge au cœur d'un devenir. Ce devenir concerne, dans la *Variation*, une cellule thématique. Il concerne également, en 1802, un compositeur qui, confronté à la disparition progressive de ce sur quoi porte son travail de création (le matériel sonore), doit apprendre à *composer avec* la différence, au-delà du recours possible au passé dans ce qu'il pouvait jusqu'alors offrir de repère. Le *selbst*, le "*de soi-même*", s'impose désormais chez Beethoven. Il est notoire, d'ailleurs, que les *Variations op. 34* sont les secondes chez Beethoven à être composées à partir d'un thème original. Les premières qui reposaient sur un thème de lui (WoO 77), composées en 1800, reprenaient le premier couplet du dernier mouvement de la *Sonate op. 22*, et avaient un but explicitement didactique. La simplicité de ces dernières témoignait en effet du souci, chez le compositeur, de proposer des œuvres qui ne soient pas trop difficiles à jouer, ce qui lui permettait de se faire connaître malgré la complexité de certaines de ses créations déjà indexées par certains critiques comme trop complexes. Rien de cela avec les *Variations op. 34* qui ouvrent véritablement une voie nouvelle.

Les *Variations op. 35* sont beaucoup plus connues parce qu'elles reprennent un thème qui trouvera son apogée dans le dernier mouvement de la *Troisième Symphonie op 55*, d'où leur surnom d'*Eroïca*. Ce thème était déjà apparu dans la musique pour ballet *Les créatures de Prométhée*, ainsi que dans la septième *Contredanse WoO 14*, composée au même moment que le ballet. On peut évidemment être sensible ici à la référence à Prométhée, le créateur des hommes contre l'autorité du père Zeus, qui prendra dans la *Symphonie Héroïque* les traits de Bonaparte (avant qu'il ne s'autoproclame empereur !), le libérateur du joug monarchique. La portée révolutionnaire des *Variations op. 35* semble préparer celle de la *Symphonie Héroïque*, pourrait-on croire… On retiendra en tout cas que la mise au travail de la *différence*, avec la *Variation*, se retrouve tout-à-fait dans le dernier mouvement de la *Symphonie* qui en constitue, formellement en tout cas, la portée proprement révolutionnaire, et ce sur le même thème. Cependant, j'insiste, cette véritable mutation, repérable dans ces *Variations op. 34* et *op. 35*, se présente bel et bien *avant* la crise d'automne 1802.

Les sonates op. 31 : l'isolation du mode mineur

La seconde œuvre à laquelle Beethoven s'est consacré au cours de l'été 1802 est l'ensemble des trois *Sonates op. 31*. Il s'agit ici d'une commande, celle de l'éditeur Nägeli qui voulait constituer un recueil d'œuvres pour piano

[1] Reniers (Dominique), « Beethoven et l'écriture du Destin. Entre Autre », *Beethoven, sa vie, son œuvre, 14*, second semestre 2012, p. 29.

sous la forme d'un "Répertoire des clavecinistes". Le fait qu'il s'agisse d'une réponse marque un contraste entre ces *Sonates* et les *Variations* dont il vient d'être question, qui procédaient d'une libre inspiration. L'engagement est ici une promesse d'envoi qui se présente en mai 1802, exactement au moment où Beethoven s'apprête à partir pour Heiligenstadt. Ce qui n'est pas sans confirmer que ce départ, même s'il se justifiait par une nécessité de ménager son ouïe, n'admet pas immédiatement une crise. Celle-ci n'apparaîtra qu'en automne.

Sur le plan compositionnel, ces *Sonates. op. 31* témoignent également d'un style nouveau qui, à plus d'un titre, les rapproche des *Variations op. 34* et *op. 35*. Comme pour celles-ci, semble-t-il, il s'agit pour lui de mettre au travail la "*différence au sein de l'unité*", chacune de ces sonates étant à la fois membre distinctif d'un ensemble, tout en rappelant les deux autres à partir de traits d'écriture qui demeurent communs.[1] On trouve donc, avec elles, confirmation d'une mutation profonde dans la création beethovénienne qui précède la grande crise. Cependant, l'histoire de ces *Sonates op. 31* montre que les choses ne sont pas aussi simples…

Déjà, répondre à la commande d'un éditeur ayant préalablement et rigoureusement précisé aux compositeurs intéressés ce qu'il attendait d'eux, peut faire penser à la relève d'un défi de la part de Beethoven, un peu à l'image de celui bien connu qu'on trouvera plus tard à propos des *Variations Diabelli*. Cette interprétation prend une valeur toute particulière lorsqu'on sait que l'éditeur en question, Nägeli, avait la très fâcheuse habitude de corriger, voire d'ajouter certains passages de son cru dans les œuvres qu'il recevait pour édition. Beethoven l'apprit à ses propres dépens au moment de l'édition finale des sonates. Nägeli avait ajouté une mesure entière, ce qui mit le compositeur en fureur et l'amena à vérifier scrupuleusement, avec l'aide de Ries (L 76 et L 77) chacune des sonates envoyées. 90 fautes furent repérées dans les deux premières qui étaient cependant déjà éditées. Beethoven les renvoya, dûment corrigées, avec la troisième, à l'éditeur Simrock de Bonn, en inscrivant en français la légende : « Édition très correcte. »

Sans doute Beethoven n'aurait-il pas envoyé ces sonates s'il avait su d'avance le sort qu'allait leur réserver l'éditeur de Zurich. Il reste que le projet initial de ce dernier de réunir dans son "Répertoire des clavecinistes" un ensemble d'œuvres nouvelles et originales a dû piquer au vif l'élan créateur du compositeur. L'occasion se présentait de produire de nouvelles compositions différentes de celles d'autres compositeurs, mais aussi, ce qui est plus important ici, différentes de toutes celles qu'il avait jusqu'alors écrites. C'est à ce titre également que les *Sonates op. 31* entretiennent un

[1] Ibidem.

rapport assez étroit avec les *Variations op. 34* et *op. 35*. Il en va, dans ces sonates, d'un projet d'écrire dans la *différence*, à l'instar de ce qui fonde en soi la *Variation*…

Cette différence se présente donc essentiellement vis-à-vis de ses compositions antérieures. C'est dans ce sens en tout cas que vont les analyses de Jean Massin. La première, par exemple, semble pour lui éclairée par la lumière du souvenir : dernière évocation optimiste d'une jeunesse que Beethoven refuse encore de considérer comme révolue.[1] Au Conservatoire de Paris, l'habitude est prise de lui appliquer ordinairement le sobriquet de "*Boiteuse*". Le qualificatif a une résonance qui renvoie au comique, ce que confirme pleinement l'analyse qu'en propose Rosen.[2]

D'entrée de jeu se présente un décalage forcé entre la main droite et la main gauche, et de façon opposée à ce qui était en usage au XVIIIème siècle où pareil décalage (*rubato*) admettait le lancement du côté de la basse alors qu'ici, c'est la droite qui précède d'une fraction de seconde la gauche.[3] Incontestablement, l'humour est ici présent, « par le contraste piano-forte, par l'esprit badin et jovial du thème, dans un Sol Majeur rayonnant. »[4] On peut même être frappé « par un certain ton de désinvolture, voire d'impertinence »[5], le pianiste pouvant, avec ce décalage forcé, donner l'impression qu'il ne parvient pas à *attaquer* en même temps la main droite et la main gauche.

On sort donc de ce premier mouvement « gai et vif » avec une impression avant tout « aimable. »[6] Et le second mouvement ne le dément absolument pas. Beethoven indique *adagio grazioso*, ce qui est unique dans le répertoire pianistique. Il faut noter l'antinomie qui ici se présente : « Gravement joyeux » ! C'est ainsi, en effet, qu'il convient d'entendre ce mouvement qui n'est pas sans évoquer une "romance" (Czerny) telle qu'on pouvait en entendre dans le style fleuri qui caractérisait l'opéra italien avant Rossini. « C'est une sérénade sur accompagnement de guitare », affirmera Romain Rolland[7] à propos des trois notes de la main gauche qui ne sont pas sans rappeler, au demeurant, d'assez loin, le premier mouvement de la *Clair de*

---

[1] *Recherche de Beethoven*, op. cit., p. 224.

[2] Rosen (Charles), *Les sonates pour piano de Beethoven. Un petit guide*, Paris, Gallimard, 2007, p. 216.

[3] Idem, p. 217.

[4] Javaud (Alexandre), « Beethoven et l'humour », *Beethoven, sa vie, son œuvre, 17*, 1er semestre 2015, p. 84.

[5] Badura-Skoda (Paul) & Demus (Jörg), *Les sonates de Beethoven*, Paris, J.-CL Lattès, 1984, p. 112.

[6] Prod'homme (Jean-Georges), *Les sonates pour piano de Beethoven (1782-1823)*, Paris, Delagrave, 1938, p. 144.

[7] *Les grandes époques créatrices*, 1930-1949, Paris, Albin Michel, 1966, p. 116.

lune op. 27,2. Giulietta n'est peut-être pas absente, mais de façon singulièrement sombre et sérieuse en dépit de la tonalité d'Ut Majeur.[1]

Au « Gravement joyeux » du second mouvement succède un *Finale, allegretto*, simple et naïf, qui admet une espèce de mouvement en tourbillon qui, à l'instar des deux mouvements précédents, apporte un démenti formel à tout ce qui pourrait être attendu ici, dans le contexte de l'été 1802, d'une détresse chez le compositeur.

En vérité, cette Sonate *op. 31,1* mérite bien son nom de "boiteuse". Son premier mouvement, on l'a vu; l'impose en soi, autant que les références au passé stylistique qui sont ici reprises dans un effort de dépassement pour entrer dans le nouveau. Une *boiteuse* entre l'ancien et le neuf, en quelque sorte...

La seconde des sonates de l'*Opus 31* semble marquer un affranchissement beaucoup plus net à ce titre. À Schindler qui l'interrogeait (bien plus tard) sur le sens de cette œuvre (ainsi que sur celui de l'*Appassionata*), Beethoven aurait répondu : « Lisez la tempête de Shakespeare ! » Il est vrai, et Romain Rolland le souligne,[2] que la sonate comme la pièce du dramaturge anglais semblent présenter un véritable « déchaînement des forces élémentaires. » Et Jean Massin de souligner à son tour[3] qu'il en irait, notamment dans le premier mouvement, d'une « subversion totale de la vie humaine, une impuissance totale de l'effort humain », qui pourrait faire écho au drame de la surdité. C'est possible, mais il convient de préciser que ce drame trouve son lieu d'expression ici au strict niveau musical, là même autrement dit où la création beethovénienne se voit seule interrogée. Et à ce niveau, il est tentant d'y repérer le tourment d'un homme.

Cette sonate est en effet aux antipodes de celle dont il vient d'être question. Loin de tout humour, de toute apparente désinvolture, de tout effet pianistique calculé, elle est un « des plus saisissants exemples chez Beethoven de la parole directe en musique. C'est lui, c'est l'homme »[4], et non plus le musicien qui ici s'exprime. Cette sonate est l'une des plus célèbres, avec les *Pathétique*, *Waldstein* et *Appassionata* (exception faite, bien entendu, des dernières !). Et pour cause ! L'ensemble de l'œuvre gravite autour d'un arpège qui se présente en guise d'entrée en matière totalement déroutante.

On imagine Beethoven debout, seul, à Heiligenstadt, qui laisse sa main se poser sur le clavier et entamer un arpège rudimentaire, tel un musicien qui se cherche. S'y oppose immédiatement une réponse en notes rapides et pressées

---

[1] Massin (Jean & Brigitte), *Recherche de Beethoven*, op. cit., p. 223.

[2] *Beethoven. Les grandes époques créatrices*, op. cit..

[3] Idem, p. 227.

[4] Rolland (Romain), idem, p. 116.

de la main droite qui, après un parcours saccadé à travers plusieurs tonalités, ouvre sur la reprise de l'arpège de départ, mais *fortissimo*, sous la forme d'une question impérieuse à laquelle tente de répondre presque timidement la même main droite.

L'effet est saisissant. « Jamais, dans l'histoire de la musique, aucun arpège n'a sonné, ne sonnera peut-être comme celui-là, ne produira un tel effet magique, à chacun de ses retours par la suite. »[1] Régulièrement, en effet, ces quelques notes en arpège du départ reviennent, justifiant pour Romain Rolland[2] qu'on puisse qualifier la sonate de « *récitative* ». La parole de Beethoven s'entend dans cet arpège introductif, qui semble vouloir interroger le piano dans ce qu'il est encore capable d'offrir en sonore à celui qui prend tragiquement conscience que sa surdité ne peut être guérie. Elle s'entend également dans sa reprise énergique qui devient comme une nécessité à laquelle et dont il faut répondre.

Le second mouvement reprend l'arpège tant du côté de la main gauche qui fournit comme une toile de fond à l'ensemble du morceau, que du motif qui semble ponctuer dans l'aigu, comme en supplique insistante, sur le même mode ascendant.

Quant au troisième mouvement, ces trois notes se trouvent inversées, prises dans un rythme qui ferait aisément penser au galop d'un cheval[3], pour se retrouver soudain, sous forme interrogative presque à l'identique de l'arpège initial, quoique dans un *tempo* tout différent. Bref, l'ensemble de la sonate semble trouver son centre de gravité au niveau de ce « récitatif » qui se répète comme s'il ne parvenait précisément pas à se faire entendre…

Assurément, il semble qu'on tienne là, enfin, l'écho direct du drame d'Heiligenstadt. De façon bien plus probante que l'*op. 31,1*, et aussi que les *Variations op. 34* et *op. 35*, la douleur du compositeur s'y présente à nu. Beethoven interroge le piano comme s'il en attendait ce qui ferait objection à sa surdité. L'ensemble de la sonate semble être répétition de cette question. En vérité, cela semble coïncider parfaitement avec le contenu du *Testament* ! L'espoir s'écroule cependant lorsqu'on apprend que les esquisses de la *Sonate op. 31,2* sont bien antérieures à l'été 1802.[4] Plus encore, elles précèdent celles de l'*Op. 31,1*. On ne peut donc tenir le drame qui se déploie dans cette œuvre extraordinaire comme l'écho direct de la crise profonde du compositeur telle qu'elle apparaît dans la rédaction du *Testament d'Heiligenstadt*.

---

[1] Jean & Brigitte Massin, idem, p. 229.

[2] Idem, p. 120.

[3] Selon Czerny, Beethoven aurait composé ce troisième mouvement après avoir entendu le galop d'un cheval sous sa fenêtre (cf Thayer I, op. cit., p. 368).

[4] Brisson (Elisabeth), *Guide de la musique de Beethoven*, op. cit., p. 268.

La troisième sonate de l'*Opus 31*, connue sous le nom de « *La caille* » tant le cri original de l'oiseau se retrouve dès le premier thème, occupe une place très particulière. Sa composition est en effet tout-à-fait distincte des deux premières. Les esquisses attestent que celles-ci ont été travaillées et quasiment achevées fin août 1802, alors que celles relatives à l'*Op. 31,3* figurent dans un cahier utilisé en automne seulement. Automne… Elle serait alors l'œuvre la plus proche, chronologiquement, du *Testament d'Heiligenstadt*. La prudence, cependant, s'impose ici aussi.

Certes, les esquisses datent d'automne 1802, mais la composition finale peut être plus tardive. Jean Massin, par exemple, tient pour vraisemblable qu'elle a été écrite plutôt en 1803. L'argument repose sur le fait que Beethoven, en été 1803, a composé le *Lied WoO 129*, *Der Wachtelschlag* (« *Le cri de la caille* »). « Musicalement, affirme Massin, partir du thème utilisé pour un simple lied et en faire toute une sonate est le procédé le plus normal. Le contraire serait déjà exceptionnel ou sinon appellerait une très grande proximité chronologique. »[1] L'argument est valable, quoiqu'avec un compositeur de la trempe de Beethoven, on peut s'attendre à une telle inversion.

Un second élément, de nature biographique, apporte un renfort inattendu. Le lied "Le cri de la caille" sera en effet offert au comte de Browne en même temps que les *Gellert-Lieder op. 48*, et ce en guise de consolation pour le décès brutal de son épouse, la comtesse Anna Margaret von Browne, le 13 mai 1803. Les *Gellert-Lieder* étaient un cadeau de circonstance, vu les six poèmes s'y trouvant : « *Bitten* » (Prier) / « *Die Liebe des Nächsten* » (L'amour du prochain) / « *Vom Tode* » (De la mort) / « *Die Ehre Gottes aus der Natur* » (La gloire de Dieu à travers la nature) / « *Gottes Macht und Vorsehun* » (Puissance et Providence divines). Mais que vient faire, en pareille circonstance, un lied ayant pour titre "*Le chant de la caille*" ? Le texte du poème permet de comprendre. Les trois strophes reposent en effet sur la succession de trois doubles injonctions : « *Fürchte Gott* » (Crois en Dieu) - « *Liebe Gott* » (Aime Dieu) / « *Lobe Gott* » (Loue Dieu) – « *Danke Gott* » (Remercie Dieu) / « *Bitte Gott* » (Prie Dieu) – « *Traue Gott* » (Aie confiance en Dieu). Il s'agit en fait d'un poème religieux. Et cet appel à Dieu transféré sur le simple cri d'une caille, outre le deuil du comte von Browne, pourrait être tenu comme une réminiscence de la crise d'Heiligenstadt. Le *Testament* en effet, comme on va le voir, comprend plusieurs appels à Dieu.

Il est possible, donc, que la *Sonate op. 31,3* (*La caille*) ait été écrite bien plus tard que les deux précédentes, en 1803. Il est cependant rigoureusement impossible de le vérifier objectivement. Il est assuré, en revanche, que cette

---

[1] *Recherche de Beethoven*, idem, p. 233.

sonate est séparée des deux autres, en quoi on peine quelque peu à suivre le raisonnement de Massin qui, juste après avoir voulu persuader de la composition de la sonate en 1803 sur la base de sa proximité avec le *Lied WoO 129* (*Le chant de la caille*), relie la sonate à ses deux sœurs, allant jusqu'à suggérer « une démarche mentale analogue à celle du Testament pour expliquer la succession des trois sonates de l'op. 31. »[1] Certes, les trois sonates sont bel et bien réunies sous un même numéro d'opus. Beethoven, selon Brisson,[2] l'aurait accepté parce qu'il « les avait pensées ensemble et qu'elles constituaient trois solutions à une même problématique. » Soit ! Mais alors, compte tenu de ce qui précède, il conviendra d'admettre que cette unité voulue par Beethoven s'est imposée après coup seulement. C'est *après* la crise d'octobre 1802 que cette unité en trois temps a pu prendre consistance.

Cela, en tout cas, force à la plus grande prudence face aux analyses qui font des trois sonates de l'*Opus 31* les trois chapitres de la crise d'Heiligenstadt, telle, par exemple « l'interrogation et l'abandon du passé » pour l'*Op. 31,1* ; « la résolution en réponse au drame personnel » pour l'*Op. 31,2* ; « l'espérance de joie »[3] ou encore « la solution du rire contre le désespoir »[4] pour l'*Op. 31,3*. À un tel triptyque on pourrait substituer une multitude d'autres. Ainsi, par exemple, la première sonate pourrait renvoyer, avec le brio et la désinvolture qui la caractérisent autant que la grâce sérieuse de son second mouvement, à "*l'avant Heiligenstadt*", c'est-à-dire au passé viennois ; la seconde pésentifierait "*le présent de la crise à Heiligenstadt*" et la troisième "*le recours à la nature*" en réponse à l'abandon du passé viennois de l'*Op. 31,1*, ce recours à la nature anticipant déjà le second mouvement de la prochaine *Symphonie Pastorale op. 68*. De l'abandon de ce lieu, Vienne, où les autres peuvent s'apercevoir de sa surdité (on verra que c'est là une crainte maintes fois soulignée dans le *Testament*), on arriverait, par le biais de la crise évoquée dans la seconde sonate, au recours final à la nature, loin des hommes, loin des témoins possibles de sa surdité…[5] Il convient cependant de rester très prudent face à ce genre de lecture, et se rappeler surtout d'une part que la composition de chacune de ces sonates ne coïncide pas exactement avec le moment de la crise (octobre 1802), et que, d'autre part, c'est *a posteriori* que ces trois sonates ont été réunies sous le même numéro d'opus.

---

[1] Idem, p. 231.

[2] Op. cit., p. 265.

[3] Massin, ibidem.

[4] Loyonnet (Paul), op. cit, p. 216.

[5] Cette référence à la nature justifierait, après les analyses de Prod'homme (op. cit., p. 147), que la *Sonate op. 31,3,* surnommée "La caille" puisse également être baptisée du nom de "Pastorale", à l'instar de la *Sonate op. 28*.

Cette "unité en trois temps" mérite cependant qu'on s'y arrête un instant encore… Rosen[1] rappelle qu'au XVIIIème siècle, il était de tradition en musique de publier des œuvres importantes par groupes de trois ou de six. Beethoven s'alignera sur cette tradition un certain temps, au-moins jusqu'à 1806, avec ses trois *Quatuors op. 59* (*Razoumovsky*), et ce au seul niveau de la musique de chambre, c'est-à-dire pour ses sonates (pour piano ou pour violon et piano), ses trios (avec ou sans clavier) et pour ses quatuors à cordes. Contrairement à son maître Haydn et à Mozart, aucune symphonie ne suivra la règle en question. En soi, cela pourrait suffire pour justifier que les trois sonates composées à proximité de l'été 1802 aient été regroupées sous un même numéro d'opus. Il est notoire, cependant, que certaines œuvres n'ont pas, chez le jeune Beethoven, suivi la règle, tel le *Trio op. 3*, les *Sonates op. 7* et *op. 13* (*Pathétique*) et d'autres encore… Il a donc fallu la volonté du compositeur pour accepter une publication réunissant trois sonates dont l'une, de surcroît, est clairement séparée des deux autres sur le plan chronologique. Plus encore, cette réunion va jusqu'à inverser l'ordre de la composition, si on se rappelle que la seconde (*op. 31,2*) a été en vérité, comme l'indiquent les esquisses, la première à être entamée. Pourquoi donc imposer un tel triptyque pour l'*Opus 31* et placer celle classiquement surnommée « La Tempête » (*op. 31,2*) au milieu des deux autres, en faisant fi de l'ordre chronologique ?

Il est incontestable que, des trois Sonates, l'*Op. 31,2* est de loin la plus originale, la plus révolutionnaire, et aussi la plus sombre. Sa tonalité, très rare dans le répertoire de la musique de chambre, l'atteste : *ré mineur* (la même tonalité que celle de la *Neuvième Symphonie op. 125*). Or, il est intéressant de voir que, jusqu'alors, dans les autres œuvres regroupées par trois sous un même numéro d'opus, cette tonalité de *mineur* n'occupait pas vraiment une place précise. Elle se trouvait indifféremment pour la première, la seconde ou la troisième œuvre concernée, comme le montre le tableau ci-dessous :

	Œuvre 1	Œuvre 2	Œuvre 3
Trios op. 1 (1793-1795)	Mi bémol majeur	Sol majeur	*ut mineur*
Sonates op. 2 (1795)	*fa mineur*	La majeur	Ut majeur

[1] Op. cit., p. 216.

Trios op. 9 (1796-1797)	Sol majeur	Ré majeur	*ut mineur*
Sonates op. 10 (1796-1798)	*ut mineur*	Fa majeur	Ré majeur
Sonates v-p op. 12 (1797-1798)	Ré majeur	La majeur	Mi bémol majeur
Sonates v-p op. 30 (1802)	La majeur	*ut mineur*	Sol majeur
Sonates op. 31 (1802)	Sol majeur	*ré mineur*	Mi bémol majeur
Quatuors op. 59 (1806)	Fa majeur	*mi mineur*	Ut majeur

On voit nettement qu'à partir de 1802, la tonalité de mineur revient désormais, systématiquement, à l'œuvre située au milieu du groupe des trois. Cela passerait pour simple détail si justement la question ne s'était pas posée de l'inversion des deux premières sonates de l'*Opus 31* par rapport à l'ordre chronologique de leur composition. Il semble en effet que Beethoven prenne alors le parti de circonscrire sa production la plus personnelle, forcément, en cette année 1802, rattachée à sa détresse personnelle, par deux œuvres plus classiques. Cela se vérifie donc pour les *Sonates op. 31*, mais aussi pour les *Sonates pour violon et piano op. 30*. La seconde, en *ut mineur*, se caractérise en effet par une dimension très nouvelle, plus sombre que ses deux sœurs, et se trouve encadrée par deux sonates en apparence plus classiques.[1] De même, le second *Quatuor* de l'*op. 59*, en *ut mineur* lui aussi, est, des trois, le plus intense, le plus réflexif, mais aussi le plus changeant, empli de contrastes tranchés.

L'ensemble de l'œuvre beethovénienne témoigne sans conteste que le recours au ton *mineur* est privilégié toutes les fois où sa création se fait plus intime, que ce soit dans le sombre, le tragique ou dans la force. Je citerai la

[1] Brisson (Elisabeth), idem, p. 271.

Cinquième Symphonie op. 67, l'*Ouverture Coriolan op. 62*, La *Neuvième Symphonie op. 125*, pour se limiter aux œuvres les plus célèbres. Haydn lui-même l'avait très tôt senti à propos des *Trios op. 1*, en recommandant à son jeune élève de ne pas publier celui en *ut mineur*, qui aurait du mal, selon lui, à être accepté par le grand public.

Que signifie donc cette place médiane volontairement réservée, à partir de 1802, à la création la plus personnelle, et par là la plus sombre ? Il est incontestable qu'avec un tel choix de la part de Beethoven, se présente la logique d'un ordre temporel. La première œuvre doit se présenter comme une *ouverture* et garde en cela, nécessairement, un lien avec ce qui succède, tandis que la dernière se voit dotée d'une fonction de *fermeture*. De la sorte, l'œuvre située entre les deux se voit délimitée, dans son originalité, par une écriture qui témoigne d'un classicisme qui demeure malgré tout. Dans cette œuvre centrale, au sens propre comme au sens figuré, écrite sur un mode *mineur*, se révèle *l'intime beethovénien,* dont la portée se voit d'autant plus grande qu'il se voit bordé par deux écritures plus classiques.

On retrouve là la place qu'occupe la création beethovénienne dans son originalité première. Il ne s'agit pas, pour Beethoven, de détruire les modèles anciens en en imposant un nouveau à leur place[1] mais d'ouvrir un chemin nouveau *avec* eux. Et l'isolation d'une œuvre au style plus personnel et plus tragique entre deux autres plus classiques, comme cela se voit pour les *Sonates op. 31* et les *Sonates pour violon et piano op. 30*, témoigne au plus net de ce qui ressemble à une espèce de compromis entre la dette que le compositeur reconnaît vis-à-vis de ses maîtres classiques et l'*ouverture à l'intime* qu'il escompte aménager dans sa création. Et, notons-le bien, c'est au moment de la rédaction du *Testament d'Heiligenstadt* qu'une telle orientation s'affirme le plus clairement…

Ces *Sonates op. 31*, on le découvrira par la suite, ont également une autre histoire, qui implique le frère Carl. On verra en effet que leur édition a été rendue problématique par celui-ci autant que par Nägeli. Et on verra que la place du frère, en rapport avec ces sonates, est partie intégrante des questions que pose le *Testament d'Heiligenstadt*.

---

[1] Les Massin le disent très clairement à propos d'un des modèles du compositeur, Mozart : « *Il faut d'abord réussir à expulser de son esprit tout souvenir de la musique de Beethoven pour comprendre le génie propre de Mozart ; il faudrait ensuite ne rien oublier de la musique de Mozart pour commencer à saisir le génie propre de Beethoven* » (Massin (Jean & Brigitte), *Wolfgang Amadeus Mozart*, Paris, Fayard, 1970, p. 980).

Octobre 1802 : le Testament...

En tout cas, l'été 1802 ne révèle rien d'une crise intérieure. Et on sent, indépendamment de celle qui va surgir, que sa création s'engage déjà sur des chemins proprement révolutionnaires qui le mènent au seuil d'une originalité qui, jusqu'alors, témoignait simplement d'une prise de distance avec ses maîtres, Haydn en particulier. On ne saurait dire, en vérité, l'importance qu'a pu avoir la progression de ses troubles auditifs dans une telle mutation au niveau de ses compositions. Tout au plus peut-on constater que la *résignation* qu'il évoquait avec insistance l'été précédent à Wegeler et à Amenda, se voit totalement contredite par le caractère de nouveauté de ses productions qui ont un parfum de conquête de nouveaux horizons musicaux, où la différence s'écrit à de multiples endroits. Mais, l'automne venu, se présente une crise profonde. Le 6 octobre, il entreprend la rédaction d'une longue lettre qui est classiquement appelée *Testament d'Heiligenstadt*.

Pour mes frères Carl et ……… Beethoven

Ô vous, Hommes, qui me prenez ou me faites passer pour un ennemi, un opiniâtre ou un misanthrope, combien vous m'avez fait du tort. Vous ne savez pas la raison secrète de ce qui se présente ainsi à vos yeux. Mon cœur et mon esprit ont toujours penché depuis l'enfance vers la délicatesse de la bienveillance ; j'ai toujours eu à cœur d'accomplir de grandes actions ; mais songez seulement que, depuis six ans, je me trouve dans un état désespéré, aggravé par l'incapacité des médecins.
D'année en année, j'ai été trompé dans l'espoir d'une amélioration à venir, forcé enfin d'envisager une infirmité durable *(dont la guérison peut-être prendra des années, voire est impossible). Avec fougue, né avec un tempérament vif, j'étais prédisposé aux distractions de la société. Je dois cependant m'isoler précocement, vivre seul, loin du monde. J'ai voulu parfois évacuer tout cela. Ô ce que j'ai dû endurer à travers la triste expérience de mon ouïe perdue, qui se rappelait à moi malgré tout ! Et pourtant, il ne m'était pas encore possible de dire aux Hommes : « Parlez plus fort, criez, parce que je suis sourd ! » Ah, comment cela était-il possible, avec un sens qui de surcroît, chez moi, devait être plus développé que chez les autres, un sens qui avait atteint la plus grande perfection, que peu, dans mon domaine, avaient atteint. Ô je ne le peux pas. Voilà pourquoi il faut me pardonner quand vous me voyez me retirer, alors que je me mêlais à vous volontiers. Mon*

malheur est redoublé tandis que je dois devenir presque un inconnu.

Pour moi, finis désormais le repos parmi les Hommes, les discussions pleines de délicatesse, les épanchements réciproques. Complètement seul, presque en tout cas, je ne puis m'exposer en société que si la plus grande nécessité l'exige. Comme un proscrit je dois vivre. Au contact d'une société, une terrible angoisse s'empare de moi, tandis que je redoute le terrible danger que mon état me trahisse.

Il en a été ainsi depuis cette dernière demi-année que j'ai passée à la campagne. Aux conseils de mon médecin très sensé de ménager autant que possible mon ouïe, à l'opposé de mes dispositions naturelles, je me suis soumis, bien que mes inclinations enthousiastes s'y soient parfois opposées. Mais quelle humiliation quand quelqu'un se trouvait près de moi et entendait une flûte au loin et que je n'entendais rien, *ou quand quelqu'un entendait les chants d'un berger et que* je n'entendais rien *là non plus. De tels incidents m'ont conduit tout près du désespoir. Cela a été tout près de m'amener à mettre fin à mes jours. Seul l'art, lui seul, m'a retenu. Ah, il m'est apparu impossible de quitter le monde avant d'avoir produit tout ce que je ressentais en moi, et ainsi j'ai prolongé cette vie misérable – misérable en vérité, un corps si sensible où quelque changement un peu brusque peut me faire passer du meilleur au pire. Résignation, c'est ce qui s'impose ! Je dois maintenant la choisir pour guide. Je l'ai. Durable, je l'espère, doit être ma détermination, ma persévérance, jusqu'à ce qu'il plaise aux inexorables Parques de rompre le fil de ma vie. Peut-être cela ira-t-il mieux, peut-être pas, je suis résigné. Être forcé, à l'âge de 28 ans, de devenir philosophe n'est pas chose facile pour un artiste, plus difficile en tout cas que pour n'importe qui d'autre. Divinité, de là-haut tu vois ce qui est à l'intérieur de moi, tu le connais, tu sais le penchant pour le bien qui l'habite. Ô Hommes, quand vous lirez un jour ceci, alors pensez qu'avec moi vous avez été injustes, et le malheureux, malgré tous les obstacles que la nature lui impose, se console auprès d'un semblable et s'avère capable de trouver sa place dans la lignée des artistes dignes et des Hommes.*

Vous, mes frères Carl et ...., dès que je serai mort, et si le Prof. Schmidt vit encore, priez-le en mon nom de décrire ma maladie et joignez-y ces notes écrites sur le destin de celle-ci. Avec cela, au-moins, aussi vite que possible après ma mort, le monde sera réconcilié avec moi. En même temps, je vous déclare ici héritiers de ma petite fortune (si on peut lui donner ce nom). Partagez-la honnêtement, supportez-vous et aidez-vous l'un l'autre. Ce que vous avez fait contre moi, vous le savez, vous a été pardonné depuis longtemps. Toi, mon frère Carl, je te remercie encore tout particulièrement pour la fidélité dont tu as fait preuve envers moi ces derniers temps. Mon désir est que votre vie soit meilleure, avec moins de soucis, que la mienne. Recommandez à vos enfants la vertu. Elle seule, elle seulement, peut rendre heureux, pas l'argent ; je parle par expérience. C'est elle qui m'a soutenu dans ma misère. Je lui dois, à elle et à mon art, de ne pas avoir été jusqu'à mettre fin à mes jours. Adieu et aimez-vous. Je remercie tous mes amis, en particulier le prince Lichnowsky et le professeur Schmidt. Je désire que les instruments du prince Lichnowsky soient conservés par l'un d'entre vous, si seulement il le souhaite. Cependant, qu'il n'y ait pas matière à vous disputer à cause de cela. Si cela vous semble utile, vendez-les ! Combien je suis heureux à l'idée que dans ma tombe je puisse encore vous être utile. Ce serait fait.

Avec joie, je m'empresse d'aller à la rencontre de la mort. Si elle vient plus tôt, tandis que je jouis encore de toutes mes facultés créatrices, ce sera encore trop tôt pour moi, malgré mon dur destin, et je voudrais la voir tarder. Mais là aussi, je l'accepte. Ne me délivrera-t-elle pas d'une misère interminable ? Viens donc quand tu veux ; je vais courageusement à ta rencontre.

Adieu, et ne m'oubliez pas complètement dans la mort. Je l'ai mérité de votre part, parce que, dans ma vie, j'ai souvent pensé à vous, à vous rendre heureux. Soyez-le !

Heiglnstadt, le 6 octobre 1802
Ludwig van Beethoven

Heiglnstadt, le 10 octobre

Ainsi, je prends congé de toi, et en vérité bien tristement. Oui, l'espoir bien aimé avec lequel je suis venu ici, celui de guérir, au-moins jusqu'à un certain point, il me faut maintenant l'abandonner. Comme les feuilles fanées d'automne qui tombent des arbres, il est flétri. Même le grand courage, qui souvent m'animait durant les beaux jours d'été, a disparu.

Ô Providence, laisse apparaître une fois un pur jour de joie. Depuis longtemps déjà, l'écho de la vraie joie profonde m'est devenu étranger. Quand, quand, Divinité, la ressentirai-je encore une fois dans le temple de la Nature et des Hommes ? Jamais ? Non... Ce serait trop dur !

Il s'agit ici d'une traduction personnelle du *Testament*. Certains choix de traduction trouveront leur espace de justification dans un chapitre ultérieur, lorsque le document sera précisément abordé dans le détail. À cette fin, j'ai proposé une numérotation des lignes du texte afin de permettre un recours plus aisé à son contenu lorsque l'analyse en sera proposée.

Ce long texte, qui sera donc repris plus loin pour une analyse détaillée, a été trouvé dans les papiers de Beethoven au lendemain de sa mort, avec des actions bancaires, l'autre lettre très célèbre et tout autant énigmatique à l'*Immortelle bien-aimée*, et trois portraits parmi lesquels celui de Giulietta Guicciardi. Tous ces documents se trouvaient dans le tiroir secret de son bureau, dont seul Karl Holz connaissait l'existence. Schindler donna le manuscrit à Johann Friedrich Rochlitz. Celui-ci avait fondé, avec la maison d'édition Breitkopf & Härtel qui avait publié nombre d'œuvres de Beethoven, l'*Allgemeine Musikalische Zeitung*, à Leipzig. Cette revue existera jusqu'en 1849, et Rochlitz en fut le directeur jusqu'à 1818. Le 17 octobre 1827, quelques mois après la mort du compositeur, le document sera ainsi publié dans cette revue, avec ces mots introductifs de son fondateur : « Sans nul doute, ce document fera la plus grande impression sur tous ceux qui le liront, excepté les méchants. Aucun écrit ne peut, après la mort, donner une idée plus favorable et plus caractéristique de quelqu'un, soit comme artiste, soit comme homme. » C'est dans cet article que le document est présenté sous le nom de *Testament d'Heiligenstadt*.

Rochlitz transmit le manuscrit à Artaria, l'éditeur viennois qui le donnera à Jacob Hotschevar, qui était alors, après la mort de Stephan von Breuning le 4 juin 1827, devenu le tuteur du neveu Karl. C'est lui qui, avec Johann van Beethoven, contresigna le document, avant de le transmettre à Aloys Fuchs, grand collectionneur d'autographes. En 1855, le violoniste Ernst s'en portera acquéreur[1] et s'en servira pour s'acquitter d'une dette de reconnaissance en le donnant à Jenny Lind. Son mari, Otto Goldschmidt, le donnera finalement, en 1888 (ou 1890) à la *Staats- und UniversitätsBibliothek* de Hambourg, où il se trouve aujourd'hui encore.

Tel fut le destin de ce document unique de Beethoven. Son contenu, quant à lui, n'a pas fini d'appeler moult commentaires et interprétations. C'est ce qu'il convient d'aborder à présent...

[1] Wilder, op. cit., p. 153.

III) LE TESTAMENT ET SES LECTEURS

De tous temps, la légende s'empare du génie. Sa production, lorsqu'elle devient universellement admise comme extraordinaire, ainsi que les discours qui ont environné l'homme, vont faire d'un simple personnage historique un être d'exception. Ainsi, par exemple, le délire de Salieri, à la fin de sa vie, aura suffi pour créer la légende d'un Mozart assassiné, l'œuvre de ce dernier devenant même, alors, pure inspiration divine (*Ama Deus*). Le cas de Beethoven, à ce titre, est tout-à-fait particulier. Sa place dans l'Histoire de la musique le prédisposait à occuper celle du *héros* romantique, c'est-à-dire celui qui affronte le Diktat du Destin. Mais surtout, la découverte, dans un tiroir secret de son bureau, juste après sa mort, de lettres qui semblent ne jamais avoir été envoyées, n'a pas été sans renforcer la légende, ainsi doublée d'une énigme. C'est celle de l'Immortelle bien-aimée, sur laquelle chaque biographe est allé de sa conclusion, de la plus farfelue à la plus réaliste. C'est aussi celle du *Testament d'Heiligenstadt*.

Le style de certains auteurs le montre fort bien : ce testament est celui d'un héros. « Lugubre testament, écrit Romain Rolland, dont les gémissements de Prométhée au Caucase ont, par-dessus le siècle des batailles et des révolutions, rempli notre ciel et remuent encore le cœur de l'humanité.[1] » Belpaire évoque à son propos « une symphonie en paroles de la mélancolie.[2] » La religiosité, pour elle, s'impose face à ce document : « C'est en silence, avec émotion, qu'il faut lire cette page qui est comme un de ces beaux adagios si connus dans l'œuvre de Beethoven. Le son s'enfle, grandit, chaque note est comme une lame ; on dirait un fleuve qui grossit sans cesse et finit par se jeter dans le sein de la mer.[3] » Pourquoi pas… Pour ma part, je prendrai le parti de tenir ce document comme celui d'un homme avant tout, et non celui d'un héros ou d'un demi-dieu. Si sa musique a pu faire de Beethoven un génie immortel, les propos qu'il tient dans le *Testament d'Heiligenstadt* rendent compte avant tout d'une douleur profondément humaine dont je tenterai justement de découvrir la nature. « Plus qu'un héros, un homme véritable », disait Zacharias Werner. C'est l'homme Beethoven dont il sera question dans les analyses qui suivent. Sur la base d'une telle idéalisation, on peut en effet se rendre plus sourd qu'il n'a été lui-même pour se limiter à n'entendre, voire inventer, que ce qu'on veut y découvrir. C'est un Beethoven humain qu'on s'efforcera donc d'y

---

[1] Rolland (Romain), *Beethoven. Les grandes époques créatrices*, 1930-1949, Paris, Albin Michel, 1966, p. 67.

[2] Belpaire (M. E.), *Beethoven*, Bruxelles, l'écran de midi, 1946, p. 159.

[3] Idem, p. 39.

entendre. Et les approches qu'on peut lire à propos du *Testament*, certaines en tout cas, semblent l'avoir oublié.

Testament ou confession ?

On doit à Rochlitz d'avoir considéré, dès sa publication, ce document comme un testament. C'est ainsi qu'il le nomme dans l'article du 17 octobre 1827 de l'*Algemeine Musikalische Zeitung*. L'évocation de la mort, notamment d'idées suicidaires évoquées à deux reprises, ainsi que la désignation de ses frères comme héritiers de sa fortune, semblent certes justifier une telle dénomination. L'ensemble du texte, cependant, admet un horizon beaucoup plus vaste. Plusieurs auteurs, en cela, l'entendent davantage comme une *confession* rappelant celles qu'un autre génie, de la philosophie celui-là, avait écrites avant lui, Jean-Jacques Rousseau.

En première approximation, le lieu s'y prête tout d'abord. Heiligenstadt ouvre à la nature, loin du vacarme des hommes de la capitale. « C'est un des lieux à la Rousseau qu'il aimera toute sa vie pour la bonhomie et la sérénité de leur vie villageoise, la simplicité d'une nature clémente, toute proche », écrit André Boucourechliev.[1] De plus, à prendre le terme "*Confessions*" au sens d'une *confidence* (le mot a la même étymologie) concernant ce qui ne saurait être dit publiquement, la proximité entre les deux hommes se renforce encore : « Ce document traduit la confession –à la Jean-Jacques Rousseau- d'un homme en proie à une détresse extrême, engendrée par son problème d'audition et responsable de ses idées suicidaires.[2] » Rousseau était un peu plus âgé quand il entreprit la rédaction de ses *Confessions*, un peu plus de la quarantaine. Proche d'un délire de persécution, il est de surcroît atteint d'artério-sclérose, et ses méditations sont troublées par un bourdonnement incessant qui ne le quitte plus. « Moins âgé que Rousseau, vers trente-deux ans, Ludwig pressent la gravité de sa déficience auditive.[3] » Un mal similaire donc, mais aussi une même façon d'aborder l'écrit, souligne Herriot.[4] Selon lui, la lettre rappelle, dès le début, la manière de Jean-Jacques. « Lui aussi éprouve, de bonne heure, une incommodité que les ans ont renforcée. » Mais surtout, la proximité peut être établie entre Beethoven et Rousseau, dans le document d'Heiligenstadt, dans la mesure où l'un et l'autre écrivent avant tout à l'humanité. « Il est clair que c'est toute l'humanité que Beethoven interpelle dans ces lignes, qui rappellent parfois certains aspects des Confessions de Jean-Jacques Rousseau dans l'obsession de se justifier auprès de la terre

[1] Boucourechliev (André), *Beethoven*, Paris, Le Seuil, 1963, p. 145.
[2] Michaux (Jean-Louis), op. cit., p. 48.
[3] Offner (Raymond), *Beethoven l'inexpliqué*, Paris, Editions du Mail, 1947, p. 87.
[4] Op. cit., p. 114.

entière.[1] » C'est à ce niveau précis d'une adresse diffuse (l'humanité) que le rapprochement du *Testament d'Heiligenstadt* avec les *Confessions* de Rousseau détient sa pertinence première. Et on en saisira plus loin l'importance.

Il faut cependant, en contrepartie, pointer les différences qui se présentent entre les deux textes. Si, en effet, les *Confessions* de Rousseau avaient pour horizon leur publication et donc possédaient en soi l'intention chez l'auteur de leur lecture, le *Testament* a été rédigé sans qu'il soit avéré que Beethoven ait véritablement voulu qu'on le lise, en tout cas de son vivant. De plus, Rousseau se confesse explicitement à l'humanité, et il veut être entendu par elle. Beethoven, quant à lui, se confie à elle sans même lui donner l'occasion de prendre connaissance du message qu'il lui adresse. D'ailleurs, malgré une ambiguïté essentielle qui constituera l'une des clefs des analyses à venir (un blanc en lieu et place d'un prénom), on notera que le *Testament* est bel et bien, explicitement en tout cas, adressé à ses deux frères, qui figurent en tête du document. L'humanité n'est convoquée que dans le contenu du document, et non au titre d'adresse explicite. De plus, il n'est de confession sans quelque aveu d'une culpabilité. Rousseau fait tout pour se faire entendre et pardonner. Rien de cela dans le *Testament* où c'est l'autre qui se voit convoqué à cette enseigne (« Ô vous, Hommes, qui me prenez ou me faites passer pour un ennemi, un entêté ou un misanthrope, combien vous m'avez fait du tort ! »). Quoi qu'il en soit, on s'accordera avec Boucourechliev[2] pour tenir cet « appel pathétique, destiné à ses frères –en fait message à l'humanité entière- comme une des clés de Beethoven [qui] découvre ce que les sens-mêmes de cette époque taisent, mais que l'œuvre entière dévoile. »

On le sait, c'est l'humanité qui sera convoquée dans le dernier mouvement de la *Neuvième symphonie*, avec son *Ode à la joie*, et ce après trois mouvements qui marquent autant d'étapes : douloureuse, dionysiaque et sublime, pour l'atteindre. Bien avant cette symphonie, plus de vingt ans plus tôt, Beethoven, dans son *Testament*, donne de la voix pour faire entendre qu'il est sourd. Le temps n'est pas encore à la sublimation musicale mais à la douleur d'un seul, qui sait qu'il ne guérira pas de ses profondes blessures. Mais quelles blessures exactement ? À cette question, comme on va le voir, certains auteurs témoignent dans leurs analyses d'une flagrante cécité, visuelle celle-là, en omettant de saisir ce que le texte du *Testament* ne fait que clamer par écrit…

---

[1] Fauconnier (Bernard), *Beethoven*, Paris, Gallimard, 2010, p. 107.
[2] Ibidem.

Le Testament : réponse à une déception amoureuse ?

Selon certains biographes, en effet, la rédaction du *Testament d'Heiligenstadt* correspondrait à une profonde dépression chez Beethoven qui aurait été déterminée par une rupture amoureuse. On l'a vu, dans sa seconde lettre à Wegeler, le compositeur se disait prêt à s'engager dans un combat contre le destin, et de là à refuser tout retour à sa terre d'origine (« Ne va pas croire que chez vous à Bonn j'eusse été heureux » -L 54, p. 76-) qui semblait pourtant faire l'objet chez lui d'un accrochage désespéré. L'amour, réciproque, entre lui et une femme en est la cause avancée dans la lettre. Il s'agit de la jeune Giulietta Guicciardi, à qui il a dédié quelques mois auparavant la *Sonate op. 27,2* dite "*Clair de lune*". On le sait, elle mettra fin, début 1802, à tout espoir d'avenir en se tournant vers le médiocre comte Gallenberg.

Il est incontestable que Beethoven fut amoureux de la Comtesse, qui sera d'ailleurs tenue pendant des années comme l'Immortelle bien-aimée sur la base des premières analyses (erronées) de Schindler.[1] Il est incontestable également que la rupture dut occasionner chez lui une douleur considérable. De là à tenir cette douleur comme motif premier de la rédaction du *Testament*, il n'y avait qu'un pas. Et à ce titre, Schindler le franchit allégrement en mentionnant une scène[2] qui témoigne justement de l'immensité de sa douleur et fournit en cela commodément caution à son hypothèse.

Suite à la rupture, affirme donc Schindler, Beethoven partit chercher consolation « dans l'amitié éprouvée et estimable, sous tous les rapports, de la comtesse Marie Erdödy », à Jedlersee. Il resta un temps chez elle. Un jour, cependant, le professeur de musique de la Comtesse, Brauchle, l'aperçut dans une partie éloignée du château tandis que chacun le croyait parti depuis trois jours pour ne pas l'avoir vu depuis. Le malheureux, nous dit Schindler, aurait voulu se laisser mourir de faim suite à son chagrin d'amour.

En vérité, l'anecdote s'aligne tout-à-fait sur la vision romantique d'un Beethoven victime et désespéré. Cela est bien beau mais a toutes les chances d'être faux. Schindler, en 1802, ne connaissait absolument pas Beethoven. Il fera sa connaissance douze ans plus tard, en 1814, et ne sera son secrétaire particulier qu'à partir de 1822. L'anecdote est ainsi racontée sans que la moindre source précise ne soit là pour en attester la validité. Il est amusant, d'ailleurs, de constater la contradiction qu'il commet à son propos. Il affirme en effet que cet événement « servit de sujet » à M. Scudo pour un « article remarquable », publié en 1850, dans la *Revue des Deux Mondes* sous le titre :

---

[1] Op. cit., p. 67 et s.

[2] Idem, p. 65-66.

« Une sonate ». Or, de cet événement, il ne sera point question dans cet article, quand bien même Schindler affirme qu'il l'aurait inspiré. Plus encore, il écrit exactement le contraire quelques lignes plus loin : « Je lui fis connaître cet incident qu'il présenta autrement, ne le trouvant pas peut-être assez romanesque pour son histoire.[1] » Voilà donc un événement, sans source précise, raconté par quelqu'un qui ne côtoyait pas Beethoven à la période concernée, et qui aurait prétendument inspiré un écrivain qui le déforme complètement... On ne s'étonne plus de telles aberrations chez celui, Schindler, qui se déclarait « biographe officiel » après avoir brûlé nombre des cahiers de conversation de Beethoven sous prétexte que leur contenu était compromettant sur un plan politique.[2]

L'anecdote tient d'ailleurs difficilement sur le plan strictement historique. Rien en effet n'assure que Beethoven ait été si proche de la comtesse Erdödy en 1802.[3] Semble en attester le fait que, lorsqu'il la fréquentera, de façon certaine cette fois, à partir de 1807, il lui dédiera ses deux *Trios op. 70*, ainsi que, plus tard, ses deux *Sonates pour piano et violoncelle op. 102*. Si une telle intimité avait existé en 1802, et compte tenu de l'intensité de la scène rapportée par Schindler, il est plus que probable que la Comtesse se serait déjà vu dédier une œuvre de la part d'un Beethoven reconnaissant... De façon beaucoup plus simple et convaincante encore, Thayer[4] rappelle que Brauchle, qui n'était pas, comme l'avance Schindler, le professeur de musique de la comtesse Erdödy, mais le précepteur de ses enfants, ne pouvait, compte tenu de l'âge de ces derniers, être à Jedlersee avant fin 1803.

Le récit de Schindler concernant le désespoir du compositeur, peut-être sa tentative de suicide (en se laissant mourir de faim), est donc sans aucun doute pure invention. Elle sera pourtant reprise chez certains biographes, telle A. Audley[5] qui pose néanmoins la question de savoir si, faute de source précise, l'anecdote mérite d'être retenue (« Deux personnes auraient pu seules éclaircir ce mystère, la comtesse Erdödy et son professeur de musique Brauchle (...) Tous deux garderont le silence. La fiction peut ici usurper la place de la réalité »). Chantavoine lui-même reprendra l'anecdote *in extenso* sans la moindre position critique,[6] renforçant la voie pour une lecture du *Testament*

---

[1] Idem, p. 66.

[2] Cf Magnani (Luigi), *Les cahiers de conversation de Beethoven*, Neuchâtel, La Braconnière, 1971, p. 12-13.

[3] Romano (Stephan), « La comtesse Marie Erdödy fut-elle l'Immortelle Bien-Aimée de Beethoven ? », *Revue ABF, 9*, 1er semestre 2008, p. 28.

[4] *The life of Ludwig van Beethoven, I*, op. cit., p. 326.

[5] *Louis van Beethoven. Sa vie et ses œuvres d'après les plus récents documents*, Paris, Didier & Cie, 1867, p. 62-63.

[6] Chantavoine (Jean), *Beethoven*, Paris, Félix Alcan, 1911, p. 25-26.

d'Heiligenstadt comme document déterminé par une grave déception amoureuse.

C'est la version, en tout cas, qui prévaudra chez certains dont l'écriture, ce n'est pas un hasard, va dans le sens d'une version délibérément romancée de la vie de Beethoven. Ainsi Célis : « ...Lorsqu'il apprend qu'elle va épouser le comte Gallenberg, il est abattu. Il pense à se donner la mort. La pression avait été trop forte et l'homme le plus courageux résiste difficilement à de tels ébranlements. Beethoven est bien près de sombrer. Il ne croit plus à rien. Tout lui est indifférent (...) Il veut faire cesser ce supplice et, dans une lettre déchirante adressée à ses frères Carl et Johann, avec cette mention "Pour lire et exécuter après ma mort", clame sa détresse au monde.[1] » Ainsi également Hertrich : « L'amour lui causa déception sur déception. D'abord son amour pour Juliette Guicciardi qui (...) un an plus tard épousait un Comte. Beethoven connut alors le désespoir : il faillit se donner la mort. Deux forces le retinrent : la vertu et l'art.[2] »

Cette thèse d'une profonde déception amoureuse comme motif premier de la rédaction du *Testament d'Heligenstadt* ne prend cependant pas toujours des atours si romanesques ! Ainsi, De Hevesy estime que le post-scriptum ajouté le 10 octobre évoque entre les lignes une souffrance inavouée de nature sentimentale.[3] On trouve la même analyse chez Schauffler qui affirme que ce Post-Scriptum doit avoir été adressé non aux frères mais à une femme avec laquelle il entretenait une relation d'amour à ce moment-là.[4] Une telle interprétation repose sur l'emploi soudain, dans ce Post Scriptum, de la première personne du singulier. La lettre du 6 octobre admettait en effet la seule seconde personne du pluriel (« *O <u>ihr</u> Menschen, die* ihr *mich für feindselig* »[5]). Et soudain, en tête du Post Scriptum, apparaît une adresse établie au singulier (« *So nehme ich denn Abschied <u>von dir</u>* »[6]). Incontestablement, un tel passage du pluriel au singulier interpelle. Et la question de l'identité de celui (ou celle) à qui Beethoven soudain semble s'adresser est tenue comme on ne peut plus légitime. C'est cependant aller un peu vite d'y repérer une femme aimée, « peut-être Giulietta Guicciardi elle-même.[7] » Cela, certes, s'accorderait aisément avec la position des biographes et écrivains dont il vient d'être question. Cependant, seule une analyse

---

[1] Célis (Henry), *Beethoven*, Bruxelles, Editions de la Nouvelle Revue, Belgique, 1944, p. 40.
[2] Hertrich (Charles), *L'âme sublime de Beethoven*, Saint-Etienne, Les Flambeaux, 1944, p. 4.
[3] De Hevesy (André), *Beethoven. Vie intime*, Paris, Emile-Paul frères, 1949, p. 72.
[4] Schauffler (Robert Haven), *Beethoven. The man who freed Music*, New York, Garden City, 1933, p. 94.
[5] « Ô <u>vous</u>, Hommes, qui me prenez ou me faites passer pour un ennemi... ».
[6] « Ainsi je prends congé *de toi.* ».
[7] Leitzmann (Albert), in *Beethoven. Carnets intimes*, Paris, Buchet-Chastel, 1977, p. 117.

circonstanciée et minutieuse de l'ensemble du document pourra légitimer pareille conclusion. *A priori*, sous réserve évidemment d'une analyse approfondie, rien n'irait à l'encontre d'une seconde hypothèse qui serait fondée cette fois sur le document lui-même. Seul Carl est désigné explicitement comme adresse de celui-ci. Le nom de Johann, en effet, laisse place à trois reprises à un blanc sur lequel je reviendrai plus loin. En cela, il serait tout aussi légitime de considérer le « *von dir* » (« *de toi* ») qui apparaît soudainement comme renvoyant au seul frère nommé dans le *Testament*. Il est en tout cas beaucoup trop tôt pour être convaincu de quoi que ce soit à ce sujet. Quoi qu'il en soit, l'idée que le post-scriptum est adressé à une femme aimée, Giulietta Guicciardi ou une autre, ne peut être retenue aussi simplement.

Paul Loyonnet emprunte une autre voie pour aboutir à l'idée que le *Testament d'Heiligenstadt* est adressé à une femme aimée, celle de la création beethovénienne. Il affirme en effet, sans détour, que les trois *Sonates op. 31* sur lesquelles, comme on l'a vu, Beethoven travaille durant le fatidique été 1802, « sont l'écho prolongé de la triste aventure du grand amour de Beethoven pour Giulietta.[1] » La première notamment (*op. 31,1*) comporterait selon lui de nettes résonances de cette histoire.[2] En témoignerait par exemple le rythme syncopé du premier mouvement qui rappellerait, toujours selon Loyonnet, la phrase de l'*Allegretto* de la *Sonate op. 27,2* ("Clair de lune") où Giulietta était présentée sous son aspect plutôt énigmatique.[3] Pareille analyse attribue à la musique de Beethoven, en tout cas aux sonates ici concernées, une valeur proprement *expressive* qui est bien loin de pouvoir être aussi facilement admise. Il est vrai que Loyonnet, dans son ouvrage, tient les 32 sonates pour piano de Beethoven comme les 32 chapitres d'une espèce de journal intime. On sait le danger d'une telle analyse qui, partant de l'idée que l'œuvre exprime un élément de la vie personnelle de son auteur, peut conduire à ces corrélations forcées entre musique et vie intime. Loyonnet est par ailleurs « intimement persuadé que les lettres à l'Immortelle bien-aimée furent adressées à Giulietta et à nulle autre qu'elle.[4] » Il a pourtant été prouvé que cette thèse était historiquement inacceptable. En 1988, Loyonnet devait le savoir ! Aussi est-on en droit de se poser la question à propos de ses analyses : fallait-il que Giulietta soit l'Immortelle bien-aimée pour étayer sa lecture des sonates de Beethoven comme un journal intime ? On ne saurait en tout cas prendre en considération ses conclusions sans la plus grande des vigilances…

---

[1] Loyonnet (Paul), *Les 32 sonates pour piano, journal intime de Beethoven*, Québec, Louise Couteau, 1988, p. 182.
[2] Idem, p. 184.
[3] Idem, p. 162.
[4] Idem, p. 160-161.

La surdité qui s'entend dans le Testament...

À lire, même superficiellement, le *Testament d'Heiligenstadt*, on s'aperçoit qu'il n'y figure aucune trace, explicite en tout cas, de quelque déception amoureuse. Tout au plus l'ambiguïté du « *von dir* », dans le post-scriptum du 10 octobre est-elle susceptible d'y faire penser, mais sans la moindre assurance. En revanche, le problème de la surdité s'y présente de façon massive. On peut toujours, comme Romain Rolland, admettre que la rupture avec Giulietta s'est rajoutée au problème physique (« De telles passions dévastaient l'âme ; et quand l'âme est déjà affaiblie par la maladie, comme l'était celle de Beethoven, elles risquent de la miner. Ce fut le seul moment de sa vie où il semble avoir été sur le point de succomber.[1] »). Il reste que les stigmates de la douleur sentimentale n'apparaissent pas pendant l'été 1802 où Beethoven, on l'a vu, se montre engagé dans un style de composition déjà révolutionnaire.

Il faut donc l'admettre, le *Testament d'Heiligenstadt*, parce qu'il comprend essentiellement dans son contenu une référence quasi exclusive à la surdité, doit avoir été motivé par celle-ci avant tout. Cela reste cependant trop vague ! Ce n'est pas la surdité en elle-même qui s'y trouve convoquée mais, comme le souligne Michaux,[2] « la prise de conscience de cette infirmité et de ses lourdes conséquences [qui] avaient entraîné chez cet être meurtri un repli sur soi-même, qui approfondissait encore le fossé entre lui et la société. » Ce repli, cependant, ne date pas de la fin de l'été 1802 ! On en a trouvé trace déjà dans les lettres à Wegeler et Amenda de 1801. La seule « prise de conscience » de sa surdité aurait pu conduire le compositeur à rédiger pareil *Testament* bien avant octobre 1802, donc.

Cooper[3] tiendra la détresse de Beethoven à cette période, comme déterminée par le fait que le traitement proposé, à savoir préserver son ouïe loin du vacarme et de l'agitation de Vienne, se révélait tout aussi inefficace que les précédents. Aussi était-il amené à la certitude que son infirmité devenait incurable.[4] Un premier pas est ici franchi : ce n'est pas seulement la prise de conscience d'une surdité et de ses effets qui s'avère dramatique pour Beethoven, mais la reconnaissance que rien ne pourra la soigner. L'hypothèse semble plausible en ce qu'elle repose bien sur l'idée de la *révélation brutale* d'un état définitif qui motiverait la rédaction d'un testament. Néanmoins, pourquoi le compositeur charge-t-il alors, dans le texte, ses frères de remercier

[1] Rolland (Romain), *La vie de Beethoven*, Paris, Hachette, 1927, p. 29.
[2] Op. cit., p. 48.
[3] Barry Cooper (sous la direction de), *Dictionnaire Beethoven*, Paris, J.-C. Lattès, 1991, p. 265.
[4] Offner (Raymond), op. cit., p. 80.

celui-là même qui lui avait proposé pareil traitement, celui de s'isoler justement à Heiligenstadt ? Dans les deux lettres de 1801 à Wegeler, il ne ménageait pas sa colère vis-à-vis des médecins qui lui avaient proposé qui des bains tièdes, qui des fortifiants ou de l'huile pour ses oreilles ! On comprend alors difficilement pourquoi le Pr Schmidt échapperait à la règle ! S'agirait-il d'un autre visage de sa résignation qui, face à la reconnaissance d'une incurabilité, l'aurait amené à faire l'économie d'une nouvelle colère ? Outre que l'argument serait un peu facile, le texte du *Testament* offre à entendre bien plus !...

On se rappelle qu'à Wegeler et à Amenda, Beethoven exigeait le plus grand silence concernant la surdité qu'il leur annonçait. Une telle exigence conduit Wilder à considérer que son départ pour Heiligenstadt était pour lui un moyen de dissimuler son infirmité.[1] La surdité est ainsi entendue au niveau très précis de ses effets dans son rapport aux autres. Pour André Maurois, « ce document pathétique indique, pour cause de sa douleur, non la déception sentimentale (qui sans doute aurait dévasté son âme quoiqu'il l'eût déjà surmontée) mais *l'humiliation de la surdité croissante* »[2] (c'est moi qui souligne). Avant lui, Emile Ludwig le disait on ne peut plus clairement : « La surdité ne l'inquiétait pas pour sa musique, mais uniquement pour sa vie en société (...) Ce qui le pousse presque à la folie, ce sont les humiliations que son infirmité lui impose dans ses rapports avec les hommes.[3] » Soit ! Mais à l'instar de la surdité croissante et de l'inefficacité des traitements, cette humiliation, ou en tout cas l'effet de son infirmité sur le plan de ses relations sociales, est présent elle aussi bien avant 1802. Là encore, les lettres à Wegeler et à Amenda en témoignent très clairement.

Très certainement, c'est en de tels termes que la surdité est avant tout évoquée dans le *Testament*. Il reste insuffisant, néanmoins, de considérer l'isolement forcé du compositeur comme cause de la rédaction de celui-ci. De plus, il convient de s'interroger sur la raison pour laquelle, alors que la surdité est présente depuis plusieurs années déjà, que l'inefficacité de son traitement n'est pas nouvelle et que l'isolement social était déjà dénoncé bien avant, l'idée de mort est si présente dans le document. À ce propos, Herriot[4] évoque chez lui « une résignation à la mort, qu'il craint et qu'il croit prochaine, à laquelle il se prépare en distribuant ses biens. » Il serait hanté, selon Robert d'Harcourt, « par le sentiment d'une fin prochaine.[5] » Il faudrait alors

---

[1] Wilder (Victoir), op. cit., p. 147.

[2] Maurois (André), « Le mystère des amours », in *Beethoven*, Paris, Hachette, 1961, p. 136.

[3] Ludwig (Emile), *Beethoven. Vie d'un conquérant*, Paris, Flammarion, 1945, p. 104.

[4] Op. cit., p. 115.

[5] d'Harcourt (Robert), « Une vie d'orages et de passions », in *Beethoven*, Paris, Hachette, 1961, p. 17.

admettre un conflit psychique plus profond que celui lié à cette surdité désormais tenue pour inguérissable. Comme chez tout génie, la proximité de la mort aurait eu pour Beethoven un impact décisif pour les créations à venir. Arrivé à l'extrême limite de ses forces, il aurait ainsi trouvé matière à renouveler la force irréductible qui sommeilla un certain temps en lui.[1] Peut-être aussi le définitif lié à la surdité, en générant le deuil de tout ce qu'il perd avec elle, et pour toujours, constitue-t-il le réveil d'une angoisse profonde par rapport à la mort chez le compositeur. On entre alors dans une approche forcément plus psychopathologique.

C'est la direction que semblent emprunter les Massin[2], lorsqu'ils écrivent qu'« avec l'automne, la mélancolie s'aggrava, car le repos et le silence de la campagne n'ont réussi en rien à faire reculer la surdité. À bout de forces, déçu de tous côtés pour ses espoirs, Beethoven pense au suicide. » Il est peu probable que les Massin emploient ici le terme *mélancolie* dans la portée exacte qu'il possède en psychopathologie. On l'entendra comme la supposition chez eux de l'existence chez lui d'une fragilité psychologique, sans doute de nature dépressive, qui constituerait comme la toile de fond sur laquelle se dégagerait l'intensité du choc, au moment où l'incurabilité de la surdité s'impose à lui. Une semblable analyse se retrouve chez Hertrich[3] qui parle d'une « crise violente de désespoir hypocondriaque » qui aurait déterminé la rédaction du *Testament d'Heiligenstadt*. Outre le flou de l'expression qui n'a pas grande valeur sur le plan psychopathologique, on se demande de surcroît ce qui, pour Hertrich, constituerait l'objet d'une telle crise impliquant une telle centration sur le corps, comme le signifie le terme *hypocondrie*. D'autre part, cette hypocondrie concernerait-elle sa cécité auditive ou une autre maladie ?

Sans s'engager sur ce terrain de la psychopathologie, Elisabeth Brisson considère de façon plus large que la santé fragile de Beethoven, dont la surdité (qui n'est donc plus retenue comme cause unique de la rédaction du *Testament*) l'aurait mené à ressentir la fragilité-même de la vie. « La persistance de sa surdité et de ses dérangements intestinaux l'incitait à considérer sa vie comme très fragile. Persuadé que sa mort pouvait survenir à tout moment, il prit la précaution de rédiger un testament.[4] » Pourquoi précisément en cet été 1802 ? Beethoven, toujours selon Brisson, « aurait frôlé

[1] Sullivan (J. W. N.), *Beethoven. His spiritual development*, New York, American Library and World Literature, 1927, p. 65.
[2] *Ludwig van Beethoven*, op. cit., p. 112.
[3] Op. cit., p. 10.
[4] Brisson (Elisabeth), *Guide la musique de Beethoven*, op. cit., p. 265.

la mort à l'occasion d'une grave maladie intestinale,[1] » qu'on situera donc, si l'idée est juste, forcément à la fin de l'été 1802.

Quand bien même la surdité, avec ou sans ces problèmes de santé plus généraux, est classiquement convoquée au titre de motif quant à la rédaction du *Testament d'Heiligenstadt* (et ce même chez ceux qui convoquent la psychopathologie), une certaine approche, que je ne ferai que citer en passant, en fait totalement l'économie en considérant ce document comme l'expression pure et simple d'une pathologie mentale. La nature du texte du *Testament* témoignerait en effet, dans une approche digne de la plus pure tradition psychiatrique, d'une certaine forme de paranoïa appelée depuis Kretschmer "*paranoïa sensitive de relation*".[2] Le *Testament* révélerait, selon Jacques Miermont,[3] « dans un style emphatique, pathétique et romantique, des idées de suicide d'une part, et d'autre part un sentiment de solitude et de révolte agressive. De fait, les thèmes de persécution, les affects anxieux et dépressifs, le ton général [du Testament] suggèrent l'existence d'une sensitivité accusée. »[4]

Le document de 1802, dans une telle approche, exprimerait donc une fragilité, voire une pathologie psychologique particulièrement importante touchant avant tout la relation du compositeur avec l'autre, perçu comme une menace voire comme un persécuteur. Il est vrai que le contenu du *Testament* n'est pas sans évoquer à maints endroits une telle fragilité. Celle-ci, au demeurant, et la démarche minutieuse des auteurs psychiatres le montre bien, se retrouve dans bon nombre d'aspects qui se retrouvent dans toutes les biographies, voire dans sa correspondance. On se demande néanmoins ce qu'apporte une telle conclusion diagnostique, si tant est qu'elle puisse être tenue pour valide lorsqu'il s'agit d'un personnage historique connu avant tout par le témoignage de ses contemporains. On pourrait même se demander jusqu'à quel point le *Testament d'Heiligenstadt* n'est pas lu dans le seul but de confirmer une analyse à finalité strictement diagnostique. L'absence totale de référence à ce qui pourtant s'y trouve écrit de façon flagrante, à savoir la surdité et ses effets, le confirme assez nettement. On ne saurait en tout cas tenir cette fragilité relationnelle, qui prend certes les aspects d'une personnalité de type paranoïaque, sans convoquer dans le débat le problème central de la surdité. L'oublier reviendrait, encore une fois, à se faire plus

[1] Brisson (Elisabeth), *Beethoven*, Paris, Fayard, 2004, p. 78.

[2] Il s'agit d'une classe nosographique propre à la vieille psychiatrie française qui, depuis les classifications contemporaines mondialistes, n'est plus utilisée aujourd'hui.

[3] *Contribution à l'étude psychopathologique de Ludwig van Beethoven*, Thèse, Clermont Ferrand, 1974.

[4] Porot (Maurice) & Miermont (Jacques), *Beethoven et les malentendus. Etude médico-psychologique*, Paris, Geigy, 1986, p. 120.

sourd encore que Beethoven lui-même. Et reconnaissons-le, pour un psychiatre, cela n'est pas sans poser question !...

Le Testament comme autoportrait...

Les lectures qui viennent d'être abordées envisagent le *Testament d'Heiligenstadt* au niveau très précis de ce qui en aurait motivé l'écriture. Une autre voie consiste à interroger ce qui s'y exprime *en intention*. Il ne s'agirait plus, alors, de comprendre *pourquoi* Beethoven a écrit un tel document, mais "*pour quoi*", voire "*pour qui*" il en a entrepris la rédaction. La question est essentielle et constituera l'axe central de l'analyse que je proposerai plus loin du *Testament*. Je me contenterai ici de mentionner ce que certains biographes ont pu évoquer à ce propos.

À plusieurs reprises, Beethoven s'adresse explicitement à l'*Humanité* (« *Ihr, Menschen...* »), ce qui pose très clairement la place imaginaire qu'il se donne au moment d'écrire. Ce n'est pas un homme comme n'importe quel autre qui peut s'autoriser pareille adresse. Si c'est l'*Humanité* qui est ainsi convoquée dans le *Testament*, c'est que Beethoven se donne en retour une place qui dépasse celle de simple mortel. C'est en ce sens qu'Emile Ludwig[1] affirme que « ce document prouve aussi combien Beethoven était hanté par l'idée de sa gloire, décidé dans l'enfance à accomplir de grandes choses et à prendre rang parmi les grands hommes et artistes. Il sait qu'il perd parfois le contrôle de lui-même, c'est pourquoi il veut, dans le cas où dans un accès de mélancolie il se tuerait malgré lui, expliquer les raisons à qui de droit, amis et ennemis, à tous les hommes, pour se faire pardonner son acte (...) Car Beethoven a l'ambition du héros, le goût de la grandeur, le besoin de la gloire, il ne veut surtout pas avoir l'air d'un faible. » Il est vrai que le style que le compositeur emploie dans la rédaction du *Testament* témoigne très nettement d'une reconnaissance que l'autre doit assumer à son endroit : « Vous qui me prenez, vous qui pensez... »

De plus, comme le souligne Brisson,[2] « le ton pathétique et le style grandiloquent adoptés reflètent l'image de lui qu'il souhaite laisser : celle d'un héros à la Plutarque tendu depuis son enfance vers de grandes actions et obligé de supporter les plus grandes souffrances pour réaliser sa mission auprès des hommes. » Ainsi, le *Testament* constituerait en quelque sorte une espèce de portrait que Beethoven établirait de lui-même sous la forme d'un « éloge du grand homme.[3] » L'inflexion de l'analyse est ici décisive ! Au-delà de la

---

[1] Op. cit., p. 104.
[2] *Guide de la musique de Beethoven*, op. cit., p. 265.
[3] Brisson (Elisabeth), *Ludwig van Beethoven*, op. cit., p. 78.

plainte ou de la revendication, c'est une convocation de l'autre à l'endroit de l'image qu'il façonne de lui-même qui se présenterait dans l'intention qui se rattache à la rédaction du *Testament*. Cette analyse permettrait de comprendre pourquoi c'est à l'humanité tout entière qu'il l'adresse au fil du texte. Le *Testament* viserait à immortaliser pour l'éternité ce qu'il veut être, à ses yeux et donc aux yeux de la postérité : un héros. « Dans ce testament lamentable et romantique qu'on a un peu trop cité, écrit Vincent d'Indy, ne croirait-on pas le voir dans l'attitude que lui prête le peintre Mähler : l'air fatal, la main gauche posée sur une lyre, l'autre esquissant un rythme, et comme fond de tableau un temple d'Apollon ? »[1]

L'analyse est intéressante. Surtout, elle va au-delà de la quête d'une simple cause qui aurait motivé la rédaction du *Testament*, et donne déjà quelque lumière sur son adresse véritable. Des questions demeurent, toutefois ! Cette image héroïque que Beethoven souhaite transmettre à la postérité est certes localisable au sein du texte. Cependant, le *Testament* reste bel et bien adressé à ses frères. C'est en cela d'ailleurs, comme on l'a vu plus haut, qu'il ne s'agit absolument pas, contrairement aux apparences, d'une *Confession* à la Jean-Jacques Rousseau. Comment entendre une telle ambiguïté au niveau de l'adresse ? Comment comprendre, autrement dit, cette double convocation de l'intimité familiale et d'un universel logeant au cœur de l'Humanité ?

Ce portrait qui ressortirait du *Testament* s'appuie d'autre part sur la surdité dont il est très nettement question dans son contenu. C'est elle qui se voit de toute évidence rattachée à ce poids du Destin que doit justement supporter le héros. En cela, il s'agirait pour le compositeur de trouver cette place de héros aux yeux de l'Humanité au moment précis où il évoque de façon explicite des idées de mort liées précisément à cette infirmité qui se présente comme impossible à guérir. La mort ainsi énoncée prend-elle simplement part dans le tableau qu'il établit de lui-même ? Cela conduirait à nier radicalement toute authentique velléité de suicide chez lui, celle-ci faisant simplement partie du tableau, pourrait-on dire !

On le voit bien, pour pertinente que soit la lecture du *Testament d'Heiligenstadt* en termes d'intention conduisant à l'idée que Beethoven dresse une image idéalisée de soi pour la postérité, elle laisse nombre de questions sans réponses. En son fond autant qu'en ses caractéristiques formelles, dans les motifs qui en ont déterminé l'écriture autant que dans l'intention qui s'y mi-dit, ce document garde son enveloppe de mystère. Est-il en vérité possible de soulever le voile couvrant ce qui s'y signifie ? Le doit-on seulement au risque de perdre cette part de mystère qui se rattache au mythe beethovénien ? Ce serait aller dans le sens que cette dernière lecture repère

---

[1] d'Indy (Vincent), *Beethoven*, Paris, Henri Lammens, 1928, p. 38.

chez le compositeur lui-même. Je gage qu'une analyse rigoureuse de ce document unique dans l'Histoire de la musique permet au contraire de découvrir un Beethoven bien plus proche de nous que saurait l'être un simple portrait ! On ne saurait au demeurant le tenir comme le musicien de la profondeur de l'âme en restant sur de telles coordonnées imaginaires qui se rabattent sur la portraiture idéalisée. C'est l'homme Beethoven qui parle à chacun dans son extraordinaire création musicale. Et il me semble que le *Testament d'Heiligenstadt*, plus que tout autre document, ouvre la voie à une approche de celui, pour reprendre une nouvelle fois la formule de Zacharias Werner, qui fut bien plus qu'un héros, un *homme véritable*...

L'analyse que je vais proposer à présent du *Testament d'Heiligenstadt* admettra méthodologiquement plusieurs temps.

Il s'agira tout d'abord de reprendre le texte pour en dégager les caractéristiques formelles et de contenu. Je proposerai une découpe de ce texte en isolant certains thèmes essentiels qui semblent s'y répéter en dehors de toute ligne directrice précise pour son ensemble. Cela constituera donc une succession thématique déterminant les chapitres suivants qui s'arrêteront rigoureusement sur chacun.

La question de l'adresse, qui est essentielle dans ce document, sera alors abordée dans un chapitre particulièrement important, dans la mesure, en effet, où l'omission du prénom du frère Johann, à trois reprises, force à revenir sur la place que ce prénom a pu occuper dans l'histoire familiale de Beethoven. D'évidence, on ne saurait s'arrêter sur ce prénom sans aborder la question à l'envers, à savoir la seule présence, au titre d'adresse explicite, du prénom de Carl, l'autre frère. On verra de surcroît en quoi le prénom-même de Ludwig peut être déterminant dans l'affaire. Et de "*Ludwig*", on le verra, il n'y en eut pas qu'un seul !...

SECONDE PARTIE :
LE TESTAMENT À LA LETTRE

I) QUELQUES REMARQUES FORMELLES SUR LE *TESTAMENT*

L'inconnu, on le sait, fascine… Il génère les questions qu'un document, lettre ou autre, dûment identifié dans son fond et dans son adresse ne pose pas. Deux documents écrits de Beethoven entretiennent de par les siècles le mystère : la célèbre *lettre à l'Immortelle bien-aimée* et le *Testament d'Heiligenstadt*. Le mystère n'est cependant pas de même nature. Pour le premier, la question posée est celle de son adresse. Qui donc est cette *Immortelle bien-aimée* ? Joséphine von Brunswick ? Antonia Brentano ? La comtesse Erdödy ? Dans l'absolu, malgré les arguments qui sont avancés de part et d'autre, la réponse à cette question ne sera sans doute jamais définitive.

Le mystère s'épaissit avec le *Testament*. S'y posent en effet la question de l'adresse (sur laquelle je reviendrai en détail plus loin) mais aussi celle de son contenu et même, avant tout, celle de sa raison d'être première. Il ne s'agit en effet absolument pas d'une simple lettre à finalité purement informative. C'est à peine si on comprend pourquoi Beethoven l'a écrite. D'où les lectures diverses qui ont été établies à son endroit. Son contenu présente plusieurs facettes qu'il convient d'identifier avant d'en proposer une analyse. Mais aussi, sa forme interroge. C'est avec elle que je commencerai l'approche de ce document…

Variations graphiques

Le manuscrit original du *Testament* comporte très exactement deux longues pages et la moitié d'une troisième. Un second texte, écrit quelques jours plus tard, se présente juste au-dessous de l'adresse (« Pour mes frères Carl et ……, à lire et à exécuter après ma mort »), et perpendiculairement à celle-ci. Sur le plan graphique, il est possible d'observer une différence assez nette entre la première page, où l'écriture est assez serrée et relativement régulière, et le haut de la seconde et de la troisième, où les espaces entre les mots sont nettement plus importants. Cela semble attester que, même si le document entier (hormis l'ajout en dessous de l'adresse) est daté du même jour (6 octobre 1802), sa rédaction a admis plusieurs temps distincts. Il est même possible d'imaginer que la date n'indique que le jour où le *Testament* a été achevé, et que son contenu a été rédigé avant, et en plusieurs fois. Mais il reste possible également que ces variations graphiques indiquent l'existence de plusieurs temps rédactionnels qui demeurent compris dans la même journée du 6 octobre. De plus, la variation graphique peut être due avant tout aux thèmes qui se trouvent abordés dans le texte. C'est ce qu'il conviendra d'interroger plus loin, lorsque sera envisagé le contenu du *Testament.*

Bernard Fauconnier[1] estime que le document a été écrit dans un état émotionnel intense. En témoigne un texte criblé de ces tirets qui en sont toujours chez Beethoven le signe majeur. Cela suffirait selon lui pour écarter « tout idée de pose ou d'afféterie romantique dans le désarroi. » La remarque est juste mais concerne les seules pages deux et trois du *Testament.* Un seul tiret se présente en première page, contre un nombre considérable en haut de la page 2 et de façon plus nette encore dans la page 3, où ils sont parfois même isolés du texte. Une impression très nette, en tout cas, se dégage : le début du *Testament* semble soumis à une maîtrise dans l'écriture qui s'estompe dans un second temps, comme si Beethoven se voyait alors pris par une émotion qui le dépasse.

À défaut de savoir si le texte a été rédigé le 6 octobre précisément ou en plusieurs temps qui admettraient peut-être plusieurs jours, on partira de ce constat d'une variation émotionnelle qui fait clairement objection à une climatique dépressive qui serait au cœur du *Testament.*

Les traces de ce bouleversement émotionnel sont particulièrement visibles dans le post-scriptum du 10 octobre. Là encore, les tirets sont nettement présents, et la marge de gauche tend même à se rétrécir progressivement jusqu'à rejoindre quasiment l'adresse du document, à l'endroit précis de la formule « À lire et à exécuter après ma mort. » C'est là le signe d'une idée qui s'impose au fur et à mesure de l'écriture. D'ailleurs, en soi, l'ajout lui-même d'un texte en témoigne très clairement. Il est vraisemblable que Beethoven n'avait pas pour objectif initial d'écrire l'intégralité de ce texte. Ce n'est qu'en écrivant que les idées (on verra lesquelles) se sont comme précipitées au point qu'il lui fallait élargir progressivement l'espace en revenant à l'extrême limite de la marge de gauche. Les trois dernières lignes sont de surcroît resserrées au point que certains mots de l'une empiètent sur ceux de la ligne précédente. À

[1] Op. cit., p. 107.

observer attentivement le document, on trouve une explication assez simple à ce resserrement soudain des lignes. On voit en effet que la toute dernière d'entre elles jouxte la marque d'un pli qui imposait donc une limite matérielle au déploiement de la graphie. Ces trois dernières lignes, cependant, présentent une graphie différente qui n'est peut-être pas simplement justifiée par la seule bordure imposée par la feuille pliée.

Beethoven écrit alors : « *Ô wann – Ô wann, Ô Gottheit, kann ich im Tempel der Natur und der Menschen ihn wieder fühlen – Nie ? Nein – Ô es wäre zu hart* » (« Ô quand, quand, Divinité, pourrai-je la ressentir [la joie profonde] encore une fois dans le temple de la Nature et des Hommes ! Jamais ? Non. Ce serait trop dur »). C'est un cri de désespoir qui conclut ce post-scriptum du 10 octobre, mais un cri qui reste soumis à un ordre matériel qui s'impose dans le réel, comme semble l'indiquer la bordure d'un espace graphique que Beethoven respecte bel et bien, sans prendre l'initiative de retourner simplement la feuille…

Deux observations donc ressortent des caractéristiques formelles de ce post-scriptum ; d'une part, Beethoven semble l'avoir rédigé une fois seulement le document dûment plié et cacheté. D'autre part, ce n'est pas un texte au contenu préalablement établi qui se présente, mais le déploiement d'une idée qui s'impose au moment-même où l'acte de l'écriture opère.

À propos de l'omission graphique d'un prénom…

À trois reprises (dans l'adresse du texte, dans le texte lui-même –61[1]- et dans l'adresse finale du document plié et cacheté), le prénom de Johann, le second frère de Beethoven, laisse place à un blanc. Il s'agit là d'un élément formel d'une extrême importance sur lequel je m'arrêterai longuement dans l'analyse. Je me contenterai ici de quelques remarques.

Très finement, Cooper[2] note qu'une observation minutieuse de la graphie révèle, dans l'adresse du texte, que chacun des deux prénoms devait être initialement manquant. Ne devait figurer au départ seulement : « *Für meine Brüder ..... und ..... Beethoven* »). L'espace entre mots, et surtout la graphie de « Carl », légèrement plus grande que les autres mots de la même ligne, le confirment tout-à-fait. Il convient cependant de pousser l'analyse jusqu'au bout ! Cet étrange procédé ne semble en effet se confirmer ni dans le texte du *Testament*, ni dans l'adresse du document, où le prénom de Carl est de même

---

[1] Les chiffres entre parenthèses, lorsqu'il sera question du *Testament*, renverront systématiquement aux numéros de lignes indiqués plus haut dans le texte du *Testament d'Heiligenstadt*.

[2] Op. cit., p. 268.

taille et soumis à une semblable pression de la plume. Et la question, en cela, peut se poser de savoir si l'adresse elle-même de la lettre, au début du texte en tout cas, n'a pas fait elle-même l'objet d'un tel rajout après-coup. Trois temps, autrement dit, pourraient être distingués : le premier correspondrait à la rédaction du texte, et l'omission se présenterait au niveau du seul prénom de « *Johann* », au moment précis où s'énonce clairement la demande de contacter le Pr Schmidt pour qu'il décrive sa maladie après sa mort (61-63) ; le deuxième consisterait en l'ajout après-coup de l'adresse en tête du texte, avec l'absence de deux prénoms (« *Für meine Brüder ..... und ..... Beethoven* ») ; le troisième se limiterait à l'ajout de « *Carl* » dans cette adresse en début de texte.

Quelle que soit la validité de ce qui n'est posé ici qu'au titre de simple hypothèse, on retiendra ceci qui sera essentiel par la suite, que la rédaction du *Testament*, au niveau de son adresse mais aussi au niveau de son contenu, s'inclut dans une temporalité faite d'allers-retours. L'affirmation hâtive, suspendue au bouleversement émotionnel, se mêle avec des négations maladroites qui témoignent d'une tentative de maîtrise qui échappe pourtant inexorablement. Cela n'est pourtant pas encore suffisant ! Car le simple fait de laisser un blanc en lieu et place d'un prénom témoigne qu'en surplus de la *négation* (qui aurait pu se limiter à prendre la forme de la rature, par exemple) se présente une *anticipation* de ce qui reste possible d'apposer nominativement, Beethoven aménageant l'espace d'un blanc qui garde la possibilité d'être rempli, ou non... Il s'agit là, en vérité, d'un point d'observation essentiel qui permet d'approcher la psychologie du compositeur. J'aurai forcément, et plus amplement, l'occasion d'y revenir par la suite.

Ces caractéristiques formelles du *Testament* constituent un premier horizon vers lequel doit tendre n'importe quelle analyse du document. Il est possible en effet d'en déduire un certain nombre d'éléments essentiels. Si on persiste, après Rochlitz, à donner à ce texte le nom de "testament", à partir par exemple de certains éléments de son contenu (tel « *Je vous déclare ici héritiers de ma petite fortune* » -65-66-) et de ce qui figure en guise de cachet (« *À lire et à exécuter après ma mort* »), la qualité graphique dément formellement qu'il est ici question d'un texte rédigé par un individu qui se prépare à mourir. L'écriture ne comporte aucun indice dépressif. Au contraire, rien n'est plus vivant dans cette graphie qui change au fil du texte, notamment au niveau de l'investissement de l'espace graphique et de l'emploi, en certains de ses endroits, de tirets. L'émotion, l'angoisse peut-être, y sont presque palpables. Ce n'est pas un homme désespéré, s'approchant doucement de la tombe, qui aurait cette écriture qui garde les traits manifestes de cette nervosité qui se retrouve d'ailleurs dans la plupart des lettres du compositeur. Le fond du texte parlera de désespoir, mais la forme témoigne davantage d'un bouleversement affectif, d'un conflit interne considérable, soutenu sans doute par la force de ce qui s'y trouve évoqué.

Cette nervosité au sein du *Testament* paraîtra d'autant plus évidente si on compare l'écriture qui s'y présente à celle d'une lettre écrite tout juste une semaine après (18 octobre 1802) aux éditeurs Breitkopf et Härtel. La graphie y est en effet beaucoup plus régulière et ne témoigne d'aucun envahissement émotionnel.

Cela n'est pas sans constituer l'horizon dans lequel l'essentiel du message du *Testament d'Heiligenstadt* doit être abordé. Il y est peut-être question de résignation, de soumission au destin, mais cette position subjective semble avant tout *réactionnelle* et non *structurale*. Il faut l'entendre avant tout à partir d'un événement, sans aucun doute bouleversant, auquel le *Testament* semble vouloir répondre en plaçant cette résignation dans le savoir des autres, ceux qui sont susceptibles de le lire un jour. L'*anticipation*, plus exactement le *futur antérieur*, on l'a vu à propos des espaces blancs susceptibles d'accueillir après coup le prénom d'un frère, est la temporalité propre au *Testament d'Heiligenstadt*. En réponse à cet événement (lequel, il est trop tôt pour l'identifier), Beethoven remet dans les mains de l'autre le soin de le tenir comme un désespéré, voire un condamné. Un Beethoven tourmenté quand il rédige ce document ? Assurément ! Un Beethoven condamné et désespéré ? Certainement pas !

Découpe du texte du Testament

Au niveau cette fois de son contenu, l'ensemble du texte du *Testament* semble rédigé sans discontinuité. Certes, on l'a vu, la graphie permet de croire que sa rédaction s'est réalisée en plusieurs temps distincts. Il faut ajouter, envers et contre cette probable découpe chronologique dans l'écriture, que le texte ne comprend aucun paragraphe. Il semble écrit comme si Beethoven alignait ce qu'il a à dire sans prendre le moindre recul... Pourtant, cela ne saurait être retenu comme un signe typique du *Testament*. Cette absence de distinction paragraphique, et même l'omission de toute ponctuation se retrouvent en effet dans bon nombre de lettres de Beethoven, sinon la plupart d'entre elles. L'autographe de la lettre du 29 juin 1801, par exemple, écrite à Wegeler où Beethoven, on s'en souvient, annonce pour la toute première fois sa surdité, ne comprend, elle non plus, aucun paragraphe, et la ponctuation est à peine visible...

En tout cas, le *Testament d'Heiligenstadt* offre ceci de remarquable que, malgré cette continuité quasiment exempte de ponctuation, il reste possible de distinguer plusieurs thèmes distincts qui se succèdent. Un découpage du texte peut être réalisé permettant de saisir de façon plus visible, sinon lisible, ce que Beethoven semble s'y échiner à vouloir faire entendre. Certes, découper l'existant d'un texte est une démarche soutenue par le préalable d'une lecture déjà interprétative. Celui que je propose n'est sans doute pas le seul envisageable. Il me semble justifié avant tout par le surgissement, à partir de la ligne 33 du texte, d'un tout autre registre que celui énoncé jusqu'alors. L'essentiel, néanmoins, est de tenir ce découpage comme un *moyen* d'entrer dans le texte, en quoi un autre découpage mènerait très vraisemblablement à des conclusions *a priori* semblables.

Je découperai donc le texte comme suit, en proposant pour chaque partie et sous-partie un titre sous forme d'énoncé tentant de condenser l'essentiel des idées qui se trouvent exprimées dans chacune d'elles.

I De l'injustice vécue à l'annonce

I 1. « Vous me jugez mais vous ne savez pas… »

I 2. « Je suis sourd et vous ne pouvez pas l'entendre… »

I 3. « Par nécessité, je dois m'isoler… »

II Les deux filiations

II 1. « L'art m'a retenu… »

II 2. « La Divinité saura me reconnaître… »

II 3. « Vous mes frères, je vous charge… »

III Trop tôt, mais pas assez…

II) DE L'INJUSTICE À L'ANNONCE MI-DITE…

Comme souvent dans les textes qui ont un objectif d'annonce officielle, les premières lignes du *Testament* sont décisives. Se présente d'entrée de jeu une ambiguïté sur laquelle il faudra revenir longuement plus loin, à savoir celle de l'adresse du texte. C'est à ses frères Carl et ….. qu'il écrit, comme l'atteste le titre du texte (« *Für meine Brüder…* »). Et pourtant, c'est l'Homme, au sens générique du terme, qui se voit convoqué dès la première ligne : « *Ô ihr Menschen…* » Très souvent, les traductions omettent de citer explicitement le « *Menschen* » à travers des formules contractées telles « *Ô vous qui…* ». Cela me semble ne pas saisir une ambiguïté dans l'adresse que la suite du texte confirme tout-à-fait et dont l'analyse soulignera l'importance. En tout cas, cette première partie marque une très nette progression : partant du regard de cet Autre universel (que j'écrirai désormais avec un "A" majuscule pour le distinguer de l'autre relevant d'une adresse précise et identifiée)[1], Beethoven en vient (et on va voir avec quelles difficultés !) à avouer sa surdité pour évoquer l'isolement qui en résulte forcément.

« Vous me jugez mais vous ne savez pas… »

C'est l'Autre, donc, qui est d'emblée convoqué, en se voyant doté d'un regard contre lequel il faut se justifier (1-2) : « Vous qui me prenez ou me faites passer pour un ennemi, un opiniâtre ou un misanthrope… » (« *…die ihr mich für feindeslig, störrisch oder misanthropisch haltet oder erkläret* »). Il est important de s'arrêter sur les termes précis que Beethoven emploie ici. Le qualificatif « *störrisch* » (« *récalcitrant, rétif, opiniâtre, entêté, têtu, obstiné, revêche, rébarbatif, intraitable…* »[2]) est en effet entouré de deux autres termes qui possèdent une portée plus équivoque. « *Feindselig* » tout d'abord, qui s'entend au sens adjectival comme « *ennemi* » mais au sens adverbial comme « *avec hostilité* ». L'idée d'ennemi, autrement dit, peut ici être entendue à la fois comme ce qui serait supposé être contenu dans ce regard de l'Autre (le compositeur est pris comme « *ennemi* »), mais également comme désignation de la relation que l'Autre établit avec lui, relation teintée d'hostilité. On peut donc lire « Vous qui me tenez comme un ennemi », l'hostilité étant alors localisée chez l'individu Beethoven, ou alors « Vous qui me traitez avec hostilité », où l'hostilité devient située chez l'Autre, et non plus chez le seul compositeur. La même remarque peut être formulée pour le « *misanthropisch* » qu'on trouve après « *störrisch* ». Beethoven n'emploie pas simplement le substantif « *Misanthrop* » auquel l'identifierait donc l'Autre, mais entend la « haine des hommes » (tel est le sens premier du terme) comme située tant chez celui à qui il s'adresse, l'Autre donc, qu'au niveau de ce pour quoi cet Autre le prend ou le fait passer.

Le verbe « *halten* » ne change rien à cette double ambiguïté qui vient d'être repérée. Avec lui, on peut en effet tout autant entendre : « Vous qui me tenez pour un ennemi, un misanthrope… » que « Vous qui me tenez avec hostilité, avec misanthropie (comme un opiniâtre –*störrisch*-) ». Plus encore, il se voit immédiatement suivi du verbe « *erklären* » (« *déclarer* »). Le passage est

---

[1] L'Autre, avec un "A" majuscule donc, n'a ici évidemment rien à voir avec l'instance de l'Autre des psychanalystes lacaniens, qui s'entend comme lieu du langage dont est captif le sujet parlant.

[2] Gottschalk (Walter) & Bentot (Gaston), *Langenscheidt II*, Paris, Larousse, 1968, p. 782.

décisif. « Tenir quelqu'un pour… » (*halten*) implique une relation duelle, l'Autre est face à moi et me tient pour… Le verbe « Déclarer », par contre, implique quant à lui une logique dénominative qui fait forcément entrer en scène un tiers. « Déclarer quelqu'un de… » peut concerner un autre que celui qui se trouve inclus dans la relation. Le verbe *Erklären* implique, autrement dit, une transitivité qui infléchit le sens de *Halten* qui se limitait à un rapport strictement duel : moi Beethoven – l'Autre. Cet Autre est tenu pour le « prendre pour... », et en même temps pour le « faire passer pour… ». L'adresse se voit alors très clairement redoublée dans sa dimension proprement indéfinie. Non seulement il est question d'un « *Mensch* » qui ne se supporte d'aucune identification de qui que ce soit précisément, mais, de plus, cet Autre indéfini génère à son endroit un regard qui ne peut avoir d'autre lieu que celui justement de cet indéfini auquel il s'adresse. Et c'est en cela que l'ambiguïté qui vient d'être repérée pour les termes *feindselig* et *misanthropisch* prend tout son sens. Il y avait d'emblée la question qui ne pouvait pas ne pas se poser à propos d'un prénom manquant… Voilà que, dès le début du texte, l'adresse se voit redoublée en ambiguïté. C'est l'Autre à qui il écrit ces lignes, qui le connaît forcément (puisqu'il le prend pour un opiniâtre) sans qu'il soit nommé, mais c'est l'Autre également qui aura entendu ce pour quoi on le fait passer.

Ainsi commence le *Testament* ! Beethoven pose en contenu accusatif (« Vous qui me tenez… ») ce qui constitue un chef d'accusation à son endroit de la part de ceux qui en font précisément l'objet. Il est pris pour un ennemi parce qu'on le traite avec hostilité… On fait croire qu'il est misanthrope alors qu'on ne fait que témoigner de misanthropie à son endroit… Non seulement il le vit, mais encore il sait que ceux-là à qui il s'adresse le disent autour d'eux. Ils le traitent (*Halten*) et le font passer pour (*Erklären*)… Le ton est donné d'emblée : si l'Autre le tient et le fait passer pour un opiniâtre, c'est parce qu'il est avant tout lui-même son ennemi… Telle une relation en miroir, les autres le prennent et le font passer pour ce qu'ils sont eux-mêmes avant tout. C'est là un point essentiel de la psychologie du compositeur, qui se traduira maintes fois dans sa vie. On pensera à ses relations toujours tumultueuses avec ses amis mais aussi à la relation très complexe et toujours conflictuelle qu'il entretint avec son neveu Karl, une fois qu'il entreprit, après la mort de son frère Carl, de l'adopter… On en verra maintes illustrations plus loin dans ce travail.

Mais la suite du texte semble fournir matière à comprendre pourquoi la relation à l'Autre est ainsi, d'entrée de jeu, dotée d'une hostilité qui n'est pas seulement subie de la part du compositeur. « *Ihr wißt nicht die geheim Ursache von dem.* » L'Autre ne connaît pas la raison de ce qui l'amène à pouvoir être ainsi jugé si injustement (3-4). On notera ces deux points de grande importance : Beethoven n'entre absolument pas dans la logique d'un démenti par rapport aux accusations dont il vient d'être question ; de plus, il ne donne pas immédiatement la raison de ce pour quoi il est ainsi jugé. Le point d'amorce de sa réponse s'établit sur le mode d'un non-savoir localisé chez l'Autre. Vous ne savez pas ! On se rappelle qu'à Wegeler (L 51) et à Amenda (L 53), il avait exigé le plus grand secret sur le drame de sa surdité qu'il leur avouait alors. Semble se présenter ici l'impossibilité de tenir plus longtemps ce secret. Mais il fallait nécessairement que ce soit pour répondre aux accusations de l'Autre. Ce qui est classiquement tenu pour un aveu prend tout d'abord la forme d'une défense contre l'injustice qu'il ressent de la part des hommes (*Menschen*) qui ne savent pas.

On s'attend alors que Beethoven annonce enfin ce qui permettrait de lever ce non-savoir qu'il vient de pointer à l'endroit de l'Autre. Pourtant, ce n'est pas ce qui se présente. Comme pour retarder le terrible moment de l'aveu, Beethoven souligne le discord qui se présente entre son état actuel, celui qui le fait prendre pour un opiniâtre justement, et ce qu'il est en vérité au fond de lui, authentiquement. Depuis toujours, depuis son enfance, son cœur et son esprit ont incliné vers la bienveillance (-5-, « *Wohlwollen* », littéralement, « Vouloir le bien »). Cette bienveillance semble répondre à l'ambiguïté du début du texte, un peu comme si Beethoven voulait relativiser la part proprement projective qui générait le regard hostile de tous, directement (*halten*) ou indirectement (*erklären*), indéfiniment en tout cas, sur lui (« Vous me traitez en ennemi que vous êtes en le faisant »). Derrière cette apparente attitude revêche qu'on lui reproche, il n'y a que du bien, et aussi la propension à réaliser de grandes actions (-6-, « *große Handlungen zu verrichten* »). À la bienveillance de l'homme s'ajoute donc la réalisation de l'artiste, qui a depuis toujours suivi la voie de sa création. On verra plus loin combien cette double identité, homme et artiste, est importante pour la compréhension du *Testament*. Cette justification qui en appelle au bon en lui, et aux œuvres qu'il a créées, suffira-t-elle pour annoncer enfin son mal ? Pas encore…

Beethoven ne parle toujours pas de la raison secrète (*geheim Ursache*) qui échappe au savoir de l'Autre. Il évoque surtout un état désespéré (-7-, « *ein heilloser Zustand* »). Ainsi se pose en tout premier lieu l'aveu que le lecteur attend de voir surgir. Il est impossible, pour le moment, de savoir s'il relève d'un problème de santé ou de cette méprise dénoncée au début à son propos. Cet état désespéré dont il fait mention, en effet, s'applique tout-à-fait à cette injustice avec laquelle il commençait le texte, autant en tout cas qu'à quelque mal qui demeure encore inconnu. On ne commence à comprendre qu'il s'agit d'un problème médical que par l'apparition d'une seconde forme d'ignorance : non plus celle de l'Autre vis-à-vis de la « raison secrète » de ce qui lui donne l'apparence d'un opiniâtre, mais cette fois celle des médecins.

Son état désespéré, désormais cela devient clair, est aggravé par l'incapacité de ceux-ci (8). Voilà pour la première fois un autre dûment identifié : le médecin, qui est tenu pour partie prenante, sinon de son mal, du moins de son aggravation.

Bref, deux causes sont ici évoquées pour répondre à cette image injuste qu'on (*Menschen*) se fait de lui : un état de désespoir dont la cause précise demeure encore indéterminée, mais qui reste à proximité de cette image dans laquelle on l'aliène, et un "autre" enfin plus précis, nommément le médecin, qui non seulement n'a pas su le guérir, mais encore a participé à l'aggravation de son état. Concernant le corps médical, on verra dans quelques instants qu'un d'entre eux, un seul, l'a compris. Et on en comprendra les raisons...

Je résume... D'emblée, Beethoven se positionne comme victime d'un regard hostile qui le tient justement comme hostile vis-à-vis des autres. Ce regard est déterminé par un non-savoir qu'il peine à combler, mettant en avant ce qui, au fond de lui, fait radicalement objection à ce regard et, de façon plus vague, ce qu'il qualifie d'« état désespéré » qui prend pour cause l'incapacité d'un autre qui devient plus précis, nommément le médecin, incapable (il n'a pas su le guérir) mais aussi coupable (son état a empiré à cause de lui). Pour l'instant, de surdité il n'est toujours pas question. L'enjeu de la douleur s'affirme ailleurs. Il s'agit du regard de l'Autre, et c'est pour cela que la simple levée d'un non-savoir, sous la forme par exemple d'une simple information, ne peut apparaître aussi simplement. C'est ce qui se présentait dès le début du texte : ceux qui le prennent pour un opiniâtre, sont ceux-là même qui le traitent hostilement. Et c'est bien à eux que ces lignes s'adressent !...

« Je suis sourd et vous ne pouvez pas l'entendre... »

Que la surdité soit difficile à annoncer, surtout pour un musicien, s'entend aisément. Cela n'est d'ailleurs pas propre au *Testament* dans la mesure où c'était précisément le silence, le secret même, qu'il attendait de la part de ses deux amis à qui il l'annonçait un peu plus d'un an auparavant. On sent cependant ici qu'au-delà d'une telle légitime difficulté, c'est la scène où cette surdité prend place qui prévaut, c'est-à-dire celle où prend place et occupe le premier rôle le regard de l'Autre. L'équivoque de certains termes au début du texte, ainsi que le passage d'un « Vous me tenez pour... » (*Halten*) au « Vous me faites passer pour... » (*Erklären*), le montraient clairement. Et on trouve nette confirmation de cela dans la suite du *Testament*.

D'année en année (« *Von Jahr zu Jahr* »), il a été trompé (*betrogen*). Ce n'est plus l'Autre qui *se* trompe dans l'image qu'il se fait de lui, c'est lui qui l'a été au niveau précis de l'espoir d'une amélioration (9-10), dont on ne sait au demeurant toujours pas sur quoi précisément elle pourrait porter. Le médecin n'a pas assez de n'avoir pas su le guérir, pire, d'aggraver son état désespéré, il le trompe de surcroît, dans le leurre d'une possible amélioration. Ce n'est plus quelque mal (toujours pas identifié dans le texte, j'insiste !) qui serait supposé justifier ce qu'on voit de lui, mais l'abus réalisé à l'endroit de ses espoirs en l'avenir. Le médecin est présumé coupable du désespoir qu'il vient d'évoquer. On retrouve le schéma identique à celui du début du texte, mais cette fois de façon inversée. L'Autre avait *tort de le croire* opiniâtre et de le faire savoir aux autres... Ici, un autre, particulier celui-là puisqu'il s'agit du médecin, a eu *tort de lui faire croire*... Et c'est de façon identique que Beethoven répond : en invoquant ce qu'il sait être au fond de lui...

Ce n'est plus la bienveillance, ou la propension à réaliser de grandes actions, mais sa fougue (*feurig*), son tempérament vif (*lebhaften Temperamente*), qui sont à présent convoqués (12), toujours dans ce que de telles qualités peuvent apporter dans son rapport aux autres (« J'étais prédisposé aux distractions en société » -12-13-). Cependant, contre de telles qualités s'impose pour lui la nécessité d'une mise à l'écart sur laquelle il insiste à travers deux expressions : « *absondern* » (« s'isoler »), et « *einsam mein Leben zubringen* » (littéralement : « porter seul sa vie »). Et c'est alors seulement que se présente pour la première fois une idée de « *mettre fin à tout cela* » (14) : « Ainsi j'ai parfois voulu refouler cela une fois pour toutes » (« *Wollte ich auch zu weilen mich einmal über alles das hinaussetzen* »). Ce n'est pas le suicide qui se voit ici évoqué, mais l'évacuation, le rejet de la situation dans ce qu'elle a d'insupportable pour lui. Certaines traductions retiennent le verbe « oublier ». *Hinaussetzen* marque cependant un mouvement plus spatial que temporel. C'est pour cela que je propose le verbe « refouler » qu'il convient évidemment d'entendre dans un sens différent de celui que lui réserve la psychanalyse. Il s'agit d'évacuer, de refouler d'un lieu ce qui l'occupe indûment. La nuance est importante, car c'est à partir d'un tel mouvement de rejet, d'expulsion (et non de simple oubli), que le problème de la surdité va enfin pouvoir apparaître : « Ô ce que j'ai dû endurer à travers la triste expérience de mon ouïe perdue ! » (14-16).

Avec le verbe *Hinausetzen*, on retrouve comme en condensé trois dimensions essentielles. Cette perte de l'ouïe marque déjà l'existence d'un *hors*, sous la forme d'une perte, celle de l'audition. Ce sens auditif, dont il dira plus loin devoir être plus développé chez lui que chez quiconque, se trouve désormais hors de lui. De là se pose un second "*hors*" qui en est la conséquence : Beethoven devient hors du monde de ceux qui entendent. Il est différent parce qu'il est sourd. Mais aussi, troisième enjeu du "*rejet*", celui qui concerne sa place, entendue cette fois dans un sens purement physique, c'est-à-dire en société, ce qui se voyait clairement annoncé dès le départ du texte autour de la dimension du regard de l'Autre le tenant pour simple opiniâtre. On retrouve ici la même équivoque vue plus haut avec les termes qui étaient employés pour caractériser le contenu de ce regard de l'Autre, mais cette fois au niveau de la portée du verbe *Hinausetzen*. Le rejet ne porte pas uniquement sur ce qu'il vit d'intenable... Il est au cœur du conflit qu'il tente vaille que vaille de faire entendre. Il se pose, autrement dit, comme victime d'un rapport qu'il est le premier à promouvoir. *Il est rejeté parce qu'il rejette*. Les deux voix grammaticales, passive et active, gravitent fondamentalement autour du drame central qui parvient justement, à partir de cette ambiguïté, à être enfin évoqué.

On trouve en effet confirmation immédiate de la portée du verbe *Hinausetzen* juste après, Beethoven passant effectivement de la voix passive (« ...ce que j'ai dû endurer » -15-) à la voix active (« Il ne m'était pas encore possible de dire... » -16-17-). Le rejet prend alors sa valeur ultime, qui soutient d'ailleurs l'intégralité du *Testament* lui-même, à travers l'aveu proprement dit. Cet aveu semble, et la difficulté à évoquer la surdité depuis quelques lignes l'atteste clairement, non pas simple dévoilement d'un existant jusqu'alors dissimulé au savoir d'autrui, mais *évacuation* d'une tension devenue insupportable. L'Autre (*Menschen*) n'est pas appelé à occuper la place de simple témoin, ou celle de détenteur d'un savoir attendu. Il est le support de cette évacuation d'un insoutenable. Maintes anecdotes de la vie du compositeur le confirment : quand, en société, il est question de sa surdité, c'est la violence qui prend le dessus. L'attitude compréhensive de l'autre n'est pas pour lui. L'autre, celui qui découvre sa surdité, est rejeté tout aussi violemment que la façon dont il procède ici en rejetant cet insupportable dans le texte. Beethoven est sourd, il le sait, mais les autres ne peuvent et ne doivent pas l'entendre ![1] On pressent combien pareille position subjective est importante sur le terrain non plus seulement individuel, mais sur celui de sa création musicale. Et la suite du *Testament*,[2] sur ce point, le confirmera tout-à-fait.

Immédiatement après ce premier aveu, en effet, qui introduit enfin le drame de sa surdité, Beethoven situe le problème au niveau de sa condition de musicien plus qu'à celui de simple individu. Comment lui était-il possible de dire à l'autre qu'il est sourd, lui pour qui le sens auditif devait être justement plus développé que chez n'importe qui, et qui avait atteint un niveau de perfection auquel peu pouvaient prétendre (19-21) ? Il revient cependant, juste après, à cette image injuste qu'il évoquait au début du texte, celle de l'ennemi,

---

[1] Il le disait d'ailleurs clairement à Wegeler dans sa lettre du 16 novembre 1801 : « Votre attention elle-même serait pour moi source de chagrin. À chaque instant, je lirais la pitié sur vos visages et je ne ferais que me trouver encore plus malheureux. »

[2] en plus de la propension à « réaliser de grandes actions » qu'il évoquait plus haut (6).

de l'opiniâtre et du misanthrope : « Il faut me pardonner quand vous me voyez me retirer » (22-23). Cela concerne sa situation d'homme. Mais celle d'artiste resurgit aussitôt après, car il ajoute (23-25) : « Mon malheur est redoublé tandis que je dois devenir presque un inconnu » (« *...indern ich dabei verkannt werden muß* »). Encore une fois, l'équivoque se présente, car le terme *verkannt* renvoie à la fois au fait d'être *inconnu* et à celui d'être *méconnu*. On ne saurait donc dire si la méconnaissance en question, qui n'est pas sans rappeler le non-savoir de l'Autre vu plus haut, concerne sa surdité (« Vous ne savez pas la raison secrète de ce qui se présente ainsi à vos yeux » -3-4-) dans ce qu'elle génère d'incompréhension et d'isolement social, ou sa condition d'artiste, au sens de la perte anticipée d'une célébrité qu'il avait déjà bel et bien acquise à Vienne à cette période.

« Par nécessité, je dois m'isoler... *»*

C'est sur la nécessité d'un isolement social imposé par la surdité dont il vient enfin de faire l'aveu que Beethoven poursuit, comme en conclusion à ce qui a été, selon le découpage proposé, évoqué dans la première partie du texte. « Finis désormais le repos, les discussions, les épanchements en société » (26-27). Ce n'est pourtant pas sous les traits d'une simple victime du destin qu'il se présente ici. Plus que la solitude, l'isolement[1] est ici revendiqué comme ultime moyen d'éviter la tension que génère le contact avec les autres : « Je ne puis m'exposer en société que si la plus grande nécessité l'exige » (28-29). Deux visages de la Nécessité se présentent ici : celui d'une exigence matérielle qui le force, pour une raison ou pour une autre, à rencontrer les autres, une "nécessité contingente", en quelque sorte[2] ; et celui d'un autre impératif, interne celui-là, celui d'un retrait dû à sa condition de sourd. Beethoven va employer juste après le terme *Verbannter* pour qualifier ce deuxième visage de la Nécessité : c'est en banni, en exilé, en proscrit,[3] qu'il doit se forcer désormais à vivre.

Cependant, contrairement à toute attente, ce n'est pas la seule surdité qui est ici en cause, mais l'angoisse qui se présente toutes les fois où il se trouve en société. Là, elle s'empare de lui pour une raison qu'il donne immédiatement (31-32) : « ...tandis que je redoute le terrible danger que mon état me trahisse. » Se présente en cela un point décisif qui permet d'approcher la compréhension du *Testament* pris dans son ensemble. Car Beethoven pose ici un paradoxe au sens logico-mathématique du terme. Il faut se souvenir du

---

[1] On peut être seul dans une foule. On est isolé quand on s'écarte, délibérément ou non, d'un ensemble social.

[2] Que les logiciens me pardonnent une expression qui s'oppose au carré d'Apulée !

[3] *Langenscheidt II*, p. 868.

début du texte : l'Autre le jugeait *parce qu'il ne savait pas*. Ici, le compositeur évite toute situation de rencontre sociale parce que *l'autre peut savoir*, et que cette possibilité génère chez lui une angoisse insupportable. Par conséquent, s'isolant par peur que l'autre sache, ce dernier en arrive forcément à le tenir pour ce contre quoi justement il se défend : un ennemi, un opiniâtre, un misanthrope (1-2)... L'anticipation de ce savoir comme possible devient donc précisément ce qui détermine ce qu'il redoute et conteste !

Là où on pouvait le prendre pour simple victime de l'injustice de l'Autre (et sur ce point, nombre de biographes s'y sont donnés à cœur joie !), on le retrouve au lieu précis de ce qui détermine le regard injuste que l'Autre lui renvoie. Par l'isolement résultant d'une anticipation du possible savoir chez l'autre concernant sa surdité, il cautionne qu'on puisse le prendre pour ce qu'il conteste vaille que vaille. On retrouve ici le temps de l'anticipation qui est celui propre au *Testament* (« L'autre ne saura pas si je m'isole »). On retrouve également les ambiguïtés apparues au début du texte à propos de certains termes qui prenaient valeur tant adjectivale qu'adverbiale (*feindselig*, *misanthropisch*) et qui témoignaient déjà d'une conflictualisation non limitative au contenu de l'image que l'Autre (*Menschen*) se faisait de lui, car incluant également la relation elle-même à cet Autre à qui il s'adresse au sein du *Testament*.

On est ici au cœur de la portée authentique du *Testament d'Heiligenstadt*. Celui-ci consiste fondamentalement à annoncer non pas ce qui lèverait simplement le voile sur ce qui justifierait quelque opiniâtreté qu'on lui reproche. Ce que Beethoven écrit dans le *Testament d'Heiligenstadt*, *c'est ce qu'il ne peut dire*...

À cet endroit précis du texte se présente une coupure, qui justifie le découpage que j'ai proposé. Beethoven, en effet, se met soudain à évoquer les mois qu'il vient de vivre à Heiligenstadt. Aussi est-il opportun, avant de poursuivre, de reprendre de façon synthétique les éléments qui ressortent de l'analyse du début du *Testament*.

C'est de toute évidence sous le chef de la relation à l'Autre, l'homme érigé en universel (*Menschen*) que le conflit se pose avant tout, plus précisément au niveau du regard que cet Autre porte sur lui. Ce n'est cependant pas telle ou telle caractéristique qui l'arrête, et contre quoi il se défend. Il en va davantage d'une étroite corrélation entre ce dont il se sent injustement accusé (d'être un opiniâtre, un ennemi, un misanthrope) et la nature hostile de la relation à l'Autre, qui prend place au moment précis où il en dénonce le contenu. Au cœur de l'écriture du *Testament* donc, s'énonce à la fois ce dont Beethoven se plaint et ce dans quoi cet énoncé de plainte doit être entendu, à savoir l'hostilité qu'il ressent de l'Autre à qui l'écrit est adressé. Il se sent pris pour ce qu'il identifie du même mouvement chez l'Autre… « Vous, mon ennemi, vous me prenez pour un ennemi ! »

De là se justifie le recours à un non-savoir attribué à l'Autre, qui prend tout d'abord la forme d'une insistance à rappeler la bienveillance et la propension à réaliser de grandes actions qui logent de toujours en son for intérieur. La surdité est l'objet de ce non-savoir, mais Beethoven présente les plus grandes difficultés, dans le texte, à l'énoncer. C'est là le point crucial de la première partie du texte. La réponse à son handicap auditif est l'isolement, celui-ci étant la défense contre l'angoisse qui pourrait surgir en société si l'autre s'aperçoit de sa présence. Et là se présente le cercle vicieux dans lequel, inévitablement, il se trouve inscrit : s'isolant de peur que l'autre sache, il est pris pour un misanthrope, ce qu'il conteste précisément dans le *Testament*. Il donne à lire ce qu'il refuse de dire…

De façon discrète s'énonce sa condition d'artiste qui semble se juxtaposer aux côtés de sa condition d'homme qui s'efface de toute relation sociale qui ne soit pas absolument nécessaire. Et on verra plus loin, dans la suite du texte, l'importance que cette condition d'artiste aura dans le *Testament*… En tout cas, il ne s'agit absolument pas du simple aveu d'une surdité qui aurait échappé jusqu'alors au savoir de l'Autre et qu'il suffisait simplement d'annoncer pour lui faire comprendre les raisons de sa misanthropie ou de son opiniâtreté. Cette surdité se présente en effet avant tout, fondamentalement, comme génératrice d'angoisse au niveau précis du savoir de l'Autre, savoir qu'il anticipe au niveau de l'ensemble des situations qui seraient susceptibles de l'amener à le rencontrer. L'autre verra-t-il ce qu'il tente de cacher depuis toujours ? Cette surdité, donc, fait l'objet, dans le *Testament*, de ce qui peut être qualifié de "*mi-dit*". Il l'énonce sur le mode d'un « Je ne supporterais pas que vous le découvriez en ma présence » qui rend nécessaire et inévitable l'annonce qu'il fait dans le texte. Une annonce qui, cependant, comme on vient de le voir, consiste à dire qu'il ne peut la dire…

De cette lecture du début du *Testament d'Heiligenstadt*, il est possible d'aboutir à une première conclusion essentielle qui donne à celui-ci sa portée première. Beethoven écrit un tel texte, un tel *Memorandum* dira Schindler,[1] dont le destin est *de ne pas être envoyé*. Il ne doit être en soi découvert et donc lu qu'après sa mort. À ce moment-là seulement, l'Autre dont il est question depuis le début, dans ses représentations injustes fondées sur un non-savoir, pourra combler celui-ci. Cependant, avant toute idée de mort physique, de velléité suicidaire, qui ne sera évoquée que plus tard dans le texte, un enjeu tout autre se présente qui conduirait presque à contester le terme-même de "*testament*" pour qualifier un tel document. Car il s'agit essentiellement, on le

[1] Op. cit., p. 59.

voit bien, d'une longue lettre concernant sa surdité, *qui est rédigée à l'adresse de celui dont Beethoven sait d'avance qu'il sera là pour la lire au moment précis où lui ne sera précisément plus*. Telle s'énonce la logique du *mi-dire* qui expose à la connaissance de l'Autre absolument pas, finalement, ce qui permettrait de comprendre ce dont il est accusé injustement, mais ce que Beethoven *ne peut dire*…

III) LES DEUX FILIATIONS…

Le ton change soudain dans le texte. La première partie (selon le découpage proposé) s'est présentée comme une espèce de face-à-face entre le compositeur et un Autre indéfini, dénommé « *Menschen* ». C'est à cette première partie que s'applique la remarque de Brisson, qui tient le texte du *Testament d'Heiligenstadt* comme « fortement imprégné de la rhétorique religieuse des poèmes de Gellert, tout autant que de références implicites à Plutarque ou à Schiller. »[1] Beethoven s'y pose en héros, ou en anti-héros plutôt, conformément au modèle canonique du Romantisme, c'est-à-dire en homme soumis au *Diktat* du Destin contre lequel il lutte de toutes ses forces.

On a vu cependant qu'au-delà de cette apparence héroïque se profilait l'ombre d'un *mi-dire* à propos de la surdité. Là est apparu l'essentiel de la première partie du *Testament*. Le biographe peut ne pas *l'entendre*, mais au risque alors d'établir précisément ce que le compositeur est le premier à contester de se voir porter, à savoir une image qui oublie que l'essentiel est à situer au niveau du conflit, de l'angoisse même, devant ce qui prend forme d'un *indicible* relativement à sa surdité.

À présent s'avance dans le texte "*l'individu Beethoven*", celui qui, soudain, fait mention de la situation présente qu'il occupe : il est à Heiligenstadt depuis six mois, et il constate amèrement que son problème auditif, dont il faisait mention de façon *mi-dite* à l'endroit d'un Autre indéfini, ne s'améliore pas, voire qu'il doit se résoudre à envisager l'impossibilité d'une guérison. L'idée de la mort, cette fois, va se poser de façon explicite, en quoi ses frères seront forcément mentionnés pour prendre les dispositions nécessaires après son décès. Et pourtant, on va voir là encore que les propos que Beethoven tient vont bien au-delà de cette idée de mort physique. Au-delà de cette mort, l'artiste prend la parole pour souligner que son art, lui, est immortel…

---

[1] Brisson (Elisabeth), *Ludwig van Beethoven*, op. cit., p. 78-79.

« L'art m'a retenu... »

« Il en a été ainsi depuis cette dernière demi-année que j'ai passée à la campagne » (-33-34- « *So war es denn auch dieses halbe Jahr, was ich auf dem Lande zubrachte* »). À rebours du face-à-face grandiose entre un homme et l'Humanité (*Menschen*), voici que prend place un contexte dûment défini sur les plans temporel et spatial. La douleur qu'il évoquait au début du *Testament* est désormais datée et située : cela fait six mois qu'il endure la souffrance dont il a fait état. Et celle-ci est présente tandis qu'il est loin de tous, dans cette petite bourgade nommée Heiligenstadt. On comprend immédiatement la raison de cette souffrance : s'il est là, à la campagne, depuis six mois, c'est sur le conseil de son médecin. De médecins il a été question déjà plus haut : des incapables, disait-il d'eux (8), doublés d'une capacité de tromper l'autre en leur faisant croire à une amélioration qui ne vient pourtant pas (9-10). Le ton était le même dans les lettres à Wegeler et à Amenda de 1801 ! Cependant, le Pr Schmidt fait exception. Beethoven le tient même pour un médecin « très sensé » (« *vernünftigen*[1] *Artze* »). Les observations qui précèdent vont permettre de comprendre pourquoi celui-là échappe à la règle des maudits médicastres.

Schmidt, contrairement aux autres, n'a effectivement pas proposé tel ou tel traitement visant explicitement et restrictivement le soin mécanique de son ouïe malade, que ce soit sous la forme de bains, d'huiles ou de vésicatoires.[2] Son traitement se limitait à un conseil : s'éloigner de Vienne pour ménager son ouïe (34-35). Beethoven y trouva sans nul doute autre chose : le conseil de s'éloigner de la capitale, non seulement pour sa nuisance sonore, non pour soigner uniquement ses oreilles donc, mais avant tout pour *s'isoler des autres*... Voilà toute la portée de la prescription de Schmidt qui, pour le coup, s'est montré fin psychologue : s'isoler, se mettre à l'écart des autres ! Quoi d'étonnant qu'il ait alors été tenu pour le plus sensé des médecins ? Car cet isolement, on l'a vu dans la première partie du texte, était précisément ce dans quoi Beethoven affirmait trouver sinon réconfort, du moins refuge, son rapport aux autres faisant encourir le risque qu'à tout instant sa surdité puisse être découverte. En conseillant l'isolement, Schmidt (selon Beethoven en tout cas !) avait compris que la souffrance de son patient résidait avant tout dans un rapport aux autres où l'anticipation de la découverte de son état était motif d'angoisse. C'est un traitement plus psychologique que médical qu'a donc proposé ce médecin si sensé !...

---

[1] « *Raisonnable, sensé, judicieux, sage, réfléchi* », *Langenscheidt II*, p. 887.

[2] Beethoven les décrivait dans le détail dans la lettre du 16 novembre à Wegeler (L 54) qui a été abordée plus haut, dans le chapitre 1.

À l'identique du début du texte, où le compositeur, face au regard injuste de l'Autre, soulignait qu'il y avait du bon au fond de lui (5), à l'insu de tous donc (« *Ihr wißt nicht* » -3-), et même une propension à réaliser de grandes actions (6), se présente ici un semblant de protestation face au conseil du Pr Schmidt. Cet isolement va à l'encontre de ses dispositions naturelles (-35-36- « *natürlichen Disposition* »). Il s'y soumet toutefois, envers et contre ses « inclinations enthousiastes » (36-37). Résignation partielle encore et toujours, non plus au Destin, non plus à la Nécessité de vivre comme un exilé, mais au simple conseil d'un autre qui lui a signifié, à travers son conseil si sensé de s'isoler, *qu'il l'avait entendu* !...

Dans cet horizon où luit la compréhension d'un seul, surgit cependant la narration d'un événement (37-40) dont on verra plus loin l'importance. La scène est bien connue et figure dans toutes les biographies du compositeur, tant ce dont il est question condense à lui seul tout le drame de la surdité d'un musicien. Beethoven raconte l'humiliation (*Demütigung*[1]) qui fut la sienne tandis que quelqu'un, près de lui, entendait au loin une flûte que lui n'entendait pas. Une seconde scène, identique, vient souligner le poids de l'événement : ce n'est plus le son d'une flûte qu'il n'entend pas, mais cette fois le chant d'un berger.

La scène ainsi évoquée est cruciale à plus d'un titre. Elle sera amplement reprise plus loin dans l'analyse. On notera pour l'instant qu'on y trouve précisément les ingrédients qui ont été avancés plus haut : *c'est l'autre*, en une circonstance particulière cette fois, *qui découvre sa surdité*. On l'a vu, cette découverte constitue justement l'enjeu, dans l'anticipation, de cette angoisse qui ne peut pas ne pas surgir toutes les fois où il se trouve en société. Répétition, donc... À une nuance près. Ce que Beethoven évoquait dans un premier temps de façon très générale, et surtout sous la forme d'une anticipation justifiant précisément le non-lieu de l'événement (« Comme un exilé, je dois vivre. Au contact d'une société, je redoute le terrible danger que mon état me trahisse », -29-32-), se retrouve ici rattaché à un événement très précis *et qu'il affirme avoir vécu*.

En tout cas, l'importance d'une telle scène est à la mesure de ce qu'il annonce juste après son énoncé. Pour la première fois dans le texte, il est en effet question d'idées proprement suicidaires : « Cela a été tout près de m'amener à mettre fin à mes jours » (-41-42- « *Es fehlte wenig und ich endete selbst mein Leben* »). Il ressort par conséquent ceci qui s'affirme de façon très nette : *cette velléité suicidaire*, que nombre d'auteurs ont rattachée à sa surdité incurable, voire de façon tout-à-fait péremptoire à la rupture avec la Guicciardi, *est explicitement reliée à un événement au cœur duquel surgit le*

[1] « Humiliation, abaissement, anéantissement », *Langenscheidt II*, p. 193.

savoir d'un autre sur sa surdité. Ce n'est pas ici une interprétation de ma part ! C'est ce qu'il suffit de lire dans le texte… Mais la suite est étonnante et ouvre à une autre question essentielle et aussi importante du *Testament*…

Il s'en est fallu de peu que Beethoven passe à l'acte sur le mode suicidaire. C'est du moins ce qu'il écrit. Cependant, une chose, une seule, l'a retenu : son *art* (42-43). Issue un peu surprenante, qui pourrait même passer pour un peu trop démonstrative ou théâtrale, qui exige qu'on reprenne la scène dont il vient d'être question. La surdité, en effet, n'est pas découverte à propos de n'importe quel matériel sonore. Son compagnon de promenade aurait pu attirer son attention sur n'importe quelle autre source auditive, le murmure d'un ruisseau, les cris de paysans, le souffle du vent dans les arbres… Rien de cela ! Il est à mon sens significatif que les deux scènes que Beethoven mentionne concernent explicitement ce qui relève de l'art musical : le son d'une flûte et le chant d'un berger. D'emblée, on saisit que la surdité, au niveau de sa découverte par un autre, prend un poids tout particulier dès lors qu'elle concerne son art, celui-là même qui, à ses dires, l'aurait sauvé du suicide.

Mais une précision se présente alors : ce n'est pas le simple son d'un instrument ou celui d'une voix qui est ici concerné, mais sa *création* musicale : « Il m'est apparu impossible de quitter ce monde avant d'avoir produit tout ce que je ressentais en moi, et ainsi j'ai prolongé cette vie misérable » (-43-45- « *Ach, es dünkte mich unmöglich, due Welt eher zu verlassen, bis ich das alles hervorgebracht, wozu ich mich aufgelegt fühlte, und so fristete ich dieses elende Leben* »). La propension à « réaliser de grandes actions » vue plus haut dans le texte (6) se retrouve bien ici. En vérité, il ne s'agit plus d'un simple individu confronté à l'incompréhension de l'Autre (*Menschen*). C'est le créateur, le compositeur, qui prend ici la parole…

Cela était déjà évoqué plus haut, lorsqu'il considérait que le sens auditif devait être chez lui, le musicien, beaucoup plus développé que chez les autres (19-20). Beethoven reprend ici l'argument, de façon élargie (il se l'autorise parce qu'il énonce clairement son statut d'artiste), en évoquant ici un corps tellement sensible (« *…einen so reizbarren*[1] *Körper* ») que le moindre changement peut le faire basculer du meilleur au pire (-46-47-« *daß eine etwas schnelle Veränderung mich aus dem besten Zustande in den Schlechtesten versetzen kann* »). Il s'affiche comme artiste d'exception : une ouïe qui a été et qui aurait dû rester plus développée que chez n'importe qui, et maintenant un corps qui entre en résonance totale avec ce qui l'environne.

---

[1] « *Irritable, excitable, sensible, susceptible* », *Langenscheidt II*, p. 654.

Mais le ton change une nouvelle fois. Après l'été à Heiligenstadt, après un événement traumatisant qui s'est déroulé à la campagne, après l'évocation (la première du texte) d'idées suicidaires, Beethoven élève le débat en recourant aux qualités qui doivent désormais lui permettre de tenir. Ces qualités concernent le temps sous différents aspects : le temps qui doit être subi, avec la *patience* (ou la *résignation* -47- *Geduld*) mais aussi le temps de la lutte, avec la *détermination* (-49- *Entschluß*) doublée de *persévérance* (-49- *Auszuharren*[1]). La soumission, en forme de résignation, semble cependant prévaloir. D'une part, en effet, son évocation se voit complétée d'une référence à « ce qui s'impose » (« *Geduld, so heißt es* »). Mais surtout, l'évocation de ces qualités se voit suivie d'une référence au mythe du Destin, en convoquant, des trois Parques latines, celle (Clôtho) qui coupera un jour le fil de sa vie (49-50). Il s'agit ici, de toute évidence, d'une forme de réponse à l'idée de suicide. Le libre-choix, celui de mettre fin à ses jours, laisse place à l'autorité suprême, qui prend ici le visage des Parques romaines, à qui revient seul, finalement, le pouvoir de trancher… C'est à partir de cette soumission au Destin, et en excluant tout recours au suicide, que les qualités de détermination et de persévérance prennent toute leur valeur. Ce qu'il lui faut désormais, c'est apprendre à survivre, en attendant que le verdict des dieux admette la fin de ses douleurs.

C'est donc en philosophe qu'il doit accepter de vivre. Il faut préciser : en philosophe de l'école des stoïciens, celle qui justement laisse la part la plus importante à un ordre du monde (*Anankè*) dépassant et déterminant le choix individuel. Cette position stoïque est datée par le compositeur : « Être forcé, à l'âge de 28 ans, de devenir philosophe n'est pas chose facile » (51-52). Beethoven ne s'appuie plus ici sur le présent relatif, c'est-à-dire sur le temps de son séjour de quelques mois à Heiligenstadt. C'est ainsi, on l'a vu, qu'il entamait la seconde partie du texte. L'évocation de « 28 ans » ramène de toute évidence à la période où les premiers symptômes de la surdité sont apparus (vers 1798, en effet), comme en témoignaient déjà ses lettres. L'été 1802 s'inscrit donc dans une Histoire qui concerne non plus la moitié d'une année (-33- *halbe Jahr*) mais quatre ans. Ceux à qui il s'adresse à présent ne sont plus compris dans l'indéfini (« *Menschen* ») qui caractérisait le début du *Testament*. Il s'agit à présent de ceux qui ont été près de lui durant ces dernières années, ceux qui ont même, peut-être, pu repérer les premiers signes de sa surdité. Beethoven l'anticipait, comme on l'a vu plus haut, dans l'angoisse et répondait par l'isolement. Ici, il semble signifier que certains, durant les années qui viennent de s'écouler, ont pu effectivement s'en apercevoir. La boucle est ainsi bouclée : c'est pour cela justement qu'il s'isole. Les traces de sa surdité grandissante ont pu être repérées, ce qui justifie après-

[1] Littéralement : « Ce qui vient d'une attente impatiente ».

coup, comme il l'annonçait d'entrée de jeu dans le *Testament*, qu'il se sente injustement pris pour un ennemi, un être opiniâtre ou un misanthrope.

Cette référence au passé se voit d'ailleurs ponctuée par la question d'une amélioration : « Peut-être cela ira-t-il mieux, peut-être pas » (-50-51- « *Vielleicht gehts besser, vielleicht nicht* »). Surtout, il ajoute : « Je suis résigné » (-51- « *Ich bin gefaßt* »[1]), résigné à son état de sourd mais aussi, on le voit bien, à devoir fondamentalement admettre l'idée d'un évitement nécessaire de tout contact avec les autres.

Se présente toutefois un ajout décisif ! Devenir philosophe, se soumettre stoïquement au *Diktat* du Destin, se résigner donc, est d'autant plus difficile pour un artiste. Encore une fois, après la référence à son ouïe (15-16), après également la référence à son corps trop sensible à tout changement un peu brusque (45-46), Beethoven établit le statut d'exception qui est le sien. Il ne s'agit plus d'un sens et d'une sensibilité qui doivent être plus développés chez lui, mais bien de cette soumission au Destin. L'artiste ne peut la vivre que plus péniblement que les autres. Il le disait quelques lignes plus haut (42-43) : seul l'art l'a retenu face à l'idée du suicide. Ce qui lui a sauvé la vie devient ainsi, simultanément, ce qui rend la souffrance plus grande que pour n'importe qui d'autre. En tout cas se confirme le glissement progressif d'une position, voire d'une condition d'homme à celle d'artiste. Et on va voir dans un instant combien ce glissement est déterminant pour le message essentiel contenu dans l'ensemble du *Testament d'Heiligenstadt*.

Ainsi, pour conclure cette sous-partie, Beethoven se met-il dans le texte à évoquer son séjour, et notamment une (voire deux) scène(s) de portée essentielle parce qu'en rapport direct avec sa surdité découverte par un autre. Cette hantise d'être ainsi identifié comme un sourd, qui lui faisait évoquer une angoisse terrible toutes les fois où il devait se trouver en société, se voit située non plus dans l'anticipation de telles situations qu'il peut rencontrer, mais également, de façon plus discrète, dans les quatre années qu'il vient de vivre. La résignation, en tout cas, devient recours nécessaire, mais à quel titre ? Le texte le fait entendre. C'est un homme qui souffre de la surdité, mais c'est un artiste qui en voit les effets redoublés… Reste à savoir qui, de Beethoven-homme ou de Beethoven-artiste écrit donc, finalement, ces mots !

« La Divité saura me reconnaître »

L'évocation explicite de la mort, et surtout celle des figures mythiques du Destin (les Parques) permet de comprendre la référence à la divinité (-54-

[1] qu'il aurait été possible ici de traduire par : « Je prends la chose avec calme ».

Gottheit) qui surgit alors. Elle n'est pourtant pas l'objet d'une prière ou d'une demande de consolation. Beethoven ne l'appelle pas pour sentir son attention bienveillante se poser sur lui et sa misère. La façon dont il l'introduit a le parfum d'un déjà vu (54-55)… « *Gottheit, Du siehst herab auf mein Inneres, Du kennst es, Du weißt, das Menschenlieber und Neigung zum Wohltun drin hausen.* » (« Divinité, de là-haut, Tu vois ce qui est à l'intérieur de moi, Tu le connais, Tu sais le penchant pour le bien qui l'habite »). Pareille déclamation est apparue au début du texte, la référence à la Divinité en moins : « Mon cœur et mon esprit ont toujours penché depuis l'enfance vers la délicatesse de la bienveillance » (4-5). Une inflexion essentielle, cependant, se présente ici. C'est à l'Autre universel (*Menschen*) que Beethoven s'adressait alors (« *Ô ihr Menschen…*). Cet Autre se retrouve ici sous la forme de « l'amour de l'Autre » (*Menschenlieber*), traduit classiquement comme « le bien ». La scène ne comprend donc plus ce face à face entre le compositeur et le regard injuste de l'Autre. Le Tiers divin s'interpose au titre précis d'un *savoir* sur lequel l'insistance est probante (« *Du kennst es, Du weißt…* »).

Il faut se souvenir qu'au début du texte, il s'agissait justement d'un *non-savoir* attribué au *Menschen* : « *Ihr wißt nicht die geheime Ursache von dem* » (« Vous ne savez pas la raison secrète de tout cela »). La Divinité, donc, survient au titre d'un savoir qui fait vérité, celui-là même qui fait défaut chez l'Autre. C'est pourquoi Beethoven poursuit en le convoquant une nouvelle fois (55-57), en des termes fort proches : « Ô Hommes, quand vous lirez un jour ceci, alors pensez qu'avec moi vous avez été injustes » (« *Ô Menschen, wenne ihr einst dieses leset, so denkt, daß ihr mir Unrecht getan* »). Simple reprise au nom d'un divin supposé savoir ? Pas seulement…

La suite révèle en effet la place que le compositeur s'attribue à partir de cette référence au divin. La consolation, on l'a vu, se trouve pour lui dans la soumission à l'ordre du Destin. Mais voilà que Beethoven ajoute (59-60) qu'il peut la trouver auprès d'un semblable et surtout « dans la lignée des artistes dignes et des Hommes » (« *…in die Reihe würdiger Künstler und Menschen auhgenommen zu werden* »). On retrouve ici l'inclusion de l'Autre universel (*Menschen*) rendue possible par la double référence à la divinité, celle dont le savoir est vérité, et à la lignée des artistes. L'Autre le prenait pour un ennemi, un opiniâtre, un misanthrope. C'est en tant qu'artiste, celui qui « a toujours eu à cœur de réaliser de grandes actions » (6), qu'il devient possible de pacifier la relation. C'est dans l'œuvre seulement que la vérité peut donc être rétablie. Elle seule pourra faire objection à ce qui redoublait sa douleur, à savoir « devenir presque un inconnu » (24-25) et à « devoir vivre comme un exilé » (29-30). On entrevoit en cela la charge que Beethoven attribue à sa création. L'art, on le sait, l'a sauvé (42-43). Lui seul l'avait retenu de l'intention de mettre fin à ses jours. Il lui a sauvé la vie, donc…

On croit entendre déjà le récitatif initial du *Christ au mont des oliviers op. 85*, la toute première œuvre religieuse, cela n'est peut-être pas un hasard, de Beethoven : « *Jehova, Du mein Vater ! Ô sende Trost und Kraft und Stärke mir* » (« Jéhovah, Toi, mon père! Donne-moi courage, force et énergie ! »). Il est probable que, lors de l'écriture de l'oratorio, les tourments d'Heiligenstadt restaient encore vivaces pour le compositeur. Quelques mois seulement séparent en effet l'été 1802 de sa composition ![1]

Cependant, cette convocation de la lignée des artistes n'atteste pas seulement de l'investissement massif, par Beethoven, de sa création. La suite du texte le montre fort bien. Cette lignée, en effet, va en rencontrer une autre, celle de sa famille qui se voit enfin introduite dans le texte. On notera en tout cas, pour conclure cette sous-partie, la forme très particulière que prend la référence à la Divinité ici. Il ne s'agit aucunement de l'appel d'un désespéré à la puissance divine. Celle-ci est appelée au titre de témoin qui sait ce que l'Autre (*Menschen*) ne peut savoir (d'où son regard injuste à son égard), et qui sait que c'est dans l'art, dans l'art seul, que le pauvre Beethoven saura lutter contre son Destin.

« Vous, mes frères… »

À partir de maintenant seulement, le document semble prendre valeur proprement testamentaire. Les voilà enfin, ces frères évoqués en titre au document. La forme est identique : le prénom de Johann laisse toujours place à un blanc. Leur surgissement est soudain et semble même faire discordance avec la référence à la Divinité dont il vient d'être question. À moins que… cette juxtaposition fasse précisément sens !

De la lignée des artistes qui accompagnait la Divinité, on passe donc à une autre, proprement familiale celle-là. La lignée des artistes est peut-être immortelle, mais pas sa condition d'homme. Aussi faut-il penser aux siens ! La proximité entre ces deux lignées, de valeur avant tout symbolique, s'affirme d'autant plus que la question de l'héritage ne se pose justement pas immédiatement. Les frères sont convoqués tout d'abord pour une mission que Beethoven leur confie, qui concerne justement la postérité de l'artiste. Ils sont chargés (61-63) de contacter le Pr Schmidt, s'il est encore en vie, pour qu'il décrive sa maladie. Son but n'est pas ici de faire connaître à la postérité le musicien qu'il a été. Bien plus tard seulement, en 1823, il chargera Karl Holz,

[1] Selon Laurent Marty, l'oratorio aurait été composé de mars à juillet 1803 (« Le Christ au Mont des oliviers, analyse musicale de l'œuvre », *Revue ABF, 11*, 1er semestre 2009, p. 34-35). Elisabeth Brisson affirme quant à elle qu'il a été commencé en fin 1802 et qu'une première version était achevée en mars 1803 (*Guide de la musique de Beethoven*, op. cit., p. 290).

son ami et secrétaire, de réaliser sa biographie, conscient alors de sa célébrité et de l'immortalité de son œuvre. En 1802, cette demande à Schmidt *via* ses frères est étroitement liée au cri d'injustice avec lequel le texte a commencé. Avec les informations du Pr Schmidt, le monde, entendez l'Autre (*Menschen*), pourra se réconcilier avec lui, en sachant enfin que la maladie qui le rongeait justifiait son attitude revêche en société. Les frères sont ainsi tenus comme les médiateurs essentiels entre Beethoven et l'Autre au nom d'une réconciliation enfin possible. Notons-le bien ! Ce n'est pas le Pr Schmidt qui est alors contacté pour pareil dessein, ce sont ses frères qui le sont. Et à ce titre, on verra que l'énigme du blanc laissé à la place du prénom de Johann trouvera matière à se trouver éclairée.

Mais le temps est venu de les déclarer héritiers de sa petite fortune (65-66). Le pluriel est bien employé. Les deux frères sont clairement nommés héritiers, et ce malgré l'omission du prénom de l'un d'entre eux. Il semble d'ailleurs que Beethoven prévienne d'emblée les disputes qui pourraient surgir entre eux par rapport à ce qu'il leur laisse (67-68) : « Partagez-la honnêtement » (« *...Teilt es redlich* »), et surtout : « Supportez-vous et aidez-vous l'un l'autre » (« *...Vertragt und helft euch einander* »). Les disputes ne devaient pas seulement concerner les deux frères ici convoqués dans le texte. L'un comme l'autre, en effet, lui ont fait du mal, mais il leur a pardonné depuis longtemps (68-69).

On change complètement, on le voit bien, de ton et d'adresse. Jusqu'alors, c'était l'Autre (*Menschen*) qui, de son regard injuste, lui causait du tort. Et là, nulle trace de pardon, mais succession de protestations d'innocence, directement (« Mon cœur et mon esprit ont toujours penché vers la délicatesse de la bienveillance » -5-) ou en ayant recours, comme on vient de le voir, à la Divinité qui sait que le bien est en lui (54-55). Le frère, lui, sait le tort qu'il lui a fait, et Beethoven le dit d'une formule équivoque où le savoir (« *das wiß ihr* ») peut concerner autant le tort que le pardon qu'il leur octroie (68-69) : « Ce que vous avez fait contre moi, vous le savez, a été pardonné depuis longtemps... » ; « *Was ihr mir zuwilder, das wiß ihr, das war euch schon längst verziehen* »). Le frère doit savoir le tort qu'il lui a fait, mais aussi qu'il est déjà pardonné, et depuis longtemps, pour cela. Il y a avec lui, le frère, possible ponctuation du conflit (en tout cas dans ce que Beethoven fait ici entendre, on sait que les choses étaient bien moins simples dans la réalité !). La paix peut s'installer entre eux, Carl et Johann, ainsi qu'avec lui qui leur a pardonné depuis longtemps. Elle ne le peut, cependant, avec l'Autre où, comme on l'a vu, le conflit demeure sous la forme d'un aveu qui n'est que mi-dit.

Cependant, on le sait au-moins par le prénom laissé en blanc à trois reprises dans le document, l'un des deux frères est manifestement privilégié. Et

Beethoven l'annonce sans ambages (69-71) : « Toi, mon frère Carl, je te remercie encore tout particulièrement pour la fidélité dont tu as fait preuve envers moi ces derniers temps. » Beethoven emploie ici le terme *Anhänglichkeit* qui renvoie tant à la *fidélité* qu'à l'*attachement*. On ne saurait dire en cela s'il est fait mention d'une attitude particulière du frère en une circonstance précise (on sait que Carl lui servait à cette époque de secrétaire notamment dans ses relations avec les éditeurs) ou s'il s'agit d'un attachement particulier qui ne serait précisément pas présent chez Johann, l'autre frère. En tout cas, hormis les vœux de bonheur formulés pour les deux, le compositeur fait alors mention, soudain, de leur descendance : « Recommandez à vos enfants la *vertu* » (72-73). Le terme est ici sans équivoque (*Tugend*) et Beethoven va jusqu'à le souligner dans le texte. Dans la mesure où il est ici question d'une transmission qui se situe dans la continuité directe de la « *petite fortune* » qu'il laisse à ses frères, il est important de s'arrêter un instant sur ce terme.

Le Littré[1] donne comme première définition : « Force morale, courage » (cf *virtus*, en latin), mais aussi « ferme disposition de l'âme à fuir le mal et à faire le bien ». En vérité, cela semble s'accorder parfaitement avec l'image classique qu'on établit à l'endroit de Beethoven. La résignation face au destin, qui n'exclut pas « détermination » et « persévérance » (49), n'est-elle pas là pour en témoigner ? De plus, n'a-t-il pas écrit plus haut qu'il a failli mettre fin à ses jours mais qu'il y a renoncé (41-42) ? Il insiste d'ailleurs sur ce point : « C'est elle [la vertu] qui m'a soutenu dans ma misère. Je lui dois, à elle et à mon art, de ne pas avoir été jusqu'à mettre fin à mes jours » (75-76). Tout ce qui a pu marquer le texte jusqu'à présent en termes de résignation et de combativité se retrouve ici, avec la vertu, comme ce qu'il convient de transmettre avant tout à sa descendance. Elle seule, la vertu, « peut rendre heureux, pas l'argent » (73-74). Mais la vertu, toujours avec le Littré, peut prendre également le sens de *chasteté*[2] concernant notamment les femmes. Une tout autre voie s'ouvre alors pour l'analyse. Mais il est trop tôt pour l'emprunter plus avant… Je dirai simplement, sous réserve d'analyses complémentaires à venir, que l'emploi du terme "*vertu*", souligné de surcroît, pourrait renvoyer à la possessivité jalouse de Beethoven à l'égard de ses frères (Carl notamment, à cette époque). On en verra plus loin l'expression criante dans la réaction qu'il aura vis-à-vis de la relation de son frère Johann avec Thérèse Obermayr, relation qui se conclura par un mariage qu'il voulait éviter mais qu'il précipita paradoxalement dans sa volonté d'y faire objection.[3]

---

[1] Littré (Emile), *Dictionnaire de la langue française, IV*, Paris, Hachette, 1873, p. 2467.

[2] Idem, p. 2468.

[3] Contre toute attente et représentation courante déterminée par les biographies classiques, la réaction de Beethoven sera bien moindre dans le cas du mariage de son autre frère Carl avec

La suite concerne l'aspect proprement matériel de l'héritage. Beethoven, on le sent, s'achemine vers la fin de son texte. C'est un adieu qu'il en vient à formuler, au lecteur mais aussi à certains de ses amis les plus chers qu'il tient à remercier avant de prendre définitivement congé. Deux amis font l'objet de ces remerciements : le prince Lichnowsky et le Pr Schmidt, encore lui (77-78). On pourrait longuement épiloguer sur le choix de ces deux-là ! Pourquoi Wegeler, ou Amenda, à qui il avait annoncé dans le plus grand secret sa surdité l'année précédente, ne sont-ils pas également concernés par ces remerciements ? Et Ries, son élève qui venait le voir régulièrement à Heiligenstadt en été et en automne 1802 et que Beethoven avait littéralement pris sous son aile ? Bien d'autres encore pourraient être rappelés ! Je soumettrai ici une hypothèse qui ne tient sa pertinence que des analyses qui précèdent.

Tout au long du *Testament*, on l'a vu, se déplacent progressivement deux scènes où apparaissent, lorsqu'ils sont convoqués, les frères. Ces deux scènes deviennent l'équivalent de deux lignées, celle de l'artiste, immortalisé par son œuvre, et celle de l'homme, qui lègue sa « petite fortune » aux deux frères. Le prince Lichnowsky, on le sait, a été l'un des premiers et principaux mécènes de Beethoven. En 1800, il consentit au compositeur une rente annuelle de 600 florins.[1] Lui plus que tout autre devait donc être cité au titre de ceux qu'il convenait de remercier *en tant qu'artiste*. Quant au Pr Schmidt, on l'a vu, c'est de l'homme-Beethoven qu'il s'occupait. À plusieurs reprises, il s'est vu cité dans le texte, pour avoir proposé en guise de traitement l'isolement pur et simple dont le compositeur avait justement besoin psychologiquement, et comme chargé de décrire après sa mort la nature exacte de sa maladie. Lichnowsky pour l'artiste, Schmidt pour l'homme ? Peut-être... Cette hypothèse, en tout cas, s'accorde pleinement avec les analyses précédentes.

En plus de sa « petite fortune », Beethoven affirme désirer que les instruments du prince Lichnowsky soient conservés par ses frères. En 1800, le Prince lui avait en effet offert deux violons, un alto et un violoncelle.[2] Par orgueil, le compositeur avait inscrit ses propres initiales sur chacun d'eux.[3] Beethoven n'était pas forcément censé s'en servir. Il s'agissait d'un cadeau de

---

Johanna Reiss. La violence archi-connue envers celle-ci a d'autres racines, essentielles dans le cadre de ce travail, et qu'on retrouvera plus loin.

[1] Cette rente sera assurée jusqu'en 1806, où une sévère dispute surgit avec lui, Beethoven ayant, avec violence, refusé catégoriquement de jouer devant des officiers français invités par le Prince.

[2] Il faut rappeler qu'il entretenait depuis 1794 un quatuor à la tête duquel, comme premier violon, se tenait Schuppanzigh.

[3] Prod'homme (Jean-Georges), *La jeunesse de Beethoven*, op. cit., p. 286. Il s'agissait de deux violons de Nicolo Amati de 1690 et de Joseph Guarnerius de 1718, d'un alto de Vincenzo Ruger de 1718 et d'un violoncelle d'Andrea Guarnerius de 1675.

portée avant tout symbolique, au moment où prenait fin le travail sur les six *Quatuors op. 18*.[1] Ses initiales sur les instruments redoublaient évidemment leur valeur, notamment pour un musicien dont on sait le rapport conflictuel qu'il entretenait justement, régulièrement, avec toute forme d'autorité aristocratique.[2] C'est pour cela, sans doute, qu'il leur attribue une telle importance. Toutefois, là encore, le rappel de la discorde régulière entre les frères se présente : « Qu'il n'y ait pas matière à vous disputer à cause de cela. Si cela vous semble utile, vendez-les ! » (80-81). Et il ajoute cette phrase qui appelle un commentaire (81-83) : « Combien je suis heureux à l'idée que dans ma tombe je puisse encore vous être utile » (« *Wie froh bin ich, wenn ich auch noch unter meinem Grabe euch nützen kann* »).

Pourquoi Beethoven s'arrête-t-il ainsi sur ces instruments ? Parce qu'ils viennent d'un Prince ? Parce qu'il y a apposé sa signature comme signe de son autonomie d'homme et d'artiste ? Peut-être… On s'est arrêté déjà, plus haut, sur un détail similaire. La découverte de sa surdité, tandis qu'il se promenait avec un ami dans la campagne, concernait un matériel sonore qui relevait déjà de l'art musical : le son d'une flûte ou le chant d'un berger. C'était, on l'a vu, une façon de signifier la place du musicien et du compositeur qui se voyait en cela touchée plus que chez n'importe qui d'autre. Les instruments du prince Lichnowsky semblent avoir une portée similaire. Beethoven aurait pu en effet citer une multitude d'objets lui appartenant dans le cadre de la succession : son piano, le tableau du grand-père Ludwig qu'il venait de récupérer,[3] son mobilier… Le fait qu'il s'agisse précisément d'instruments de musique rappellerait encore une fois l'enjeu de la transmission : non pas quelque bien simplement matériel (il le disait plus haut : c'est la vertu qui rend heureux, et non point l'argent –73-74-), mais l'art, qui l'a sauvé de la tentation suicidaire. Se présenterait donc ici cette condensation déjà observée plus haut entre sa condition d'homme (condamné) et sa condition d'artiste (immortel par son œuvre). Les instruments du Prince se trouvent donc dans la continuité des qualités de vertu qu'il conseille à ses frères d'enseigner à leur descendance. Ce qu'il leur laisse ne se limite pas à quatre simples instruments de musique. C'est ce qu'ils peuvent rappeler, aux frères autant qu'à lui-même, d'une condition d'artiste qui s'articule étroitement, voire qui est devenue indissociable de sa condition d'homme,… et de frère !…

D'ailleurs, l'idée de rendre heureux par-delà la mort qui se voit alors évoquée (81-83) peut s'adresser aux frères (il vient de leur dire qu'ils peuvent

---

[1] *Marc* Vignal (Marc), *Beethoven et Vienne*, Paris, Fayard, 2004, p. 40.

[2] C'est d'ailleurs au même prince Lichnowsky que Beethoven lancera, en 1806, la célèbre formule : « Prince, ce que vous êtes, vous l'êtes par le hasard de la naissance. Mais il n'y a qu'un Beethoven ! ».

[3] Cf la lettre du 29 juin 1801 à Wegeler (L 51).

vendre ces instruments) mais peut concerner également l'Autre (*Menschen*) à qui le *Testament* est adressé au départ, en quoi la valeur de l'artiste se retrouve bel et bien. La valeur symbolique rattachée à ces instruments reposerait donc avant tout sur ceci : « Vous, mes frères, vous pouvez vous en séparer et les vendre, malgré le rappel que je viens de vous faire que l'argent ne rend pas heureux ; mais ces instruments comportent ce qui s'adresse aux autres après ma mort, car ma musique, elle seule, peut rendre heureux. » « *So wär's geschehen* »... Ainsi, ce serait fait (83) ! Sa mission serait remplie au-delà de sa disparition matérielle...

La première partie du texte (selon le découpage proposé) mettait en avant le conflit existant entre Beethoven et l'Autre (*Menschen*) autour d'une attitude de repli dont il se sentait précisément accusé et dont il se défendait en faisant l'aveu d'une surdité qui la justifiait. Aveu en demi-teinte, on l'a vu, non seulement dans la difficulté presque palpable dans le texte à le formuler, mais surtout dans le principe même de le mettre dans un écrit ne pouvant être lu que lorsque lui-même ne serait plus. Le *savoir* sur sa surdité, pourrait-on dire, constituait l'héritage de cet Autre universel. La deuxième partie recentre la question autour du présent relatif de son séjour à Heiligenstadt. De là surgissent des personnages cette fois dûment identifiés : le Pr Schmidt, le médecin sensé qui, seul, avait compris qu'il lui fallait avant tout s'isoler des autres ; le prince Lichnowsky, son mécène principal à qui il doit d'avoir pu cultiver son talent à Vienne ; et surtout ses deux frères, à qui il lègue sa "petite fortune" ainsi que les instruments du Prince, en pointant de surcroît l'importance du conflit existant entre eux, voire avec lui-même.

C'est dans cette seconde partie également que les idées de suicide se présentent de façon explicite. Elles ne l'étaient absolument pas lorsqu'il s'adressait à l'Autre indéfini. Avec ce dernier, ce n'était pas la mort, mais l'isolement qui se présentait comme sa seule "solution", une mort "sociale" en quelque sorte. Et c'est à ce titre que la question de l'*après* se pose. Il y a certes ce qu'il laisse en héritage à ses deux frères. Cela est affaire d'homme mortel... Il insiste néanmoins, on l'a vu, sur la logique d'une transmission non limitative à ce simple matériel. L'argent, la « petite fortune » qu'il leur laisse n'est pas ce qui peut rendre heureux. La *vertu* et l'*art*, seuls, le peuvent. C'est en cela que s'institue dans le texte, au chapitre précis de cette transmission, une double lignée qui en appelle à un *après* que le *Testament* convoque justement : la lignée *familiale*, qui justifie la présence des frères et de leur descendance, mais aussi la lignée des « dignes artistes » (59). Il n'est plus simplement question, avec la lignée des artistes, de quelque fin que ce soit. Il s'agit cette fois de son œuvre, qui survivra à sa mort.

Cette lignée artistique se dégage du contenu manifeste du texte. Mais on peut la saisir également à partir de ce qui pouvait passer pour simples détails.

Je pense à la portée toute symbolique de ces instruments du prince Lichnowsky qui s'inscrivent, comme « symboles de l'art », dans la continuité de cette scène essentielle qui voyait Beethoven ne pas entendre, en compagnie d'un autre, ce qui était musique, à savoir le son d'une flûte ou le chant d'un berger. On notera à ce titre le croisement assez curieux et significatif qui se présente dans le texte. C'est en effet au moment précis où il convoque les frères que la lignée des "dignes artistes" se pose avec le plus d'acuité. Au début du *Testament*, là où on se serait attendu à la voir évoquée, n'apparaît que l'isolement de l'homme, et non de l'artiste… Beethoven, décidément, n'est jamais là où on l'attend !

En tout cas, si ce document d'Heiligenstadt peut être qualifié de "*testament*", comme Rochlitz fut le premier à le proposer, il convient désormais de préciser : pas celui d'un homme, mais avant tout celui d'un homme qui sait que sa création lui survivra…

IV) UNE FIN QUI NE PEUT S'ÉCRIRE…

Un point saisissant ressort de l'analyse des deux premières parties du *Testament*. C'est au moment où il évoque explicitement la mort et ce qu'il escompte laisser en héritage à ses frères que la lignée des artistes en vient à s'énoncer. Théoriquement, on se serait attendu à trouver celle-ci dans la première partie, tandis que Beethoven s'adressait à l'ensemble des hommes (*Menschen*), c'est-à-dire à ceux qui ont pu, qui peuvent et pourront justement jouir de sa musique. Un tel croisement entre deux lignées justifie l'isolation d'une troisième partie qui joue justement de cette ambiguïté.

« Trop tôt, mais pas assez… »

On s'approche de la fin… Celle d'un texte qui parle justement de la fin d'un homme qui vient de rappeler que son œuvre, elle, n'en aura jamais. Beethoven écrit donc logiquement qu'il prend congé. De qui ? Toute la question est là ! C'est avec joie, écrit-il (84), qu'il s'empresse d'aller à la rencontre de la mort (« *Mit Freude eil ich dem Tod entgegen* »). L'expression « *mit Freude eil* » aurait pu être traduite également par « avec une joie empressée ». *Eil* est employé ici, en effet, dans un sens proprement adjectival.

Quelques lignes plus loin (89), la *joie* (*Freude*) laissera place au *courage* : « Je vais courageusement à ta rencontre » (« *Ich gehe dir mutig entgegen* »). Une fois encore, l'équivoque vient parler au-delà de l'intention de l'auteur du texte. *Entgegen* signifie bien, lorsqu'il est associé au verbe *Gehen*, « Aller à la rencontre de »[1]. Mais *gegen*, qui s'y trouve inclus, renvoie également à l'idée d'un « contre, envers... »[2] La mort est peut-être acceptée. Beethoven dit aller à sa rencontre. Mais la *joie* qu'il y met semble façade ! D'où l'apparition du « courageusement » (*mutig*) qui s'y substitue. On le verra plus loin, le post-scriptum du 10 octobre confirme pleinement une telle lecture... Beethoven le commence en effet par ces termes (93) : « Ainsi, je prends congé de toi, et en vérité bien tristement » (« *...zwar traurig* »). Quelques jours d'écart, certes, séparent les deux textes. Cependant, les formules que Beethoven emploie déjà le 6 octobre montrent que son approche de la mort n'est pas exempte de conflit intérieur.

Pareil conflit est évidemment légitime ! On peut se dire, on peut se convaincre qu'on est prêt à mourir, mais le surgissement, ou la seule approche de la mort dans le réel y fait toujours objection. Chacun est face à la mort sur le mode d'un déni : je sais que je vais mourir, mais je reste surpris, voire scandalisé quand j'apprends qu'elle s'approche réellement.[3] Ici, dans le *Testament*, ce n'est pourtant pas la mort qui se rapproche de Beethoven. Il n'est pas condamné ! C'est lui qui va vers elle. Les idées de suicide en font foi en s'associant à l'idée d'une *résignation* totale ! Il l'écrit d'ailleurs en toutes lettres (88-89) : « Viens quand tu veux ! » (« *Komm wann du willst* ») en s'adressant précisément à la mort. Ainsi, ce passage de la joie à la tristesse (*traurig*) dans le post-scriptum doit être entendu autrement que comme la position du quidam face à une mort irrémédiablement proche. Et la fin du texte le montre fort bien.

Il affirme aller avec joie (*mit Freude*) à la rencontre d'une mort tout en posant la question de savoir *quand* celle-ci va venir à lui. Se présente à ce titre un jeu entre le "*trop tôt*" et le "*pas assez tôt*". Le "*trop tôt*" (*Früher*, que l'on peut traduire également comme ceci : « plus tôt que prévu ») est rattaché explicitement à l'artiste (-85-86- « ...trop tôt tandis que je jouis encore de toutes mes facultés créatrices » -*Künstfhigkeiten*-), tandis que le "*pas assez tôt*" concerne nettement sa douleur d'individu (-87-88- « Ne me délivrera-t-elle pas d'une misère interminable ? » - « *Befreit er mich nicht von einem endlosen leidenden Zustande ?* »). Se présentent donc deux attitudes foncièrement opposées face à la mort : *oui* à sa venue pour le délivrer de sa misère d'homme ; *non* à sa venue qui l'empêcherait de poursuivre son œuvre ! Ces deux positions entérinent parfaitement ce qui a été vu à propos des deux

---

[1] *Langenscheidt II*, p. 240.
[2] Idem, p. 310.
[3] « Nous mettons régulièrement l'accent sur le hasard d'une circonstance occasionnant la mort, accident, maladie, infection, grand âge, et ainsi nous trahissons notre tendance à ravaler la mort du rang de nécessité au rang de hasard », Freud (Sigmund), « Actuelles sur la guerre et la mort » (1915), in *Œuvres complètes, XIII*, Paris, PUF, 1988, p. 145.

lignées qui se présentent progressivement dans le texte du *Testament* : celle de l'homme qui souffre, qui convoque ses frères (tout en se positionnant au même moment dans la lignée des "*dignes artistes*") et celle de l'artiste dont l'œuvre immortelle n'est pas achevée (tout en faisant état de sa misère d'homme auprès de ceux *–Menschen-* à qui cette œuvre est supposée précisément s'adresser).

Les derniers mots du *Testament* le confirment. Le temps de l'adieu est venu et il demande qu'on ne l'oublie pas complètement dans la mort (90). C'est la crainte de celui qui a trouvé place dans la lignée des artistes autant que celle d'un frère aîné. D'oubli il a été déjà question dans la première partie du texte (« Mon malheur est redoublé tandis que je dois devenir presque un inconnu » -23-25-). Il s'adressait alors à l'Autre qui le jugeait injustement. Il s'exprimait comme homme, s'adressant à ceux à qui son œuvre pouvait parler. La fin du *Testament* s'achèvera donc sur une ultime ambiguïté qui condense, au demeurant, celle du texte tout entier : son adieu s'adresse tout à la fois à l'Autre universel qui ne comprend rien à sa souffrance parce qu'il ne la connaît pas, et à l'autre fraternel qui, lui, sait mais à qui revient la charge de faire connaître par l'intermédiaire du Pr Schmidt à la postérité, à l'Autre donc, ce qu'il a été à travers et au-delà de sa maladie…

« J'ai souvent pensé à vous rendre heureux » (-91-92- « *Ich in meinem Leben oft an euch gedacht, euch glücklich zu machen* »). Ainsi s'achève le *Testament* qui débutait avec une formule diamétralement opposée : « Vous qui pensez… Comme vous m'avez fait du tort ! ». Cette fin n'est pas sans indiquer la portée ultime du document. La nature conflictuelle du rapport à l'Autre trouve ici sa ponctuation finale dans le retournement des places comprises au sein de ce rapport : de ce qu'il a subi injustement, Beethoven passe à la mise en avant de ce qu'il offre… Retournement d'affects : la douleur subie par le regard de l'Autre devient le bonheur qu'il veut lui laisser, à défaut de celui impossible pour lui à cause de sa surdité inguérissable, mais aussi, c'est le sens secret du *Testament*, parce que cette douleur ne sera connue qu'une fois le présent texte lu, c'est-à-dire après sa mort. Beethoven réclame d'avance mémoire à son endroit… Il l'a méritée (-90-91- « *Ich habe es um euch verdient* ») de la part de tous les hommes qui trouveront bonheur avec sa musique, de la part aussi de ses frères missionnés avant tout pour rappeler, avec le Pr Schmidt, l'homme qu'il fut avec et dans la maladie qui générait tant d'injustices à son égard…

Le post-scriptum du 10 octobre

Quatre jours après avoir mis un point final à son *Testament*, Beethoven ajoute quelques lignes juste au-dessous de l'inscription figurant sur le document une fois plié (« À lire et à exécuter après ma mort »). Cet ajout interpelle à plus d'un titre. La joie avec laquelle il affirmait aller à la rencontre de la mort, qui devenait courage (*mutig*) à la fin du texte, laisse place ici à l'expression explicite d'un affect de tristesse (*traurig*). De plus, à la résignation succède un appel désespéré à la Providence (99) : « Laisse apparaître une fois un pur jour de joie » (« *Laß einmal einen reinen Tag der Freud mir erscheinen* »). Surtout, surgit soudain une adresse à la seconde personne du singulier (93) : « Ainsi je prends congé de toi » (« *So nehme ich denn Abschied von dir* »). C'est avec ce surgissement inattendu d'un "*toi*", qui a fait couler beaucoup d'encre, que je commencerai l'analyse de ce post-scriptum.

Inévitablement, l'introduction d'une seconde personne du singulier, en ce qu'elle convoque cette fois un *autre* particulier, a généré moult lectures interprétatives, parfois les plus farfelues. Certains, on l'a vu, estiment que ce post-scriptum est adressé à une femme,[1] et on pense évidemment à Giulietta Guicciardi qui rompit avec le compositeur pour se tourner vers le comte Gallenberg. Une telle piste ne tient absolument pas et témoigne d'une lecture orientée qui plaque les données biographiques sans même prendre le temps de lire attentivement ce que le *Testament* comporte pourtant d'on ne peut plus lisible… On a pu voir en effet que pas une fois, pas une seule, il n'est fait mention dans le *Testament* de quelque amour malheureux. Certes, tenir ce document comme adressé à une femme aimée jadis alimenterait l'image d'un Beethoven malheureux, victime des autres, et participerait en cela à l'édification d'un anti-héros proprement romantique, un peu à la Werther… À de tels auteurs, la surdité ne suffit donc pas pour signer la douleur de leur idole ! Oublions vite cette piste qui ne mène nulle part ailleurs qu'aux attentes orientées de ceux qui l'ont forgée…

L'emploi du "*Toi*" semble indiquer que Beethoven s'adresse à une seule personne.[2] Cela constitue un point de départ assuré. Et il est vrai que cette adresse particularisante contraste avec ce qui a été vu plus haut dans le texte. Je pense évidemment au « *Ihre Menschen* » dont on a vu que c'était à son endroit que la douleur liée à la surdité parvenait à être évoquée, bien que sous le couvert, il faut le rappeler, d'un *mi-dire*. Quoique… Une fois seulement, la seconde personne du singulier est employée pour désigner une personne précise. Il s'agit du frère Carl, le seul dûment nommé dans l'en-tête du texte et dans l'adresse du document : « Toi, mon frère Carl, je te remercie encore tout particulièrement pour la fidélité dont tu as fait preuve envers moi ces derniers temps » (-69-71- « *Dir, Bruder Carl, danke ich noch insbesondere*

---

[1] de Hevesy (André), op. cit., p. 72 ; Robert Haven Schauffler, op. cit., p. 94.
[2] Grover (George), *Beethoven and his Nine Symphonies*, New York, 1898.

für deine in dieser leztern späten Zeit mir bewiesene Anhänglichkeit »). C'est à Carl que le *Testament* est adressé, au-moins si on se réfère aux en-tête et adresse explicites. Il n'est pas sûr toutefois que cela suffise pour être assuré que ce soit lui, le frère, qui est ainsi interpellé dans le post-scriptum. On tiendra en tout cas cette piste pour un peu moins farfelue que celle qui y verrait une femme aimée… Mais s'agit-il seulement, avec ce "*Toi*", d'un autre particulier susceptible d'être identifié ?

Il peut en effet s'agir d'une entité que Beethoven dit perdre tristement, la Providence, la Nature[1] ou, pourquoi pas, comme le propose Brandenburg,[2] la ville d'Heiligenstadt elle-même qu'il s'apprête à quitter pour revenir à Vienne.[3] Il n'y a pas qu'au frère Carl que la seconde personne du singulier a en effet été employée dans le texte. La première apparition du "*Tu*" concerne la Divinité (54) : « Divinité, de là-haut, Tu vois ce qui est à l'intérieur de moi » (« *Gottheit, Du siehst herab auf mein Inneres* »). À la fin du texte, c'est la Mort elle-même qui se voit tutoyée, là aussi dans une exclamation qui la convoque frontalement (88-89) : « Viens donc quand tu veux ! » (« *Komm wann du willst !* »). Le post-scriptum fait apparaître justement la Providence sur le même mode interpellatif (99) : « Ô Providence, Laisse apparaître une fois encore un pur jour de joie » (« *Ô Vorsehung, laß einmal einen reinen Tag der Freude mir erscheinen* »). Il serait cependant un peu surprenant que Beethoven se mette ainsi à implorer la Providence dont il vient d'affirmer qu'il prenait congé d'elle !

Faut-il donc perdre tout espoir d'identifier ce à quoi ou celui (ou celle) à qui correspond le "*Toi*" employé d'entrée de jeu dans le post-scriptum ? Oui, si on ne sait pas lire ! Car Beethoven le dit on ne peut plus clairement : de qui ou de quoi prend-il congé ? De l'*espoir* ! Il suffit de lire la seconde phrase du post-scriptum (93) : un « *Oui* » (« *Ja* ») l'introduit pour lier ce qui va suivre avec la phrase qui vient d'être écrite. Et s'énonce alors on ne peut plus clairement ce qu'il lui faut abandonner : « *die geliebte Hoffnung* », « l'espoir bien-aimé » (94). On entend ici la personnification de cet espoir. Ce n'est pas un simple « *liebe* » (cher) que le compositeur emploie, mais « *geliebte* » qui signifie « bien-aimée, chérie », voire dans son emploi substantivé : « Maîtresse, amante ».[4] L'espoir dont il est ici question n'a absolument rien à voir avec quelque élation amoureuse ! Certes, quelques mois plus tard, en

[1] Solomon (Maynard), *Beethoven*, Paris, Fayard, 2003, p. 176.

[2] Cit. in Solomon, ibidem.

[3] Sans être sûr de la date précise de ce retour à Vienne, on sait qu'il s'y trouvait au-moins huit jours plus tard, comme l'indique la lettre du 18 octobre (L 62) aux éditeurs Breitkopf & Härtel, qui a été effectivement envoyée de la capitale autrichienne.

[4] *Langenscheidt II*, p. 318.

1805, Beethoven écrira un Lied intitulé *An die Hoffnung* (*op. 32*)[1] pour la comtesse Deym, c'est-à-dire pour Joséphine Brunswick dont il était incontestablement amoureux (la correspondance entre eux en témoigne sans la moindre ambiguïté). Mais ici, dans la solitude de l'automne 1802, cet espoir est explicitement relié à la guérison de son ouïe malade (93-95) : « Oui, l'espoir bien-aimé avec lequel je suis venu ici, celui de guérir (*geheilen*), il me faut maintenant l'abandonner. »

On retrouve donc dans ce post-scriptum, de la façon la plus claire qui soit, cette question de la surdité qui constitue bel et bien le fil directeur de l'ensemble du *Testament*. Cependant, tandis que cette surdité était envisagée sur le plan avant tout de ses effets angoissants toutes les fois où le compositeur se trouvait en société, l'accent est mis ici sur le désespoir relativement à son amélioration. Dans le texte, la surdité restait encore suspendue sinon à un espoir, du moins à une question. Beethoven parlait d'infirmité durable (-10- *dauernden Übels*), en n'excluant pas la guérison, fût-elle envisageable dans plusieurs années (11). « Peut-être cela ira-t-il mieux, peut-être pas » écrivait-il également (50-51). Ici, dans le post-scriptum, l'espoir n'est plus. C'est avec lui qu'il prend congé, et tristement en vérité (« *und zwar traurig* »). L'affect de tristesse est celui du post-scriptum. C'est pour cela que le courage (*Mut*), celui-là qu'il évoquait à la fin du *Testament* (89) à propos de la mort (« Je vais courageusement à ta rencontre » ; « *Ich gehe mutig entgegen* »), a désormais disparu (97-98). On notera au demeurant que le grand courage auquel Beethoven fait référence ici est associé aux beaux jours d'été (98), ce qui confirme clairement ce qui a été avancé plus haut,[2] à savoir que la grande crise d'Heiligenstadt ne concernait absolument pas toute la durée de son séjour, mais n'apparut qu'à la toute fin de l'été ou au début de l'automne 1802.

Beethoven emploie une métaphore de circonstance qui vaut d'être mentionnée : « Comme les feuilles fanées d'automne qui tombent des arbres, il [l'espoir] est flétri » (96-97). Cette métaphore en rappelle une autre, utilisée dans un semblable climat de désespoir lié à la surdité. Il s'agit de la lettre que Beethoven a écrite à Amenda le 1er juillet 1801 (L 53) dont le contenu a été vu plus haut.[3] On y lisait ceci : « Plus d'une fois j'ai déjà maudit ce dernier [le Créateur] d'avoir exposé ses créatures à la merci du moindre incident, si bien que la plus belle fleur aussi en est réduite souvent à dépérir ou être écrasée » (L 53, p. 71). On ne saurait évidemment tenir la référence botanique qui se répète comme simple rappel de l'ami courlandais en cet été 1802. On notera seulement que dans la lettre à Amenda, il est question d'une *colère* contre le

---

[1] À ne pas confondre avec le Lied *An die Hoffnung op. 94*, composé quant à lui en 1815 et qui sera dédié à la princesse Caroline Kinsky.

[2] Cf supra, chapitre II : *Beethoven, été 1802*.

[3] Cf supra chapitre I.

Créateur qui laisse ses plus belles créatures écrasées par accident. La feuille fanée qui se flétrit renvoie quant à elle à une tout autre *Stimmung*. Le temps n'est plus à la révolte affichée devant l'ami courlandais (il faut se souvenir que, dans la même lettre, dans un état d'apparente agitation, il lui demandait de tout abandonner et de le suivre, au cas où sa surdité ne s'améliorerait pas), il est à la soumission. Les feuilles tombent *nécessairement* de l'arbre en automne, tandis que les fleurs *peuvent* être écrasées par accident, de façon *contingente*. Dans de telles lignes, Beethoven n'est plus à « prendre le destin à la gueule », comme il l'écrivait à Wegeler le 16 novembre 1801 (L 54, p. 76). Il est comme figé devant un monde où règne la dure loi d'Anankè, la Nécessité, qui fait que les choses sont ce qu'elles sont, tel le cycle des saisons qui entraîne la mort de la nature en automne. Elles sont ce qu'elles sont, et non plus ce qu'un homme, et même un artiste, peut en faire de différent...

C'est la raison pour laquelle la supplique avec laquelle le Post-Scriptum s'achève semble un peu forcé. Le caractère définitif de sa surdité, Beethoven vient de le poser on ne peut plus clairement. Il n'est plus question, donc, pour lui, d'attendre quelque amélioration durable à ce titre. Mais un jour ? Un seul jour de pur bonheur lui sera-t-il refusé ? Un jour de quoi, au fait ? Beethoven parle de « l'écho de la vraie joie » (-100- « *wahren Freude Widerhall* »), jouant encore une fois sur l'équivoque d'un terme, *Widerhall* signifiant "*écho*", ce qui renvoie à la dimension sonore qui lui fait justement défaut, mais aussi "*retour*".[1] Surtout, cet écho est situé en un lieu dont la portée, compte tenu de l'analyse du *Testament* qui a été réalisée plus haut, est hautement signifiante : « *...im Tempel der Nature und der Menschen* » (« ...dans le Temple de la Nature et des Hommes »). Là encore, l'image semble quelque peu forcée. Elle semble étaler le héros à la Plutarque. On en serait presque à retrouver ce que Vincent d'Indy disait du *Testament d'Heiligenstadt* : « Ne croirait-on pas le voir dans l'attitude que lui prête le peintre Mähler, l'air fatal, la main gauche posée sur une lyre, l'autre esquissant un rythme, et comme fond de tableau un temple d'Apollon ? »[2]

On retrouve cependant, à mon sens, deux lieux qui ont été mentionnés dans le *Testament* en relation étroite avec la surdité. Celui de l'Autre tout d'abord (*Menschen*) avec lequel il l'entamait ; celui de la Nature ensuite, dans laquelle s'est déroulé le fameux incident où sa surdité fut découverte par un ami, tandis qu'il n'entendait pas le son d'une flûte ou le chant d'un berger. On pourrait donc entendre la supplique comme ceci : « Pourrai-je un jour encore, juste un jour, vivre parmi les hommes, me promener avec l'un d'entre eux, sans être saisi de cette angoisse qu'ils ne découvrent ma surdité ? » Beethoven connaît

---

[1] *Langenscheidt II*, p. 942.
[2] d'Indy (Vincent), op. cit., p. 38.

la réponse (102-103) : « *Nie ? Nein. Ô es wäre zu hart.* ». Jamais, non, ce serait trop dur !

Il est une question essentielle concernant ce post-scriptum qui, à ma connaissance, n'a pas été posée : pourquoi a-t-il été ainsi rédigé au-dessous de l'adresse du document, et non à la suite, plus simplement, du texte ? Un point strictement matériel doit être ici rappelé. On a vu en effet, sur un plan formel, que le post-scriptum a été écrit tandis que le document était fermé, c'est-à-dire plié et sans doute cacheté. C'est pour cela que les trois dernières lignes sont particulièrement serrées, le compositeur rencontrant alors la limite extrême de l'espace graphique. Ce post-scriptum, de toute évidence, a été pensé et écrit après que le texte du *Testament* a été considéré comme dûment achevé. Un événement, forcément douloureux, est-il apparu entre le 6 et le 10 octobre pour déterminer un tel ajout ? Rien de sûr ne peut être avancé sur ce point. Il est assuré en revanche que la *Stimmung* beethovénienne a radicalement changé. Ce n'est plus l'angoisse face à l'Autre (*Menschen*) doublée d'une référence défensive à la lignée des « dignes artistes » qui se présente, mais le plus pur désespoir par rapport à sa surdité qu'il sait désormais définitive. L'Autre ne le savait pas (« Vous ne savez pas la raison secrète de ce qui se présente à vos yeux » -3-4-). Lui, Beethoven, dans le post-scriptum, affiche ce savoir. Il sait que tout est perdu, aussi vrai qu'un homme sait que les feuilles d'automne tombent de l'arbre qui leur a donné vie…

Pourquoi affiche-t-il ce désespoir une fois le texte du *Testament* achevé ? Il faut à ce titre se rappeler que ce *Testament* n'a pas été écrit pour être envoyé ! Il est à ouvrir après sa mort. C'est là un point essentiel, dans la mesure où le post-scriptum prend place précisément là où il est possible de lire sans même avoir eu besoin de décacheter le document. C'est pour cela qu'il ne se supporte d'aucune adresse précise, le « Toi » renvoyant, comme on l'a vu, à son face-à-face avec l'espoir (*Hoffnung*) perdu. Le contenu du *Testament* a révélé l'ambiguïté de l'adresse. Il écrit à l'Autre (*Menschen*) qui est injuste avec lui parce qu'il ne sait pas, avant de s'adresser à ses frères. Ici, dans le post-scriptum, il n'écrit à personne. Tout juste ajoute-t-il quelques mots qui pourraient être saisis par un autre sans que cela ait été son intention. Ces quelques mots indiquent juste son désespoir en cet automne de l'an 1802 (il prend soin de dater le post-scriptum). Il n'écrit donc à personne tout en offrant, au savoir du quidam qui trouverait par quelque hasard ce document, ce qui fut le désespoir d'un homme et d'un artiste.

On l'aura compris, ce post-scriptum a la teneur exacte du *mi-dire* qui caractérisait déjà, dans le *Testament*, l'aveu de sa surdité. Il a écrit ce testament pour qu'on le découvre et qu'on le lise une fois seulement que lui ne sera plus… Ici, il écrit pour qu'on sache ce qui figure dans le document, qui est encore cacheté, à savoir la trace d'une surdité qui ne peut se dire…

TROISIÈME PARTIE : LES TROIS QUESTIONS DU TESTAMENT…

Au-delà d'une simple analyse centrée sur son contenu, le *Testament d'Heiligenstadt* fournit un éclairage décisif à la question que pose toute entreprise biographique. Il rappelle en effet, avec le poids de l'évidence, que la parole en acte, qui prend ici la voie de l'écriture, ne saurait être réduite à quelque facteur purement historique à prétention objective, aussi incontestable soit-il. La pratique clinique contemporaine montre chaque jour combien sont inquiétantes les dérives consistant à réduire l'autre, le patient, à un état ou à un événement qu'il a vécu. On traite une maladie en oubliant celui qui habite le corps qui en est atteint. On justifie le mal-être d'un autre sur la seule base d'un savoir, celui par exemple qu'il a été traumatisé par tel ou tel événement incontestable historiquement. C'est oublier cet enseignement freudien de première importance : nous ne sommes jamais victimes de notre passé ou de notre corps. L'un et l'autre prennent leur véritable importance à l'aune d'une parole qui est adressée à qui accepte de l'entendre.

Le *Testament d'Heiligenstadt* le rappelle clairement. Contre l'effort de certains qui veulent absolument identifier la cause objective de sa rédaction (la surdité de Beethoven, sa rupture avec Giulietta Guicciardi…), son contenu offre à celui qui prend le temps de le lire matière à aller au-delà de toute circonstance historique. C'est en tout cas dans ce sens-là qu'un abord du *Testament* "*à la lettre*" s'imposait. Le choix a été de partir de ce que Beethoven disait *véritablement* dans ce texte et non d'aboutir dans le savoir à telle ou telle cause historiquement *vérifiable* ayant déterminé son écriture. Il s'agissait donc d'occuper une position de lecteur, en assumant l'inévitable part interprétative qui s'y noue. Cela a pu se retrouver dans le découpage proposé du texte, et va se retrouver ici encore dans la reprise analytique de ce que sa lecture a pu faire émerger. Foin de ceux qui trouveraient matière à le contester au nom d'une empreinte trop subjective chez le lecteur. J'y trouve au contraire l'indice essentiel et nécessaire d'une signature qui, seule, permettra que Beethoven ne soit pas réduit, voire aliéné dans le savoir. C'est une façon de se rappeler que sa musique questionne, interpelle, bref parle à celui-là seulement qui l'écoute en assumant sa part subjective. Beethoven, autrement dit, se rencontre à partir de ce qu'il fait entendre, dans le *Testament* autant que dans n'importe quel chef-d'œuvre...

Trois questions me semblent ressortir du *Testament*, qui vont déterminer les trois temps de son analyse. La première s'impose dès l'entame du texte : « *Ô ihr Menschen...* » À qui Beethoven s'adresse-t-il ici ? La question est essentielle car c'est à ses frères (je laisse de côté pour le moment le blanc qui se trouve en lieu et place du prénom de l'un d'entre eux) que le texte est explicitement destiné (« *Für meine Brüder...* »), ces frères apparaissant d'ailleurs dans la seconde partie de celui-ci. Il ne s'agit pas encore d'interroger "*l'adresse du Testament*"[1] mais le destinataire du discours qui s'y trouve. Tout un pan de la psychologie du sujet Beethoven trouvera dans cette première partie matière à se déployer, et ce à renfort d'éléments biographiques tels qu'ils peuvent ressortir notamment de sa correspondance...

Deuxième question, celle de la mort qui se voit convoquée à plusieurs reprises dans le texte et qui se retrouve jusque dans le titre retenu par Rochlitz pour ce document (un "*testament*") : Beethoven a-t-il été réellement sur le point de mettre fin à ses jours en cet automne 1802 ? Plusieurs éléments, de forme et de fond, font objection à une telle hypothèse. L'écriture ne possède pas d'indices dépressifs. De plus, la velléité suicidaire qui se présente est énoncée dans le seul après-coup, c'est-à-dire à partir de l'abandon d'un tel projet. On verra que cette question du suicide, chez Beethoven, ne se trouve pas dans le seul *Testament d'Heiligenstadt*. Et la question devra être posée : cette velléité suicidaire est-elle si simplement liée au constat de l'impossible guérison de sa surdité ?

Contrairement aux deux premières questions, qui admettent un développement s'appuyant sur un certain nombre de points biographiques extérieurs à la période où le *Testament* a été rédigé, la troisième sera étroitement rattachée à ce qui peut être tenu comme l'événement déclencheur de son écriture. Il ne s'agira évidemment pas de se rabattre sur les simples coordonnées de la causalité, comme l'ont fait maints biographes. La question ne sera pas de savoir ce qui, historiquement, à travers des faits incontestables (telle la surdité en tant qu'état, par exemple), a pu déterminer la rédaction du *Testament*. Je resterai ici encore à chercher la réponse dans le texte lui-même. La surdité y est évoquée. Cela est incontestable. Mais elle est bien apparue quatre, voire cinq années auparavant. Et Beethoven y fait mention pour la première fois dans les lettres de juin-juillet 1801 à Wegeler et à Amenda. Pourquoi donc cette surdité devient-elle motif d'une telle détresse psychologique en cet automne de l'année 1802 ? Parce qu'elle se présente

[1] Je rappelle que, compte tenu de son importance, cette question de l'adresse sera abordée de façon isolée dans le chapitre suivant.

désormais comme inguérissable ? Beethoven l'envisageait déjà en 1801, notamment dans la lettre à Amenda. Pourtant, le texte du *Testament* lui-même fournit une piste qui permet de comprendre qu'un événement a bel et bien eu lieu pour justifier cet effondrement du compositeur à ce moment précis d'automne 1802. On ne trouvera pas là une cause objective, mais ce que Beethoven dit avoir vécu au cœur de cet événement...

À qui Beethoven s'adresse-t-il ?[1] *Pour quoi* l'a-t-il rédigé ?[2] *À partir de quoi* s'est-il senti dans la nécessité, voire l'urgence d'écrire ce *Testament* à ce moment précis de sa vie ? Telles sont les trois questions qui doivent à présent être abordées...

I) LE CONFLIT COMME NÉCESSITÉ...

Une dernière fois, j'insisterai sur le fait qu'en aucune façon, le *Testament* ne s'adresse à une femme qui aurait été aimée. Plus encore, j'affirme qu'en aucun cas, il n'a été écrit suite à une déception amoureuse qui serait la cause d'une détresse psychologique ayant justifié quelque velléité suicidaire chez Beethoven. C'est faire tout bonnement violence au texte de le penser, car celui-ci ne possède aucun élément susceptible de justifier pareille interprétation. Même le post-scriptum ne peut être interprété dans ce sens. L'emploi soudain de la seconde personne du singulier concerne, on l'a vu, l'"*espoir*" et rien d'autre. On oubliera donc une fois pour toutes, pour ce qui concerne le *Testament d'Heiligenstadt*, toute référence à la Guicciardi ou à quelque mystérieuse inconnue qui aurait fait l'objet d'une passion amoureuse, en ce qu'il s'agit d'une interprétation éhontée, voire malhonnête, de ce qui se présente de façon manifeste dans le texte. Pourquoi au demeurant Beethoven aurait-il écrit ce *Testament* en sachant qu'il ne serait lu qu'après sa mort ? Plus tard, en 1812, il n'hésitera pas un instant, en effet, à écrire à celle qu'on surnomme depuis "*l'Immortelle bien-aimée*". Certes, la lettre semble ne pas avoir été envoyée (à moins qu'elle lui ait été retournée !) et cela reste et restera un mystère. Mais dans aucune des relations de Beethoven avec une femme, on observe un conflit tel qu'il se présente en automne 1802. Sachant de surcroît qu'il est rare dans sa vie de le voir sans être amoureux, en tout cas de son adolescence à Bonn jusqu'à 1815 (et on en comprendra plus loin la raison !), force est de reconnaître que le compositeur aurait été dépressif ou

[1] J'insiste, ce n'est toujours pas la question : à qui le *Testament* est-il adressé ?

[2] On notera la nuance ! "*Pour quoi*" n'est pas la même question que "*Pourquoi*" qui seule renvoie à la causalité quand le "*pour quoi*" s'entend sur les coordonnées de la finalité.

angoissé tout au long de son existence ! On relèguera donc une fois pour toutes cette piste aux oubliettes…

Les autres et le savoir…

Incontestablement, la surdité constitue le mobile premier de l'écriture du *Testament*. Il l'annonce, laborieusement certes, après avoir évoqué dès le départ l'attitude injuste des autres à son égard. Il reste cependant insuffisant de s'en tenir à l'idée d'un simple constat, chez Beethoven, d'un définitif ou d'un irrémédiable associé à cette surdité qui serait cause de sa détresse psychologique. Ce qu'il énonce d'entrée de jeu, ce n'est pas la certitude qu'il est condamné à être sourd, mais *le savoir que les autres n'ont pas à ce propos*. Et c'est sur ce terrain du *savoir* que le *Testament* va fournir des éléments essentiels sur la psychologie du compositeur…

Ce *savoir* présente dans le *Testament* un glissement particulièrement intéressant à examiner. C'est Beethoven, tout d'abord, qui "sait" qu'on le prend « pour un ennemi, un opiniâtre ou un misanthrope ». Il sait de surcroît que ceux à qui il écrit le font passer pour tel (1-2). Mais surtout, il sait que les autres "*ne savent pas*", et ce à différents niveaux. Il sait que les autres ne savent pas ce qui habite son cœur et son esprit (3-4). Ils ne savent pas, de même, qu'il est dans un état désespéré depuis six ans (7). Le *savoir* est donc, au départ, tout entier situé du côté de Beethoven. Il sait ce que les autres ne peuvent savoir et il leur donne raison puisque justement, le savoir est là, chez lui seul, sur ce qui justifie son attitude revêche à leurs yeux.

On le voit bien ici : *Beethoven accuse l'autre de l'accuser*, et fournit caution à cette accusation au nom d'un *savoir* qui n'est pas partagé. Le *Testament*, on l'a vu, n'a aucunement pour but de lever purement et simplement cette absence de savoir chez les autres, en leur annonçant le motif de cette attitude dont on l'accuse, pour pacifier la relation. Il écrit ce *Testament* pour que le savoir sur sa surdité soit posé *une fois qu'il ne sera plus*. C'est là toute la portée de la demande qu'il formule à ses frères (61-63) de contacter le Pr Schmidt pour qu'il décrive alors sa maladie, et ce pour que le monde soit alors réconcilié avec lui. Un premier point décisif en ressort : le *Testament* n'a pas été rédigé dans un but d'avouer quoi que ce soit pour atténuer le conflit avec les autres. Cela ne sera possible qu'une fois le compositeur disparu. Aussi longtemps qu'il sera en vie, ce conflit demeurera, parce que les autres n'auront jamais été dans la possibilité de savoir de quoi il est atteint… C'est là l'ambiguïté fondamentale du *Testament* : Beethoven n'annonce pas, *il écrit en sachant que l'autre ne saura qu'une fois que lui ne sera plus là pour le savoir…* C'est ce qui a été vu sous l'expression d'un "*mi-dire*" propre au *Testament*.

Mais pourquoi ne se résout-il pas à annoncer simplement sa surdité de son vivant ? Beethoven le dit en effet très clairement, dans le texte du *Testament* mais pas seulement. « Il ne m'était pas encore possible de dire aux Hommes : "parlez plus fort, criez, parce que je suis sourd !" » (17-18). Cette phrase reprend presqu'à l'identique une autre qui figure dans la lettre du 29 juin 1801 à Wegeler : « Depuis près de deux ans, j'évite tous les rapports sociaux, puisqu'il n'est pas possible de dire à mes interlocuteurs "je suis sourd" ! » (L 51, p. 67-68). La comparaison entre le *Testament* et la lettre à Wegeler mérite d'ailleurs d'être approfondie. Dans le texte de 1802, Beethoven poursuit : « Ah ! Comment cela était-il possible avec un sens qui, de surcroît, chez moi, devait être plus développé que chez les autres, un sens qui avait atteint la plus grande perfection, que peu, dans mon domaine, avaient atteint ? » (18-21). Dans la lettre à Wegeler, c'est la même idée qui se présente : « Si j'exerçais une autre profession, je pourrais surmonter cet inconvénient ; mais, dans mon cas, c'est une situation terrible » (L 51, p. 68). C'est *parce qu'il est musicien* que l'aveu de la surdité est impossible ! Non que ses facultés d'interprétation ou compositionnelles soient touchées par elle, mais cette surdité risque de peser gravement en sa défaveur par rapport aux autres. Il le dit explicitement dans la lettre à Wegeler : « ...dans mon cas, c'est une situation terrible ; en outre, mes ennemis, dont le nombre n'est pas restreint, que diraient-ils s'ils le savaient ? » (L 51, p. 68).

Voilà donc l'ennemi clairement identifié, ce qui donne au « *Menschen* » du début du texte son exacte portée. La surdité, en soi, pour le quidam et pour un musicien de surcroît, est déjà loin d'être facile à accepter. Mais elle pèse avant tout, pour Beethoven, dans l'exacte mesure où elle le met en défaut par rapport aux autres, musiciens ou auditeurs réfractaires à ses compositions. Que diraient-ils donc s'ils le savaient ? Le *savoir* de l'Autre se pose là comme ce qui devient danger pour sa place au sein de la « lignée des artistes » qui se retrouve plus loin dans le *Testament* (59) et dont on a pu voir déjà l'importance.

Deux éléments essentiels ressortent de cela. On comprend tout d'abord l'importance du secret qu'il demandait avec insistance auprès de Wegeler et d'Amenda. Ce n'est certainement pas la honte de son état qui le pousse à l'exiger. La pitié de l'autre lui serait d'ailleurs insupportable, comme il l'écrivait à Wegeler le 16 novembre 1801 : « À chaque instant, je lirais la pitié sur vos visages, et je ne ferais que me trouver encore plus malheureux. » L'ami doit garder le plus grand silence sur son problème auditif *pour le protéger de ses ennemis* qui se trouvent parmi les artistes et ceux qui refusent sa musique. De là se précise la portée du « *Menschen* » qui constitue l'adresse principale du début du *Testament*. Dans la lecture "*à la lettre*" du texte, il se présentait comme proprement indéfini : il s'agissait des autres, voire de l'Humanité pour certains.[1] Les choses désormais se précisent : le *Testament d'Heiligenstadt* ne s'adresse pas à l'Humanité, mais à ceux que Beethoven perçoit comme ses ennemis potentiels qui tireraient avantage de *savoir* la surdité dont il est atteint.

La portée romantique du *Testament* en prend peut-être un coup ! En revanche, l'intelligibilité du texte en ressort beaucoup plus nettement. On comprend en effet, déjà, l'importance que va prendre par la suite cette fameuse « lignée des artistes » sur laquelle Beethoven insiste tant. D'autre part, on comprend d'autant plus clairement l'équivoque de certains termes employés au début du texte, qui situaient le conflit, comme on l'a vu, tant au niveau de l'image que les autres établissaient à son endroit (un ennemi, un opiniâtre, un misanthrope) qu'à celui de la relation elle-même avec ces autres, l'accusé devenant en même temps accusateur…

La relation aux autres est donc, chez Beethoven, foncièrement conflictuelle. Elle l'est sans doute parce qu'il est sourd[2] mais elle l'est avant tout parce qu'elle touche sa fonction de musicien, en lui faisant encourir le risque de se voir dénigrer, lui autant que son œuvre, par ses opposants.[3] L'injustice qu'il dénonce d'entrée de jeu ne convoque pas l'Humanité. C'est un musicien qui se sent attaqué, de l'intérieur (par sa surdité) autant que de l'extérieur, au niveau précis de son art. C'est en cela que ses ennemis sont ceux-là mêmes qui le traitent d'ennemi. Ils le sont de fait, mais la surdité connue par eux risque de leur faire gagner des points précieux face à lui et surtout à son art.

L'art, on le voit bien, constitue l'enjeu essentiel du conflit ! Et on prendra plus tard la mesure de ce que Beethoven fournit comme réponse à son désir d'en finir : « C'est l'art, lui seul, qui m'a retenu de mettre fin à mes jours » (41-43). Là où se trouve le lieu du conflit se trouve également la seule voie de sortie de ce dernier. En quoi la proximité, soulignée plus haut, entre l'homme et celui qui cherche sa place dans la lignée des artistes prend toute sa valeur !...

Cette question du *savoir* des autres relativement à sa surdité ne se limite pourtant pas à un horizon aussi vaste. Elle glisse et se fixe sur l'ordre de l'événement qui prend ici deux visages. Le premier est subordonné à la logique de l'*anticipation*. Se retrouver au contact des autres génère une angoisse insupportable qui concerne justement ce *savoir* : « Au contact d'une société, une terrible angoisse s'empare de moi tandis que je redoute le terrible danger que mon état me trahisse » (30-32). C'est pour cela que Beethoven

---

[1] Herriot, op. cit., p. 115 ; Boucourechliev, op. cit., p. 145 ; Fauconnier, op. cit., p. 107.

[2] On sait les malentendus réguliers qui se présentent avec la violence de certains, enfants ou adultes, atteints de cécité auditive.

[3] On verra cependant que cette logique conflictuelle touche également ses amis les plus proches.

s'isole aussi souvent que les circonstances le lui permettent, et qu'il peut ainsi passer pour un sauvage. En société, l'autre *peut* apprendre ce que lui seul doit savoir. Le secret peut être tenu par les amis les plus proches mais, en société, il en va avant tout d'une logique de dissimulation qui ne peut tenir dans l'absolu. Sur cet horizon conflictuel où le rapport aux autres gravite autour d'un savoir qui ne doit pas advenir parce que dangereux, se dégagent de façon plus précise non seulement le motif de son isolement, mais aussi la violence anticipée qui peut apparaître lorsque l'autre est là. Il *ne doit pas* savoir, mais sa simple proximité physique, en société, mène forcément à la *possibilité qu'il le sache*. Du *nécessaire* isolement protecteur, on passe donc au *possible* d'une dramatique découverte de son état.

L'angoisse est d'autant plus forte que, sourd, Beethoven peut ne pas réaliser que l'autre a découvert sa surdité. N'importe quelle discussion peut en effet amener celui-ci à découvrir que son interlocuteur n'entend rien, sans que lui-même s'en rende compte. Le *non-savoir*, on le voit, change de camp. C'était l'autre qui ne savait pas les raisons pour lesquelles il pouvait sembler si revêche. Maintenant, c'est lui, Beethoven, qui *peut ne pas savoir* si l'autre sait sa surdité. C'est pour cela qu'il ajoutait dès le départ « Ô vous Hommes, qui pensez *ou me faites passer pour…* ». Il indexe tout d'abord dans le savoir ce pourquoi on le prend, et il s'en défend en convoquant le non-savoir de l'autre. Mais qu'on le « prenne pour » (*erklären*), ce qui admet une transitivité qui convoque un tiers qui « a dit », souligne le risque supplémentaire que d'autres, qu'il n'a même pas rencontrés, peuvent également être dans ce savoir. Le « *Menschen* » prend alors une portée d'autant plus indéfinie. N'importe qui, qu'il l'ait rencontré ou non, *peut savoir* parce qu'un autre *peut* lui avoir appris qu'il était sourd. L'angoisse, donc, n'est plus limitative au cercle restreint de ces ennemis qu'il connaît. Sur n'importe quel visage qui s'offrira à son regard, il sera susceptible de lire ce *savoir* tant redouté le concernant. Pourra-t-il un jour vivre en paix à ce titre ? Pourra-t-il croiser un visage sans se poser cette question lancinante et terrible : « Le sait-il ? » Il répond : « *Nie ? Nein ! Ô es wäre zu hart !* » (« Jamais ? Non ! Ce serait trop dur ! » -102-103-).

Un premier glissement s'est donc présenté : d'un Beethoven qui *sait* ce que l'autre *ne sait pas* (et ne saura pas), on est passé à un Beethoven qui *ne peut savoir* si l'autre *sait…* D'une proposition universelle (*les autres* ne savent pas !), on passe à une proposition particulière (*certains* peuvent savoir). Un second glissement se présente lorsque le compositeur convoque dans le texte un "autre" cette fois dûment identifié, qui se voit d'emblée et explicitement concerné par cette surdité. Il s'agit de l'ensemble des médecins. Ceux-ci apparaissent très vite dans le texte et sont directement associés à cet état désespéré que Beethoven vient d'énoncer qu'il échappe au savoir des autres.

Cet état désespéré, écrit-il, est aggravé par l'incapacité de ces médecins (8). Et il ajoute ceci d'essentiel qu'il a été trompé dans « l'espoir d'une amélioration à venir » (9-10). Après ses ennemis artistes, après cet autre inconnu qui peut savoir sans qu'il le sache, voilà que se présente un personnage aux contours cette fois nettement définis. C'est le médecin, dont le *savoir* particulier est censé le guérir de cette infirmité durable, ou au-moins lui permettre d'envisager une amélioration de son état. Or, ce savoir est impuissant. Plus précisément, ceux qui le possèdent sont incompétents et malhonnêtes de surcroît. Certes, Beethoven ne va pas jusqu'à accuser simplement les médecins d'être sourd ! L'accusation est indirecte : leur incapacité a pour effet d'*aggraver* son état. Autrement dit, son état ne serait pas aussi désespéré s'ils n'étaient pas aussi incompétents et malhonnêtes. C'est là une réaction très classique, quelle que soit au demeurant la maladie qui se présente, d'entrer sur ce mode accusatif associant le médecin à un état qui empire. Mais l'essentiel n'est pas là ! Ce *savoir* médical a abusé de lui. On l'a trompé, d'année en année, dans l'espoir d'une amélioration à venir. L'autre, le médecin, savait que sa surdité ne pouvait guérir, mais il le lui a fait croire. Il *savait*, mais il n'en a rien dit ! Se présentait tout d'abord "*l'Autre qui ne sait pas*", puis "*l'autre, le particulier, qui pouvait savoir*", voici enfin "*l'autre, identifié, qui sait*"...

On touche là, avec le *Testament*, un point essentiel de la psychologie du sujet Beethoven. Les autres ne savent pas et ne doivent pas savoir, et Beethoven fera tout pour que le non-savoir persiste, en évitant aussi souvent que possible tout contact en société, générant en cela paradoxalement la confirmation de ce regard injuste qu'il conteste à son endroit. La seule voie qui s'offre à lui, pour sortir du conflit, se trouve dans la raison d'être même du *Testament* : *Ils* sauront combien ils ont été injustes une fois seulement qu'ils le liront, c'est-à-dire une fois qu'il ne sera plus. La mort imaginaire constitue, autrement dit, la première voie de sortie pour que les autres sachent enfin ce qu'il s'est échiné toute sa vie à dissimuler. Avant sa mort, le conflit ne pourra pas ne pas demeurer, chez les autres qui le trouveront toujours revêche ou misanthrope (parce qu'il fuit justement la société) autant que chez lui-même qui sera toujours à l'affût d'une possible levée du non-savoir chez un autre à propos de sa surdité. Le motif profond du *Testament d'Heiligenstadt* se pose donc ainsi : « Ô Hommes, un jour, vous saurez ce que je ne vous ai jamais dit !... » Mais reste un second volet : lorsque l'autre, cette fois particulier et identifié, *sait*. Là, le conflit n'est plus situé sur les coordonnées de l'évitement et de l'angoisse, mais sur celles de la trahison. « L'autre, quand il sait, me ment ! Il me trompe ! » On retrouve là la composante persécutive que nombre d'anecdotes de sa vie confirment pleinement. Pour une raison qu'il est encore trop tôt de préciser, on retrouvera cette composante persécutive notamment plus tard dans sa vie, lorsque sa surdité sera admise comme définitive, et à partir d'un événement très précis, celui de la mort de son frère Carl. J'y reviendrai...

Ce sont les médecins qui logent, dans le *Testament*, à l'enseigne de ce *savoir*. De ces maudits médicastres incompétents et malhonnêtes de surcroît, il en ressort pourtant un, un seul qui, lui, a compris. Il s'agit du Pr Schmidt, dont on a vu que le conseil qu'il donna au compositeur de s'isoler à la campagne s'alignait sur la "*solution*" que ce dernier était le premier à avoir trouvée, compte tenu de son angoisse en société : éviter tout contact social pour que sa surdité ne soit pas découverte, voilà ce que Beethoven peut avoir *entendu* dans la proposition de Schmidt. Et c'est pour cela qu'il charge ses frères de le contacter pour établir toute la vérité sur son état après sa mort. Le Pr Schmidt est donc posé comme le gardien du secret de sa surdité. De lui seul pourra venir la lumière du savoir qui n'apparaîtra qu'après coup. Le *Testament*, on l'a vu, a pour fonction de se limiter à un *mi-dire* quant à la surdité. Schmidt sera là, s'il est encore vivant, pour l'annoncer publiquement.[1] La paix, décidément, n'est pas de ce monde pour Beethoven ! L'autre doit savoir mais au moment seulement où lui-même ne sera plus... pour le savoir !...

Force est de constater que la façon dont Beethoven est décrit par les biographes dans son rapport aux autres rejoint tout-à-fait ce qui constitue la protestation du début du *Testament*. Le « Vous qui me prenez ou me faites passer pour un ennemi, un opiniâtre ou un misanthrope » pourrait parfaitement être adressé non plus seulement aux artistes qui le détestent et qui sont ses rivaux, mais tout autant aux biographes eux-mêmes, dont les descriptions vont effectivement dans le sens d'une sauvagerie sociale, d'une balourdise, d'une maladresse chronique, ou autres dont la présence se voit immédiatement justifiée par l'existence de sa surdité. Le *Testament*, à condition évidemment de le lire minutieusement, impose d'aller au-delà de cette stigmatisation rabattue sur le portrait d'une victime du destin. La surdité n'est pas la *cause* des excès ou du retrait de Beethoven en société, c'est le *rapport* à cette surdité, dans ce qu'elle peut générer en remise en question d'une carrière d'artiste déjà célèbre. Il est clair cependant qu'elle ne concerne pas le seul artiste. Les exemples sont légion où il est possible de voir avec ses proches, ou avec des inconnus, pareille méfiance ou protestations d'innocence, au nom d'un *savoir* qui glisse à différents niveaux, comme on vient de le voir. Il est important de s'y arrêter car, ne l'oublions pas, il existe dans le *Testament* une seconde partie qui ne concerne plus tant le « *Menschen* » que certains "autres" en particulier. Mais aussi surtout, s'arrêter un instant sur l'autre particulier va montrer que le

[1] N'oublions pas que Beethoven écrit que ce compte rendu de Schmidt doit être joint au *Testament* qu'il écrit.

Testament d'Heiligenstadt ne saurait déterminer la distinction radicale entre un "*avant*" et un "*après*" relativement à son écriture.

L'autre, l'ami...

On s'arrête souvent sur la violence dont était capable Beethoven. Par violence, il convient ici d'entendre autre chose qu'une simple brutalité physique. Celle-ci peut apparaître, certes, mais avec un nombre très limité de personnages. Il s'agit de ses frères, Carl notamment, mais aussi, à une période précise de sa vie, de ses domestiques. Cette violence sera abordée plus loin. Celle qu'on retiendra pour le moment, caractérisée avant tout par des réactions excessives avec certains de ses proches, se présente dans certaines situations dont il est important de saisir les contours.

Bien entendu, c'est sur le plan interpersonnel qu'elle se présente. Ce qui précède l'a montré, Beethoven doit savoir qui il a en face de lui. Ce n'est pas là misanthropie mais réponse à cette angoisse qu'on a vu graviter autour du savoir relatif à sa surdité. Ainsi, Russell raconte sa réaction tandis qu'isolé au fond d'une auberge, et lisant tranquillement son journal, un inconnu se présente à sa table sans y être introduit ni invité. Beethoven « désigna l'étranger d'un air furieux et cracha par terre, comme s'il avait vu un crapaud, puis, jetant tour à tour les yeux sur son journal et sur l'intrus, et crachant encore une fois, sa chevelure se hérissa, plus sauvage et plus hirsute encore. Enfin, après avoir craché et regardé encore une fois l'homme, il conclut par cette belle exclamation : "Qu'est-ce que c'est que ce grotesque coquin !" et il quitta la salle.[1] » La scène date des années 1820-1822.[2] C'est donc un Beethoven d'une vingtaine d'années plus âgé que celui du *Testament d'Heiligenstadt*. La surdité était à cette époque complète et l'angoisse qu'elle se sache avait laissé place à une rigidité dans le rapport aux autres que justifiait un isolement qui n'était plus seulement celui qui le protégeait, mais se trouvait inscrit dans le réel du corps, sous la forme donc du silence. On retiendra simplement de cette anecdote ce qu'elle apporte en illustration de cette attitude typiquement beethovénienne vis-à-vis de tous ceux qu'il ne connaissait pas et qui s'autorisaient pourtant, sans titre, sans invitation, à l'approcher.

L'approche de l'autre se fait, pour Beethoven, menace, et ce à deux titres au-moins. Chez le Beethoven de la période du *Testament*, c'est celle d'un savoir possiblement menaçant concernant sa surdité. Mais chez le Beethoven plus âgé, emmuré dans le silence, la menace n'est plus de ne pas savoir si

---

[1] Sir John Russell, in Prod'homme (Jean-Georges), *Beethoven raconté par ceux qui l'ont vu*, op. cit., p. 115.

[2] C'est la période où Russell se trouvait effectivement en voyage en Allemagne et en Autriche.

l'autre *sait*, mais de savoir ce que l'autre, dont il ne *sait* pas l'identité, *lui veut*. C'est alors que son apparente misanthropie a pu être d'autant plus présente dans le regard de ceux qui le croisaient. Ce genre d'incident a dû être fréquent dans la vie de Beethoven. On en retiendra le glissement de ce savoir ne concernant plus sa surdité, mais plus diffusément l'*intention* de l'autre, l'inconnu, à son égard. Mais il est vrai que la surdité, en soi, qu'il s'agisse de Beethoven ou de n'importe qui d'autre, peut suffire à expliquer ce type de malentendus, en ce qu'elle soustrait forcément à la conscience d'une situation tout un pan qui permet de la comprendre. Qui sait, au final, si cet inconnu dont parle Russell ne venait pas de la part d'un proche de Beethoven et que ce dernier ne l'entendit pas se présenter ? Observant de loin la scène, Russell ne pouvait savoir. Il ne pouvait l'entendre, comme Beethoven lui-même...

Bien plus significatifs que ces anecdotes provenant de simples témoignages extérieurs, sont les problèmes dans le rapport à l'autre qui s'offrent à partir d'une observation directe, c'est-à-dire à partir de ce que Beethoven a pu en écrire lui-même dans sa correspondance.

Un aspect décisif se présente avec cette propension toute beethovénienne à passer d'un extrême à un autre avec ses proches. Il était capable de rejeter violemment un ami pour se confondre en excuses peu de temps après la scène. Simple variation d'humeur ? Deux exemples vont révéler que non, et que l'adresse de la violence est décisive dans de tels extrémismes.

Le premier concerne Johann Nepomuk Hummel, l'un des élèves favoris de Mozart, avec qui Beethoven avait noué une forte relation d'amitié lors de son retour, en 1796, d'une tournée à travers l'Europe. Un conflit survint entre les deux hommes en 1799 et Beethoven lui écrivit ce billet sans équivoque[1] : « Ne parais plus chez moi ! Tu es un chien plein de perfidie, et ces chiens-là, à la voirie » (L 33, p. 40). Le lendemain, Hummel reçut cet autre billet : « Tu es un brave type et tu avais raison, je le vois. Viens donc chez moi cet après-midi, tu y trouveras aussi Schuppanzigh et nous voulons, tous deux, te gourmer, t'étriller, te secouer, que tu en aies à cœur joie. T'embrasse ton Beethoven, appelé aussi Monceau de farine » (L 34, p. 41). L'anecdote est intéressante à double titre. Elle montre tout d'abord ce revirement fulgurant dont était capable Beethoven dans la relation à ses proches. Mais le second billet révèle également une reconnaissance chez lui que l'autre, Hummel, avait raison, en quoi, quelle que soit la raison de la dispute, celle-ci se présente comme déterminée par une interprétation erronée de sa part qu'il reconnaît après coup. Certes, il se présente comme un être plein d'excès, dans le pire

[1] Il se peut que le destinataire de ce billet et du suivant n'ait pas été Hummel, mais Ignaz von Gleichenstein, un autre proche du compositeur. Mais cela ne change rien à ce qui n'est ici qu'illustration des extrémismes beethovéniens.

comme dans le meilleur, mais on voit de surcroît que sa "crise", son "*raptus*" comme disait Hélène von Breuning lorsqu'elle le voyait s'enfuir pour éviter une leçon de piano qu'il devait assurer,[1] prend place dans une situation où la dualité occupe l'avant-plan. C'est lui ou l'autre ! Nulle position intermédiaire ne se présente comme possible. Et c'est ce qui se présente à l'identique dans ce passage d'un extrême à l'autre du jour au lendemain. Tout noir aujourd'hui, tout blanc demain… Hummel redevient le lendemain le brave type qu'il était la veille de la dispute.

Cette dispute avec Hummel repose donc sur une lecture interprétative d'une situation (dont on ne connaît pas la nature exacte) de la part de Beethoven. Le second exemple est plus parlant encore, car il concerne cette fois un très grand ami de Beethoven, Stephan von Breuning. De plus, les coordonnées du conflit sont ici nettement plus visibles que dans l'exemple précédent.

Stephan von Breuning est venu rejoindre Beethoven à Vienne en 1801. La fameuse lettre du 29 juin à Wegeler témoignait de la bonne entente entre les deux hommes qui se connaissaient depuis leur enfance à Bonn. « Nous sommes presque tous les jours ensemble ; cela me fait tant de bien de susciter le rappel des impressions de jadis. Il est devenu vraiment un brave, un excellent jeune homme, qui sait ce qu'il veut, et dont le cœur, plus ou moins comme chez nous tous, est placé du bon côté » (L 51, p. 68-69), écrit Beethoven qui ajoute qu'il parviendra à ce que Stephan vienne habiter chez lui. Le projet ne se réalisera pas avant l'hiver 1803-1804, ce qui déçut peut-être le compositeur qui fait montre peu après d'une attitude totalement contradictoire, recommandant à Stephan le repos par le biais de sorties en société.[2] En tout cas, une dispute surgit entre eux au moment précis où ils habitent ensemble.

Beethoven avait oublié de donner congé de l'appartement avant de partir à la campagne pour l'été, cet oubli occasionnant évidemment des frais inattendus. Sans doute Stephan et lui se reprochèrent-ils mutuellement cet oubli. Finalement, Stephan appela le concierge au titre de témoin. Cela fut trop pour Beethoven qui, dans une lettre à Ries du 20 juillet 1804, explique qu'il renversa alors sa chaise et partit en claquant la porte pour ne pas revenir (L 93, p. 125). Un mois plus tard, Beethoven écrira de nouveau à Ries à propos de l'incident. Le ton y est encore plus violent, ne se limitant plus à évoquer la scène de la dispute et à revendiquer son bon droit et sa conviction d'être dans

[1] Wegeler (Franz) & Ries (Ferdinand), *Notices biographiques sur L. van Beethoven*, op. cit., p. 56.

[2] Cf la lettre du 16 novembre 1801 à Wegeler qui a fait l'objet d'une première lecture dans le chapitre 1.

le vrai, mais confirmant une remise en question totale de son amitié pour Stephan : « Jamais plus il ne pourra prétendre à la place qu'il tenait dans mon cœur » (L 94, p. 127). Pourtant, trois mois plus tard, une rencontre fortuite amena une réconciliation totale entre les deux hommes.[1] Et Beethoven de lui écrire en automne 1804, en lui offrant même son portrait miniature[2] : « Que derrière ce tableau, mon bon, mon cher St., reste caché pour toujours ce qui s'est passé entre nous durant une période. Je sais que je t'ai déchiré le cœur » (L 98, p. 133). Mais surtout, il ajoute ceci : « Ce n'était point méchanceté, ce qui m'a poussé à intervenir contre toi, non, car en ce cas, je ne serais plus jamais digne de ton amitié. Il y avait chez toi et chez moi de la passion (...) *Des personnes s'interposèrent entre nous*, qui ne sont dignes ni de toi ni de moi » (L 98, p. 133, souligné par moi).

Ce retour de Beethoven vers Breuning est particulièrement intéressant. Se présente en effet un élément essentiel, à savoir l'évocation de personnes qui se sont interposées entre eux. Cela n'est pas sans rappeler, déjà, ce tiers dont il vient d'être dit qu'il faisait précisément défaut dans le "*tout ou rien*" proprement beethovénien. Mais ce tiers, dans la dispute avec Stephan, prend cette fois deux visages que j'évoque à rebours de la chronologie : c'est celui de ceux qui se sont interposés et doivent en cela être tenus pour responsables de la dispute, façon semi-habile de signifier une espèce de « ce n'est pas moi, ce sont les autres ! », mais c'est celui aussi de Ries lui-même, à qui Beethoven écrit à deux reprises comme pour revendiquer son bon droit. Il faut s'y arrêter !...

La première lettre commence sur un ton presque accusatoire à l'endroit de Ries et de Breuning confondus : « Puisque Breuning ne s'est pas fait un scrupule de présenter à sa manière aux yeux du concierge et aux vôtres mon caractère, de telle sorte que je risque d'apparaître comme un misérable, un fâcheux petit bonhomme... » C'est le même ton que celui du début du *Testament d'Heiligenstadt* : « Vous qui me prenez pour... », la transitivité étant même ici première (la lettre commence avec ce pour quoi Breuning "le fait passer"...). Le regard de Ries est forcément influencé par ce que lui a raconté Breuning. En cela, Ries, celui-là même que Beethoven convoque pour justifier sa conduite, est posé d'entrée de jeu comme un ennemi potentiel. Et pourtant, voilà le plus intéressant : le même Ries, que Beethoven tient pour influencé par le discours d'un autre (Breuning) est en même temps désigné pour servir d'intermédiaire entre lui et Stephan. Plus encore, Beethoven lui demande de répondre à un point précis compris dans une lettre que lui a

[1] En attendant la prochaine dispute ! Il y en aura d'autres avec Stephan par la suite !...

[2] Cette miniature sur ivoire est de Christian Hornemann. Elle sera reproduite pour la première fois dans le livre de Gerhard von Breuning (le fils de Stephan) consacré aux dernières années du compositeur (*Aus dem Schwarzspanierhaus*...)

envoyée Stephan, mais ce pour se justifier, lui Beethoven, aux seuls yeux de Ries, et non de Breuning : « C'est vous que j'ai choisi en premier lieu pour transmettre oralement ma réponse à Breuning, sur un seul point, le premier de sa lettre, auquel je réponds uniquement *parce que c'est là ce qui doit justifier à vos yeux mon caractère* » (L 93, p. 125, c'est moi qui souligne). Il y a en vérité de quoi s'y perdre ! Ries est à la fois tenu pour avoir été influencé par le discours de Breuning, puis pour devoir servir d'intermédiaire, sachant que cette fonction d'intermédiaire n'a d'autre but que de le convaincre, lui et non celui avec qui la dispute a eu lieu. Et ce n'est pas tout !

Beethoven, en effet, va jusqu'à rappeler le reproche qu'il avait fait à Ries d'avoir évité une rupture avec Breuning qui aurait été sans cela consommée depuis longtemps. Il s'en défend plus ou moins habilement en ajoutant que Ries n'était pas sans savoir (toujours ce savoir !) que c'était par pure plaisanterie : « Vous savez vous-même que c'est par pure plaisanterie que je vous avais reproché d'avoir été la cause qui a fait que la rupture est, grâce à vous, arrivée trop tard. » Par plaisanterie ? La suite montre que c'est là pure façade : « Votre témoignage a donné tort à toute ma façon d'être et d'agir » (L 93, p. 126).

Décidément, on en vient à se demander qui finalement Beethoven accuse véritablement dans cette lettre ! On aura noté en tout cas le glissement très net dans ce qu'il avance à son élève et ami : 1) Ries est tout d'abord tenu pour être influencé par le discours de Breuning (« Quel est donc ton camp ? ») ; 2) Il est mandaté pour annoncer à Breuning la réponse de Beethoven à une lettre que celui-ci lui a écrite (« Je compte sur toi ! ») ; 3) C'est à lui, Ries, qu'est adressée cette réponse (« Tu dois voir la vraie facette de mon caractère ! ») ; 4) Il est tenu pour responsable que la rupture avec Breuning n'ait pas eu lieu plus tôt (« Tout cela ne serait pas arrivé si tu ne m'avais pas dissuadé de le quitter ! ») ; 5) Il lui a fait du tort dans son témoignage dans cette affaire (« Finalement, tu es comme Breuning ! »). Pour couronner le tout, il finit par demander à Ries de ne pas porter à la connaissance de Breuning la réponse qu'il vient de lui demander de lui transmettre : « Ne dites rien et ne montrez rien à Breuning de ce qui est écrit au verso de cette page » (L 93, p. 126). C'est l'aveu ultime. C'est bel et bien Ries, finalement, qui est l'objet des accusations, et absolument pas Breuning. Un véritable glissement s'est opéré de celui-ci à celui-là.

De façon étonnante, plusieurs éléments du *Testament d'Heiligenstadt* se retrouvent dans cette lettre. L'équivoque de l'adresse tout d'abord : Beethoven parle à Ries de Breuning, mais c'est à lui, Ries, que les reproches sont finalement adressés. Ries est mandaté pour fournir à Breuning la réponse de Beethoven, comme Carl et Johann l'étaient pour contacter le Pr Schmidt. Surtout, la lettre finit sur la demande que son contenu ne soit pas porté à la connaissance de l'intéressé, Stephan, comme le *Testament* qui ne sera pas lu, en tout cas de son vivant. On retrouve clairement, au final, cette ambiguïté qui se présentait dès le début du *Testament*, à travers l'équivoque de termes qui exprimaient à la fois ce pour quoi Beethoven se sentait pris dans le regard des autres, et le conflit entretenu entre lui et ceux-ci. Le passage brutal d'un extrême à l'autre prend alors une portée essentielle. Dans une crise, il devient insuffisant de dire que Beethoven retrouve l'ami après un temps de réflexion, de remords ou de remise en question. Cela impliquerait ce tiers qui fait justement défaut chez lui. En soi, l'ami est toujours potentiellement un ennemi qui peut surgir. Cela constitue assurément un point décisif dans la psychologie du sujet Beethoven.

L'isolement dont Beethoven faisait mention dans le *Testament* prend alors sa juste portée. Il était alors, on s'en souvient, rattaché à l'anticipation liée au *savoir* possible des autres quant à sa surdité. Ces autres, qui étaient alors indifférenciés (*Menschen*, "*Hommes*"), se voient ici beaucoup plus clairement identifiés. La dispute avec Stephan von Breuning, et donc implicitement, comme on vient de le voir, avec Ries, montre que le conflit avec ses plus proches amis est subordonné à la même logique que celle qui apparaissait avec ses ennemis de la lignée des artistes. Avec eux aussi, ces amis, il est question d'accusation, d'injustice, d'un savoir qui circule contre lui. Avec eux aussi, les excès se présentent, ainsi que la transitivité (« Vous qui me faites passer »). Bref, le conflit n'est pas lié à telle ou telle classe d'individus, artistes, mécènes, aristocrates, domestiques ou autres… Il est avant tout interne, propre à la structure du sujet qu'était Beethoven. La question peut alors se poser : comment une relation avec un personnage si mal avec lui-même, comme Beethoven, pouvait-elle avoir quelque chance de durer ? Une réponse très claire s'impose ici : par le même procédé dont usait Beethoven pour se protéger des autres, c'est-à-dire par l'éloignement.

Solomon[1] n'a peut-être pas tort de souligner que, toute sa vie, Beethoven n'a eu de cesse de chercher à établir une relation intime avec toute une série de figures de frères idéalisés, à travers des amis qui, régulièrement, se posaient à ses yeux comme uniques et idéalisés. À Vienne, ce fut tout d'abord Lorenz von Breuning (le frère de Stephan), puis successivement Karl Amenda, Stephan von Breuning, peut-être Franz von Brunswick (le frère de Joséphine), Ignaz von Gleichenstein. La liste s'arrête peu avant 1815, et on comprendra plus loin pourquoi. En tout cas, contre la menace diffuse qui provient de la masse anonyme, se pose avec l'ami intime l'assurance d'une relation privilégiée, au sein d'une unité et même d'une exclusivité jalouse. Et pourtant, à l'exception de deux de ces amis, il y eut avec chacun une rupture. On vient

---

[1] Op. cit., p. 126.

de le voir avec Stephan von Breuning, avec qui la cohabitation était devenue impossible. La relation avec Ignaz von Gleichenstein sera compromise vers 1810, celui-ci épousant la sœur de Thérèse Malfatti qui se refusera, quant à elle, à Beethoven. Seuls Lorenz von Breuning et Karl Amenda seront les amis avec lesquels aucune dispute significative ne se présentera. Dans la lettre à Ries du 24 juillet (L 94, p. 127), il le dit d'ailleurs explicitement et fournit même la raison pour laquelle son amitié pour ces deux-là ne peut être qu'éternelle : « L'un est mort, l'autre vit toujours. Bien que depuis près de six ans nous ne sachions plus rien l'un de l'autre, je sais toutefois que j'occupe dans son cœur la première place comme lui dans le mien.[1] » Lorenz von Breuning est mort en avril 1798, peu de temps après être retourné à Bonn après l'achèvement de ses études de médecine. Quant à Amenda, on le sait, il a dû, en 1799, retourner précipitamment en Courlande suite à la mort brutale de son frère. Assurément, ce qui permet la pérennité d'une amitié, avec Beethoven, repose sur l'absence, voire la mort. L'ami qui n'est plus auprès de lui au quotidien, parce que décédé ou parti au loin, est seul à pouvoir garder son amitié intacte dans le temps. *A contrario*, s'il partage son quotidien, comme Stephan von Breuning par exemple qui logeait avec lui, la crise est inévitable un jour ou l'autre. *La présence de l'autre devient menace et support d'une crise potentielle dont la profondeur sera proportionnelle à l'intensité de l'affection que Beethoven porte à l'ami.* Un problème de concierge a été suffisant pour engager une rupture de quelques mois avec l'ami d'enfance, Stephan. Une simple mécompréhension, un simple malentendu, et l'édifice d'une amitié s'effondre comme château de cartes…

Assurément, Beethoven l'avait bien écrit dans son *Testament* de 1802 : l'isolement est pour lui une nécessité absolue. L'autre peut toujours découvrir sa surdité en société. Mais on voit à présent que cette nécessité répond d'une exigence bien plus profonde. On l'avait vu dans le *Testament*. On le retrouve dans les relations avec ses amis les plus proches : *le rapport à l'autre chez Beethoven, est conflit ou il n'est pas* ! Cela se vérifie avec la lignée des artistes qui peut toujours cacher un ennemi parmi eux, à l'affût de la faiblesse de sa surdité, autant qu'avec les meilleurs de ses amis.

On voit que la mort de l'autre est entendue également par Beethoven comme ce qui paradoxalement préserve le lien… Ainsi, Lorenz von Breuning sera forcément l'ami idéalisé, et ce pour toujours. Beethoven n'exprimait rien d'autre dans le *Testament* : la mort est l'espace de la suppression de tout conflit et celui de l'idéalisation *a posteriori*. Mort, il sera enfin aimé. Le regard

---

[1] Dans une lettre de juin 1801 (L 52) adressée à Amenda, il utilisait déjà une formule semblable : « Quant aux trois qui ont joui de toute mon affection, si l'un est encore vivant, tu es certes le troisième. » Celui encore vivant ne peut être que Stephan von Breuning, celui-là même qui disparaît de la liste dans la lettre à Ries qui fait justement suite à la dispute avec lui.

des autres ne pèsera plus et il n'aura plus à cautionner implicitement la misanthropie qu'on lui reproche en s'isolant. On reviendra évidemment sur ce point dans le chapitre suivant consacré précisément à cette question de la mort dans le *Testament d'Heiligenstadt*.

Mais la simple distance peut suffire. C'est ce qu'on voit avec Amenda. Un élément essentiel doit cependant être ajouté ici. Il est étonnant de voir que les trois amis que Beethoven cite en juin 1801 au jeune courlandais (L 52, p. 71), avant que Stephan von Breuning ne soit évincé en 1804 suite à leur dispute, entretiennent un rapport étroit avec la ville natale du compositeur. La lettre du 29 juin 1801 à Wegeler montrait déjà son attachement à sa terre d'origine : « Ma patrie, la belle contrée où j'ai vu le jour, est restée pour moi toujours aussi belle et présente à mes yeux que depuis je vous ai quittés » (L 51, p. 65). *Vater Rhein* (Père Rhin) restera toujours un point d'accroche essentiel pour Beethoven installé à Vienne. Et ceux de sa ville natale qu'il y retrouve sont comme ses frères, notamment Lorenz et Stephan avec qui il passa les plus belles années de son adolescence dans la chaleur familiale des Breuning. Mais Amenda ? Il n'est pas un ami d'enfance, et même pas originaire de Bonn. Néanmoins, dans la lettre qu'il lui envoie le 1er juillet 1801, il affirme le considérer comme « un de ceux que le sol de sa patrie se plaît à mettre au monde » (L 53, p. 71). Le contraste est patent ! C'est à Vienne, quelques années après son arrivée en 1792, qu'il découvre les premiers signes de sa surdité. Aucun trouble auditif ne semble être apparu avant son arrivée dans la capitale autrichienne. Rien d'étonnant en cela que les "*ennemis*", ceux-là à qui il s'adresse au début du *Testament* (*Ô Menschen*), soient dans la stricte continuité de cette ville où sa surdité est apparue. En contrepartie, la Terre d'origine se verra idéalisée. Ses amis véritables en viennent forcément, réellement comme Lorenz et Stephan von Breuning, ou symboliquement comme Karl Amenda. En vérité, cette référence à l'origine constitue le pendant le plus efficace à cette anticipation perpétuelle qui obsède Beethoven, comme en témoigne le *Testament*. On retrouve au demeurant, mais à un autre niveau, le clivage qui a été vu plus haut dans son rapport aux autres. Il y avait la crise et son après, mais aussi la possibilité de repérer en l'ami le plus proche l'ennemi avéré (on vient de le voir avec Ries), voilà à présent un "*avant*" de bonheur absolu qui a le visage de sa Terre natale et qui s'oppose totalement à un présent de misère et un avenir d'angoisse. Le *Testament d'Heiligenstadt* ne disait rien d'autre, mais sur le mode du futur antérieur : « J'aurai été aimé, je le sais, une fois que je ne serai plus… »

Une question demeure cependant, qui va ajouter un élément essentiel dans le débat. Pourquoi Wegeler n'est-il pas une seule fois identifié parmi ses meilleurs amis par Beethoven ? C'est pourtant lui qui le connaît depuis le plus longtemps, puisque c'est à son initiative que le jeune Ludwig a été admis dans la famille Breuning pour enseigner le piano à Lorenz et Éléonore (Lorchen). C'est à lui également que Beethoven confie tout d'abord le terrible drame de sa surdité, en même temps qu'Amenda. Certes, dans la lettre du 29 juin 1801, il est fait mention, comme en passant, de disputes entre les deux hommes : « Il y eut bien aussi quelques petites dissonances entre nous, et n'est-ce pas justement ce qui a renforcé notre amitié ? » (L 51, p. 66). Wegeler lui-même en parle, et donne même quelques extraits de la lettre que Beethoven lui écrivit peu de temps après l'une d'elles[1] : « Sous quels traits hideux tu m'as fait me voir moi-même ! Oh, je ne mérite pas ton amitié. Ce n'était pas de ma part une méchanceté volontaire et préméditée qui m'a fait me conduire ainsi avec toi, c'était mon impardonnable légèreté (...) Restons-en là ! Je viendrai moi-même chez toi me jeter dans tes bras, te redemander mon ami que j'ai perdu. Tu te rendras à moi qui suis plein de repentir, qui t'aime et ne t'oublierai jamais.[2] » Le ton est le même que celui dans la lettre de pardon à Stephan von Breuning d'automne 1804. On y retrouve la même négation (« Ce n'était pas méchanceté ») nécessaire à souligner pour que l'amitié soit intacte (« ...en ce cas, je ne serais pas digne de ton amitié »). La fin est quasiment identique : « Tu accourras, n'est-ce pas ? Te jeter dans mes bras avec la même confiance qu'autrefois »). Les lettres de demande de pardon ont toujours la même saveur. Avec Hummel, Stephan von Breuning et Wegeler, les formules se retrouvent à l'identique. Il est peu probable cependant que ces disputes aient généré une rupture grave et durable avec Wegeler. On ne comprendrait pas, si tel était le cas, que ce soit à lui que Beethoven confie le secret de sa surdité. Il a de plus l'avantage d'être loin[3], échappant en cela aux crises régulières du compositeur. Et il demeure de surcroît précisément à Bonn (à cette époque en tout cas !), près de *Vater Rhein*. Alors, pourquoi n'est-il pas, ce bon Wegeler, cité parmi les grands amis de Beethoven ? C'est qu'il avait un grand défaut : il s'était marié avec Éléonore von Breuning, que le compositeur avait aimée jadis...

Conclusion : l'autre et le double...

Bien d'autres aspects du rapport aux autres si particulier chez Beethoven pourraient également être abordés. Je pense par exemple à la relation très particulière qu'il entretenait avec toute forme d'autorité monarchique, qui n'est certainement pas aussi simple que ce qu'on trouve classiquement dans la plupart des biographies. Je pense également à celle avec les personnages de

[1] Il n'est pas sûr qu'il n'y en eut qu'une seule !

[2] L 15 (p. 24-26). Cf également Wegeler (Franz) & Ries (Ferdinand), op. cit., p. 49-50.

[3] Cela est vrai en tout cas pour l'année 1804 où Beethoven confie à Ries que ses deux plus grands amis sont Lorenz von Breuning et Karl Amenda.

son entourage qui, amis ou pas, assuraient la tâche délicate de secrétaire auprès de lui, tels Schindler ou Holz. De façon plus large, on peut citer également la question de l'humour chez lui (de qualité parfois douteuse) dont on trouve trace dans un bon nombre de ses lettres[1]. Cet humour, il faut le noter, « est à mille lieues de l'"esprit" français ; c'est un humour jovial à la flamande, à la Breughel, parfois gros et même grossier (mais non vulgaire !), souvent aussi grinçant et caustique. »[2] Son humour, autrement dit, ciblait l'autre, comme en témoignent, par exemple, les surnoms dont il coiffait certains, tel Schuppanzigh (*Mylord Falstaff*, rapport à son embonpoint !), Zmeskall (*Comticulet, Très cher baron et charretier d'ordures...*)[3], ou encore Steiner, l'éditeur (*Generalissime...*). En vérité, un volumineux ouvrage suffirait à peine pour explorer cette question, essentielle dans le cas de Beethoven, du rapport aux autres et les différents aspects que peut prendre celui-ci.

S'être arrêté sur les excès de Beethoven à l'égard de ses plus proches amis est particulièrement riche d'enseignement pour la compréhension du *Testament d'Heiligenstadt*. L'analyse qui précède finit de convaincre qu'il n'y a pas un "Beethoven *avant le Testament*" distinct d'un "Beethoven *après le Testament*". S'il est incontestable que le drame de la surdité occupe dans celui-ci une place centrale, ce n'est pas tant l'infirmité en elle-même qui s'y voit évoquée que sa terrible incidence au niveau précis de son rapport aux autres. En tout premier lieu, il semble que ce soit le musicien, l'artiste, qui est touché. Le « *Ô Menschen* » avec lequel il l'entame concerne avant tout, en effet, « la lignée des artistes » parmi lesquels se trouvent ses ennemis, ceux-là qu'il évoquait quelques mois plus tôt à Wegeler (L 51, p. 68). On pourrait s'en tenir là, mais la lecture minutieuse du *Testament* offre bien plus à entendre.

Cet isolement qui le fait passer pour un opiniâtre, un sauvage, voire un misanthrope, possède sa source bien au-delà de la surdité en tant qu'elle touche le réel du corps. Le *fond* du rapport aux autres, chez Beethoven, est tout entier conflit, et on en trouve les traces bien avant la rédaction du *Testament* en 1802. Son installation à Vienne, en 1792, a aménagé chez lui un espace de tenace nostalgie qui restera toujours chez lui, et qui semble participer d'une véritable filiation symbolique l'amenant à privilégier ceux qui viennent de sa Terre natale, voire, comme dans le cas d'Amenda, à tenir l'ami comme en relevant nécessairement. Le conflit est déjà là, qui le conduit à des

---

[1] Et même dans sa musique ! Cf Javaud (Alexandre), « Beethoven et l'humour », *Beethoven, sa vie, son œuvre, 17*, 1er semestre 2015, p. 79-92.

[2] Goldron (Romain), *Beethoven sans légende*, Lausanne, Cahiers de la renaissance vaudoise, 1972, p. 175.

[3] Cf Reniers (Dominique), « Beethoven et Zmeskall von Domanovecz. Beethoven et son entourage (1) », op. cit.

disputes parfois assez violentes, avec qui que ce soit, notamment avec ceux qui partagent son quotidien.

Certes, dans le *Testament* sont ciblés avant tout les artistes, mais la façon dont l'argument se développe reprend presque à l'identique ce qui se présente lors de disputes avec ses proches. Le « Vous qui me prenez pour... », et plus encore, le « Vous qui me faites passer pour... », se retrouvent tel le paradigme de sa relation aux autres. La surdité occupe l'avant-scène dans le *Testament*, mais ce qui s'y dévoile est avant tout la complexité du rapport aux autres chez Beethoven, que cette infirmité ne fait finalement que pousser à son paroxysme. Le cri d'injustice qu'il pousse a la teneur exacte de ces multiples crises qui se produisent face à qui que ce soit qui l'amène à se sentir mis en défaut. Car à l'horizon de ce rapport forcément conflictuel à l'autre se profile la question centrale du *savoir*.

Celui-ci n'est pas lié restrictivement à la surdité, aussi vrai que l'isolement qu'il met en avant pour qu'elle ne se découvre pas est bel et bien présent chez lui au-delà de son existence. L'"*autre*" ennemi se trouve dans la lignée des musiciens et des artistes. Mais c'est aussi, par exemple, le pauvre Stephan von Breuning qui a eu le malheur de convoquer un simple concierge pour justifier son innocence par rapport à un impayé. C'est Hummel, dont on a parlé plus haut, qui se retrouvera d'ailleurs aux côtés du prince Esterházy, en 1807, au moment où celui-ci déclarera publiquement son insatisfaction pour la *Messe op. 86* qu'il avait commandée et dont il venait d'entendre la création. Beethoven sera sensible au léger sourire d'Hummel dans la situation...

C'est la logique du "*double*" qui se présente ici. C'est *lui-même* que Beethoven recherche en l'autre. Et on le voit de façon criante avec Amenda à qui il demande de le suivre de par le monde, en abandonnant tout derrière lui, jusqu'à sa jeune fiancée, si sa surdité ne s'améliore pas (L 53, p. 73).[1] Aussi longtemps que la *différence* (quelle qu'en soit la forme) ne se pose pas avec l'autre, l'entente ou la passion demeure. Mais si elle en vient à advenir, notamment si elle concerne un savoir le concernant, le drame se présente... L'autre devient son ennemi, dans le particulier, voire dans l'universel s'il s'agit de son art...

L'autre est toujours, pour Beethoven, un ennemi *potentiel*. La question reste néanmoins intacte : pourquoi, fin d'été 1802, éprouve-t-il le besoin d'écrire ce *Testament* à une frange de ses ennemis que sont les artistes ? On

---

[1] De façon assez significative, Emil Ludwig (op. cit., p. 78-79) tenait Amenda comme une espèce de "*double féminin*" de Beethoven. « Il avait des traits slaves, ressemblait beaucoup à Beethoven avec son nez aplati et ses grands yeux, et pourtant il avait, auprès du géant rhénan, une apparence toute féminine (...) [il] charmait tout le monde par sa voix et ses manières douces. »

retiendra pour l'instant que c'est sa condition de musicien justement qui, gravement menacée par une surdité désormais définitive, en a déterminé avant tout l'adresse, au-moins dans le textuel du *Testament*. Mais, encore une fois, ce n'est pas durant son séjour à Heiligenstadt qu'il a pris conscience de la chronicité de son problème auditif. Il le savait déjà depuis plus d'un an... Cependant, jusqu'alors, les autres ne le savaient pas. Un événement s'est déroulé qui a eu pour effet dramatique chez lui de montrer qu'ils pouvaient le savoir envers et contre tout ce qu'il pouvait mettre en place pour l'éviter. On y reviendra...

II) LA MORT EN HORIZON...

Le *Testament d'Heiligenstadt* est un cri figé par l'écriture. Et celui qui en est l'adresse est celui-là même qui le détermine. C'est l'Autre, avant tout la lignée des artistes, mais aussi, par généralisation, le monde entier avec lequel il compte se réconcilier après sa mort (64-65), sur la base de cet écrit et sur le rapport circonstancié du Pr Schmidt. Il était important de s'arrêter un moment sur cette adresse, fût-ce pour découvrir que le *Testament*, dans son contenu, s'aligne parfaitement sur un mode de rapport aux autres qui est en soi foncièrement conflictuel. La surdité est convoquée aux premières loges, certes, mais elle constitue la partie dégagée d'un iceberg dont la partie qui reste invisible laisse deviner un conflit beaucoup plus profond.

Il reste que le *Testament* la contient en thème central. C'est à son propos, notamment, que le *savoir*, après sa mort, doit être établi. C'est autour d'elle que gravite cette logique du "*mi-dire*" consistant à annoncer ce que l'autre ne saura jamais de son vivant. Il est donc essentiel de s'y arrêter à présent. La surdité de Beethoven prend place dans l'ensemble très vaste des problèmes de santé qui se présentent tout au long de sa vie. Il ne s'agira pas ici de réaliser une étude minutieuse de ces maladies telles qu'elles ressortent dans ses biographies. Savoir, par exemple, qu'il a souffert de problèmes oculaires en 1823 n'a pas grand intérêt en soi, et nous éloignerait beaucoup trop de l'étude du *Testament d'Heiligenstadt*. Comme précédemment, je m'appuierai avant tout sur ce qui ressort de la correspondance du compositeur à propos de ces problèmes de santé, pour tenter d'en saisir le sens lorsque précisément il se met à en parler sous la forme d'une écriture adressée. Il sera alors possible de revenir au *Testament* et de prendre la mesure de ce qui s'y trouve en rapport avec ses problèmes de santé, parmi lesquels la surdité occupe la première place.

Le rapport foncièrement conflictuel à l'Autre qui vient d'être abordé a trouvé un éclairage décisif avec certaines de ses lettres adressées à ses amis les plus proches, tels Stephan von Breuning ou Ferdinand Ries... Il en ira de même ici méthodologiquement. Les problèmes de santé ne trouvent place dans la correspondance de Beethoven qu'après 1802, à l'exception d'une lettre (de 1787), essentielle dans sa portée psychologique, qui sera abordée en temps opportun.

En après coup, leur lecture permet de voir l'importance que prend encore une fois le rapport à celui auquel Beethoven s'adresse pour évoquer de tels problèmes. Ce sera l'occasion, au demeurant, d'aborder la thématique de la mort, centrale dans le texte de 1802 au point de justifier, pour Rochlitz en tout cas, son titre de "testament". Et à ce titre, comme on va le voir, certaines lettres de Beethoven réservent un certain nombre de surprises essentielles pour la reprise du *Testament d'Heiligenstadt*...

La maladie dans la correspondance de Beethoven...

Il est important de saisir l'exacte portée d'une lettre. Celle-ci peut contenir une simple information, mais elle traduit inévitablement le type de relation existant avec celui à qui elle est adressée. On peut écrire à l'autre qu'on est malade pour justifier une absence ou une impossibilité de réaliser ce qui était prévu, mais aussi pour faire entendre à l'autre ce qui, de façon plus ou moins détournée, concerne la relation qu'on entretient avec lui. Avec Wegeler et Amenda, par exemple, il s'agissait de signifier la confiance en l'autre à travers l'aveu d'une surdité qui doit rester secrète. C'est là l'intérêt d'examiner l'intégralité de la correspondance de Beethoven.

Sur les 1570 lettres répertoriées dans l'édition d'Anderson, 255 contiennent une allusion explicite à un problème de santé, soit près d'une lettre sur six. C'est considérable ! Ces allusions sont évidemment variables d'une année sur l'autre. Il est possible toutefois d'observer leur augmentation progressive dans le temps, comme le montre le tableau suivant, qui présente le nombre de lettres contenant une référence explicite à un problème de santé sur des intervalles de cinq années[1] :

[1] Les intervalles comprennent la dernière année concernée et non la première. Par exemple, l'intervalle "1800-1805" comprend les lettres de 1801 à 1805.

	Avt 1800	1800-1805	1805-1810	1810-1815	1815-1820	1820-1825	Après 1825
Lettres avec problème de santé évoqué	1	6	20	52	73	81	22
Total de lettres répertoriées	43	85	167	300	449	411	105
Pourcentage	**2,3%**	**7%**	**12%**	**17,3%**	**16,3%**	**19,7%**	**20,9%**

Certaines années sont particulièrement significatives. Mais seule leur lecture attentive permet de le faire ressortir. L'année 1817, par exemple, est celle qui comprend le plus grand nombre de lettres contenant une référence à un problème de santé. Et pourtant, le nombre total de lettres rédigées cette année-là ne permet pas vraiment de le voir. Or, leur consultation montre que près de 40% des lettres de 1817 renvoient à des problèmes de nature strictement domestique, sous la forme notamment de billets que Beethoven envoie à Zmeskall et surtout à Nanette Streicher. Il en va de même pour l'année 1823, qui comprend un très grand nombre de lettres envoyées aux éditeurs et à d'autres pour l'édition de la *Missa solemnis*. Il convient en cela de prendre avec prudence les données chiffrées qui se présentent dans le tableau suivant qui montre l'évolution des évocations de problèmes de santé année après année.

	Lettres avec problème de santé évoqué	Total de lettres répertoriées	Pourcentage	Remarques
Avant 1800	1	43	2,3%	
1801	3	13	**23%**	
1802	1	12	8,3%	Testament Heiligenstadt
1803	0	19	0	
1804	0	21	0	
1805	2	20	10%	
1806	0	10	0	
1807	6	26	**23%**	
1808	4	29	13,8%	

1809	3	51	5,9%	
1810	7	51	13,7%	
1811	9	49	18,4%	
1812	18	58	**31%**	Lettre Immortelle aimée
1813	10	55	18,2%	
1814	8	63	12,7%	
1815	7	75	9,3%	Mort du frère Carl
1816	21	137	15,3%	Lutte juridique
1817	31	147	**21%**	pour la tutelle
1818	7	51	13,7%	du neveu Karl
1819	11	70	15,7%	
1820	3	44	6,8%	Succès pour la garde de Karl qui s'installe avec Beethoven
1821	7	22	**31,8%**	
1822	13	48	**27%**	
1823	30	134	**22,4%**	
1824	12	86	13,9%	
1825	19	121	15,7%	
1826	8	81	9,9%	
1827	14	24	**58,3%**	

Il faut prendre avec prudence, je le répète, de telles données. Certaines valeurs sont en effet trompeuses parce qu'elles se justifient sur une base totalement étrangère au domaine de la santé. Le 23% de 1801, par exemple, ne signifie pas grand-chose. Trois lettres seulement ont été écrites cette année-là, celles-là mêmes qui comportent l'aveu de la surdité à Wegeler et Amenda. Il en va de même pour l'année 1807 (23% également). Les lettres qu'on y trouve sont de simples informations adressées à deux proches en particulier, Gleichenstein (L 144, p. 188 –« Hier et aujourd'hui, j'ai été très malade. J'ai encore une terrible migraine »- ; L 145, p. 190 -« Je ne vais pas encore très bien » - ; L 146, p. 190 - « D'après le diagnostic de Schmidt, il ne faut pas que je reste ici plus longtemps »-) et Joséphine Brunswick-Deym (L 151, p. 195 – « Ma santé a continué d'être fort mauvaise jusqu'à présent, mais elle commence lentement à s'améliorer »- et L 153, p. 197 –« Ma tête commence à aller mieux »-).

L'année 1812 est particulière, elle aussi. Un peu moins d'un tiers des lettres (31%) de Beethoven comportent l'énoncé d'un problème de santé, certes, mais elles sont rédigées une année où il effectue une cure thermale, en été et en automne, à Teplitz (où il rédige d'ailleurs la fameuse lettre à l'Immortelle bien-aimée) et à Franzensbrunn. En septembre, le compositeur engage un flirt avec la cantatrice Amalia Sebald et il lui écrit, dans l'espace de deux ou trois jours, pas moins de sept lettres où il parle de sa santé au sein d'un jeu de séduction assez explicite (L 382, 383, 384, 385, 388, 389 et 390). Inévitablement, ces billets faussent la donne !

L'année 1821 possède peut-être le deuxième plus grand pourcentage de lettres comportant une référence à sa santé (31,8%) mais le nombre total des lettres envoyées cette année-là est parmi les plus faibles depuis 1807. Là encore, les valeurs sont forcément majorées.

L'année 1822 est assez particulière ! Près de la moitié des lettres qui contiennent une référence à la santé (7/13 exactement) sont adressées à des éditeurs. De fait, il est question cette année-là de l'édition de la *Missa solemnis* dont la composition, on le sait, a pris beaucoup plus de temps que prévu. Ainsi la maladie est-elle souvent évoquée comme argument pour justifier le retard qu'il prend dans son travail.

Durant l'année 1823, pas moins de dix lettres (un tiers de celles qui évoquent un problème de santé) concernent une affection ophtalmique sévère. Beethoven en parle même avec ses amis, comme en témoignent les cahiers de conversation, qui montrent par exemple Schuppanzigh lui conseiller de ne pas se laver les yeux avec de l'eau, ou lui affirmer qu'« un rhumatisme de l'œil est moins grave qu'une leucorrhée. »[1]

Deux années restent donc particulièrement significatives. La première est 1827 où Beethoven, sur son lit de mort, évoque le développement de sa maladie et les traitements qu'il subit. La seconde est 1817 où, comme on le verra plus loin, les problèmes de santé s'inscrivent dans un contexte franchement dépressif.

On aura remarqué que la correspondance de Beethoven, à la période du *Testament d'Heiligenstadt*, ne cible absolument pas de façon significative quelque problème de santé qui serait chez lui présent. Une seule lettre en 1802, et aucune avant 1805 ! Cela est important de le souligner. À la crise de 1802 semble avoir succédé un élan créateur qui donnera naissance aux chefs-d'œuvre de la période que certains qualifient d'*héroïque*. On y trouve en effet six symphonies (de l'*Héroïque* à la *Huitième*, en passant par la *Cinquième* et la *Pastorale*), l'opéra *Léonore*, Les *Quatuors op. 59*, *op. 74* et *op. 95*, le *Concerto pour violon*, l'Ouverture *Coriolan*, la musique pour le drame *Egmont*, la *Sonate à Kreutzer*, les *Concertos pour piano 4* et *5*, les *Trios op. 70* et *op. 97*… Voilà ce qui fait suite à la grande crise d'Heiligenstadt de 1802. Contrairement à ce que pouvait laisser entendre le *Testament*, le désespoir n'a

[1] *Cahiers de conversation (1819-1827)*, Paris, Buchet-Chastel, 2015, p. 261-262.

pas pris le dessus. Au contraire ! C'est à partir de 1815 surtout que la santé de Beethoven semble se détériorer et toucher sa créativité. Il sera alors question, on le verra, d'un autre testament, particulièrement lourd de conséquences pour la fin de sa vie…

Lettres d'excuse…

Le problème de la surdité, on l'a vu, constitue chez Beethoven l'enjeu d'un inavouable. Seuls deux parmi ses proches sont mis au courant. Les autres devront attendre sa mort pour le savoir. C'est ce qu'il fait entendre en tout cas dans le *Testament d'Heiligenstadt*. La question doit être posée : jusqu'à quel point les problèmes de santé tels qu'ils apparaissent dans sa correspondance sont–ils assujettis à la même règle du silence ? *A priori*, l'importance, quantitativement parlant, des lettres qui y font mention semblerait montrer que non. Beethoven en parle régulièrement, et à une multitude de destinataires (on les rencontrera plus loin). Pourtant, la lecture attentive de telles lettres montre que les choses ne sont pas aussi simples.

Certes, c'est à ses proches avant tout qu'il évoque les maladies dont il est atteint. Quoique, encore une fois, les chiffres sont trompeurs. À Wegeler, pourtant médecin de son état, il n'écrit que cinq fois à propos de ses ennuis de santé, parmi lesquels, d'ailleurs, se trouvent les deux références déjà abordées à sa surdité. À Amenda, l'ami fidèle, une seule lettre. À Gleichenstein, cinq. Et encore, la plupart (3/5) sont écrites à la suite, durant l'année 1807. Stephan von Breuning ? Une seule lettre ! Une exception peut-être avec Ferdinand Ries, à qui il envoie huit lettres comprenant une référence à sa santé. Du côté des amitiés féminines, on trouve seulement deux lettres adressées à Joséphine von Brunswick (devenue comtesse Deym), rédigées également à la suite, dans l'année 1807. Quatre à la comtesse Erdödy : une en 1812 (il lui annonce simplement qu'il se trouve à Teplitz pour raison de santé), et trois autres, en 1816 et 1817, importantes celles-là, sur lesquelles on reviendra plus loin. Enfin, on trouve les cinq billets de 1812 à Amalia Sebald. C'est peu pour ce qui concerne les amis proches.[1] La famille ? On compte quatre lettres à son frère Johann et, quand même, neuf lettres à son neveu Karl, la plupart du temps, pour ces dernières, écrites avec un style accusatoire sur lequel je reviendrai. Nul interlocuteur privilégié, donc, avec qui Beethoven partage ses ennuis de santé. Les proches sont concernés, mais pas un en particulier…

---

[1] D'autres proches, moins intimes toutefois, sont concernés par de telles lettres. Je pense à Franz Brentano (5 lettres), Franz von Brunswick (1 lettre), Hauschka (2 lettres), Romberg (1 lettre), la baronne Ertmann (1 lettre), Brauchle (1 lettre), Bernard (3 lettres). Mais je cible ici l'essentiel pour les développements à venir.

Comment comprendre alors qu'il y ait pourtant tant de lettres concernant sa santé qui soient envoyées à ses proches. Tous n'ont pas été cités. Et pourtant, deux personnages ici, peut-être quatre, font figure d'exception.

Il s'agit tout d'abord du brave Zmeskall, expert (pour le compositeur en tout cas) en affaires domestiques et autres, que Beethoven fréquente quasi-quotidiennement et à qui il évoque, en plus de ses multiples soucis matériels, ses problèmes de santé qui, le plus souvent font obstacle à une possible rencontre avec lui. 17 lettres lui sont envoyées en ce sens, et ce tout au long de son séjour à Vienne (la dernière sera écrite sur son lit de mort, le 18 février 1827). Et puis, il y a la bonne Nanette Streicher, qui prend le relais de Zmeskall pour les affaires domestiques à partir de 1816, à un moment où la volonté s'affiche d'accueillir son neveu Karl chez lui. 62 lettres lui sont envoyées durant cette période (dont 49 dans la seule année 1817). Entre celles qui l'interrogent sur la façon de gérer la *domus*, le comportement à tenir devant les domestiques, les problèmes de santé prennent place, la plupart du temps avec l'évocation de la qualité médiocre de la nourriture que lui prépare cette empoisonneuse de cuisinière. Ainsi Beethoven lui écrit-il, automne 1817 : « Je me sens encore mal et je ne trouve guère de consolation à domicile ; hier et aujourd'hui, j'ai vraiment mal mangé. Cette personne [la cuisinière] manque de jugement. Je vous raconterai tout cela… » (L 832, p. 794).

Il est donc clair que les problèmes de santé ne s'inscrivent absolument pas, lorsqu'il écrit à ses proches, sous le régime de la confidence et du secret qui caractérisent, dans le *Testament d'Heiligenstadt*, le problème de la surdité. Ici, Beethoven *expose* ses problèmes de santé dans un contexte avant tout domestique qui justifie leur annonce à qui de droit, c'est-à-dire à qui se trouve concerné par eux et susceptible d'agir en conséquence. C'est Nanette Streicher, c'est Zmeskall, parfois, sur le tard, Schindler (L 1219, L 1276 & L 1565) ou Holz (L 1415 & L 1541) lorsqu'ils lui serviront de secrétaire particulier.

Assez curieusement, en première approximation en tout cas, un nombre important de lettres faisant mention de ses problèmes de santé ont pour destinataire un membre de la Cour. 70 lettres sont ainsi concernées. Il est facile d'en comprendre la raison. Sur ces 70 lettres, 63 sont adressées, la plupart du temps directement,[1] à l'archiduc Rodolphe devenu son élève.[2] Et le plus souvent, il s'agit de billets ayant pour seul but d'excuser son absence. Depuis

[1] Parfois par l'intermédiaire de son chambellan, le baron von Schweiger ou son secrétaire particulier, von Baumeister.

[2] Cf Reniers (Dominique), « Beethoven et l'archiduc Rodolphe », *Beethoven, sa vie, son œuvre, 18*, premier semestre 2016, p. 13-30.

toujours, Beethoven détestait donner des leçons.[1] S'il s'agit de surcroît d'un monarque dont il dépend matériellement ! Près de la moitié de ces billets informent donc l'Archiduc d'un problème de santé qui l'empêche de se rendre auprès de son auguste élève. Ainsi, par exemple, cette succession de billets datés de l'année 1816 (sans autre précision) : « Malheureusement, je suis de nouveau contraint de rester durant quelques jours à la maison » (L 702, p. 703) ; « Me voilà dans la nécessité de garder la chambre. Si désagréable que ce soit pour moi de ne pas avoir l'heur de paraître chez V.A.I., je dois pourtant m'y résigner avec patience » (L 709, p. 707) ; « Je réclame votre indulgence pour ma longue absence. Malgré mon apparence de santé, j'ai vraiment souffert pendant tout ce temps de maladie » (L 710, p. 707) ; « Depuis samedi, mon état a de nouveau empiré, et quelques jours encore devront passer avant que je puisse présenter mes devoirs à V.A.I. puisqu'il me faut prendre toutes les précautions quand je sors » (L 714, p. 709) ; « Une brusque attaque de colique survenue hier soir m'empêche malgré mon désir et la meilleure volonté d'aller aujourd'hui vous présenter mes devoirs » (L 729, p. 718). Chaque fois, Beethoven affirme que son état s'améliore et qu'il sera bientôt en mesure de se rendre chez son Altesse Impériale.

Parfois même, l'autorité du médecin est convoquée pour justifier un horaire, habile façon de se rendre maître de son maître sur le plan matériel (« [Je vous demanderai] de bien vouloir prendre vos leçons dans la matinée, car il m'est rigoureusement interdit par le médecin de me trouver dehors après six heures du soir », - L 852 -, p. 808), quand ce ne sont pas les conditions climatiques (« Déjà, hier, le temps exerçait sa mauvaise influence sur moi. Me voici donc obligé de rester encore aujourd'hui à la maison », - L 1113 -, p. 1085). On le voit bien, lorsque c'est à une autorité monarchique que Beethoven évoque ses problèmes de santé, c'est simplement au titre d'une espèce de mot d'excuse l'empêchant de remplir ses devoirs. Quel est le degré d'exagération dans ces excuses qui sont franchement particulièrement fréquentes ? On ne peut le savoir. Il est probable que l'aversion du compositeur pour toute forme d'enseignement devait l'amener à amplifier, souvent, quelque symptôme mineur surgissant. Diantre, il s'appelle Beethoven !

Un nombre non négligeable de lettres évoquant ses problèmes de santé ont pour destinataires les éditeurs. Cela peut surprendre, là aussi, mais peut s'expliquer tout aussi aisément dans la mesure où, régulièrement en retard pour ses compositions, Beethoven met alors en avant de tels problèmes pour se justifier, tout comme pour les leçons à l'Archiduc. Cela est particulièrement probant lorsqu'il compose la *Missa solemnis*. À Schlesinger, par exemple,

[1] Wegeler (Franz-Georges) & Ries (Ferdinand), *Notices biographiques*, op. cit., p. 34.

l'éditeur de Berlin, concerné avec d'autres pour l'édition de l'œuvre, il écrit, le 7 mars 1821 (L 1050, p. 1011) : « Vous avez sans doute mauvaise opinion de moi mais vous en reviendrez bientôt si je vous dis qu'une forte crise de rhumatisme m'a tenu six semaines au lit. Mais à présent cela va mieux. » Quelques semaines plus tard, il évoque au même Schlesinger une cause externe justifiant l'absence d'amélioration de sa médiocre santé : « Ma santé est toujours chancelante, et il en sera sans doute ainsi tant que je ne pourrai pas aller aux eaux qui m'ont été prescrites par le médecin » (L 1052, p. 1015). Le 13 novembre 1821, il incrimine encore sa mauvaise santé qui l'a empêché d'envoyer à temps les corrections attendues : « J'avais alors la jaunisse, et je me trouvais fort mal » (L 1060, p. 1024).

Il en va de même avec les autres éditeurs concernés par la *Missa solemnis* : Peters, Nägeli, Probst et même le vieil ami de Bonn Simrock. Schott, lui aussi,[1] est concerné, mais dans un sens particulier. C'est à lui, en effet, que le compositeur demandera de lui envoyer cet excellent vin vieux du Rhin que son médecin lui ordonne de boire (L 1553, p. 1483 ; L 1558, p. 1488 ; L 1561, p. 1490). « Ma santé, lui écrit-il quinze jours avant de mourir, qui ne sera pas rétablie de sitôt, requiert les vins que je vous ai demandés, lesquels m'apporteront pour sûr un soulagement, des forces et la santé. »

Auprès des éditeurs autant qu'auprès de son mécène l'Archiduc, les lettres concernant sa santé ont une finalité avant tout stratégique. Annoncer qu'il est malade suit un but précis, celui de justifier un empêchement ou un retard par rapport à ses engagements. Aucune confidence, mais simple justification de bonne intention. Il n'attend en tout cas nulle compassion. De telles références à ses problèmes de santé ont simplement la semblance de simples billets d'excuse pour un devoir qui ne peut être rendu à temps…

En vérité, l'approche globale des lettres qui contiennent une référence explicite à un problème de santé confirme la place particulière qu'occupe la surdité. Dans le *Testament d'Heiligenstadt*, il ne s'agissait pas, pour Beethoven, de s'afficher simplement comme un être souffrant ou malade. Le sort dont il se dit touché l'a atteint à un endroit, un seul, mais sur lequel il fondait tout. Par "*tout*", il faut entendre son art, bien sûr, et il l'écrit clairement dans le *Testament*. Mais on entendra aussi le plus élémentaire des rapports à l'autre dont on a vu la nature foncièrement conflictuelle, au-delà de ce qu'une cécité auditive peut déterminer à ce titre. En cela, il convient de poursuivre l'analyse en se concentrant cette fois sur certaines d'entre elles qui rendent compte de la nature précise que prend ce rapport à l'autre quand la santé est ainsi convoquée.

[1] C'est lui qui éditera la *Missa solemnis op. 123*, mais aussi la *Neuvième symphonie op. 125*.

Les médecins, le double et l'isolement...

Il est remarquable de trouver dans les lettres qui concernent la santé les mêmes éléments qui ont pu être repérés dans le *Testament d'Heiligenstadt* : les médecins sont mis à l'index, à l'exception de celui qui l'a compris. C'était le Pr Schmidt en 1802, mais un autre, comme on va le voir, semble dans la correspondance avoir gagné la confiance de Beethoven. De plus, on retrouve également cette propension typiquement beethovénienne, qui a pu être repérée dans le *Testament* autant que dans la relation qu'il entretenait avec certains de ses amis les plus proches, à tenir l'autre comme un double. Mais surtout, le regard des autres est plus d'une fois convoqué. Cependant, si l'isolement se présentait en 1802 comme le moyen d'éviter le savoir de cet autre à l'endroit de sa surdité, il devient, avec la maladie, proprement insupportable. Enfin, comme on va le voir à présent, la prise en compte des maladies que Beethoven nomme explicitement dans ses lettres lève un voile sur ce qui le hante au plus profond de lui-même, et ce au-delà de toute maladie *stricto sensu*.

Les médecins étaient tenus dans le *Testament* comme des incapables doublés de malhonnêtes, qui le trompaient dans l'espoir d'une guérison envisageable (*Testament*, 9-11). Les lettres confirment la confiance plus que limitée qu'il a pour eux. Ainsi Beethoven écrit-il à Nanette Streicher le 7 juillet 1817 (L 785, p. 761) : « J'ai des doutes sur mon médecin actuel qui a fini par diagnostiquer dans mon état une *affection pulmonaire*[1] » (souligné dans le texte). De façon plus directe encore, il écrira à Zmeskall, deux mois plus tard (L 818, p. 786-787, 10 septembre 1817) : « Je dois aujourd'hui de nouveau aller consulter le médecin de la stupidité duquel je commence à être fatigué. » Ainsi, lorsqu'il écrit à Breitkopf & Härtel (L 380, p. 426, 9 août 1812), à une période où il est en cure thermale : « Mon médecin me chasse d'un endroit à l'autre, dans l'espoir que j'attrape enfin la santé,[2] » on se demande si l'expression « me chasse » ne signifie pas pour lui « me balade » au sens figuré... Devant la lenteur de certaines guérisons, c'est encore le médecin qui est tenu pour responsable. Cela n'est pas, chez Beethoven, nouveau... Qu'il y en ait un qui fasse exception non plus !

Le Pr Schmidt est mort en 1808. Disparu, il restera forcément la référence pour lui. Mais il ne peut plus s'appuyer sur sa compétence et surtout sa finesse d'esprit qui l'avaient amené à s'isoler à Heiligenstadt. Sur le tard de sa vie, en 1826, voilà donc le Dr Braunhoffer en qui il semble mettre toute sa confiance. Cela s'entend : « Je vous suis tellement obligé de vos attentions à mon égard,

[1] Le médecin ici incriminé est le Dr Jakob Staudenheim.

[2] En 1812, Staudenheim était déjà le médecin de Beethoven.

que je me suis toujours tenu dans la mesure du possible à vos prescriptions : vin, café, le tout conformément à votre ordonnance. » (L 1469, p. 1419, 23 février 1826). On trouve trace de cette ordonnance dans un des cahiers de conversation (CC, p. 380). De la main du Dr Braunhoffer, on lit en effet ceci : « Si vous voulez guérir vite, il faut observer la diète prescrite l'an dernier, autrement je ne puis vous prédire combien de temps cela durera / pas de vin, pas de kaffeh (sic) et manger selon nos prescriptions, autant que vous voulez du reste. » On lit même une observation clinique du compositeur en bonne et due forme : « Votre dysenterie[1] est en rapport avec l'affection goutteuse. Pas de rhumatisme aux mains ni aux pieds. Pas d'étourdissements. Goût amer. Battements de cœur. Bourdonnements d'oreilles. » Plus loin encore, Braunhoffer insiste sur la nécessité d'une consommation modérée de café : « Le kaffeh, en tout cas, a un effet nocif sur votre bas-ventre et sur tout votre organisme ».[2] Peut-être la confiance en ce médecin est-elle due à la prise en compte du facteur auditif (bourdonnements d'oreilles) dans l'ensemble du tableau clinique, tandis que les médecins habituels se contentent du traitement isolé d'une maladie particulière. Peut-être donc qu'à l'instar du Pr Schmidt en 1802, qui lui avait conseillé de s'isoler pour ménager son ouïe, le Dr Braunhoffer, pour Beethoven en tout cas, a-t-il *entendu* le malade plutôt que *vu* simplement une maladie.

Mais un autre médecin sera adulé, un court moment toutefois, par le compositeur. Il s'agit du Dr Malfatti, le père de Thérèse, qui eut, tandis que Beethoven agonisait sur son lit de mort, l'idée de lui proposer de consommer du punch glacé. L'effet fut immédiat : « Un vrai miracle ! Voilà ces deux messieurs si férus d'érudition tout déconfits.[3] » (L 1565 à Schindler, p. 1493, 17 mars 1827). L'effet de ce traitement "*miraculeux*", on le sait, sera de courte durée et n'empêchera pas l'entrée de Beethoven dans la dernière phase de la maladie qui l'emportera quelques jours plus tard.

On restera encore un instant avec le Dr Braunhoffer. Dans la même lettre où Beethoven lui témoigne reconnaissance et assurance du respect de ses prescriptions, il ajoute ce point essentiel d'un point de vue psychologique : « N'allez pas négliger votre santé en ne songeant qu'à autrui. Je regrette vivement de ne pouvoir rien vous prescrire en retour et dois vous abandonner à vos propres moyens » (L 1469, p. 1419). On pourrait se contenter de voir là simple formule de politesse sous la forme d'un regret de ne pouvoir, comme on dit, « rendre la pareille » à celui qui lui donne de si bons conseils. On doit y entendre beaucoup plus. Ce retournement n'est pas sans rappeler la

---

[1] Il n'en est jamais fait mention dans la correspondance de Beethoven.

[2] *Cahiers de conversation*, p. 381.

[3] Beethoven vise ici le Dr Wawruch et le Dr Seibert qui furent les premiers à intervenir lorsqu'il tomba malade en revenant de Gneixendorf dans une voiture découverte par un temps glacial.

dimension du miroir qui se présente lorsque Beethoven entretient une relation avec quelqu'un qu'il apprécie particulièrement. On l'a vu déjà à propos de ses amis les plus proches. On le trouve également à plusieurs reprises lorsqu'il est question de sa santé dans sa correspondance. L'expression la plus simple de cette relation en miroir apparaît en effet lorsqu'il s'implique personnellement au moment où il répond à l'autre. Ainsi, en 1815, il écrit à l'archiduc Rodolphe : « J'espère que le mauvais temps n'aura pas eu d'influence pernicieuse sur la santé de V.A.I. ; *à moi, il m'apporte toujours un peu de dérangement* » (L 592, p.604, c'est moi qui souligne). La réponse attendue de l'autre devient motif à ce qu'il réagisse en mettant en avant, en miroir, son propre cas. L'autre doit entendre ce qui le concerne, lui Beethoven, au moment précis où cet autre est sommé de répondre à une question. Cela est banal ! L'honnêteté rudimentaire commande en effet de reconnaître que, le plus souvent, un simple « Comment vas-tu ? » attend le retour de la question ! Pourtant, chez Beethoven, cela semble aller plus loin. Deux lettres en témoignent dont la teneur n'est pas innocente…

Le 13 mai 1816, il écrit à la comtesse Erdödy. Cela fait longtemps qu'il n'a pas pris contact avec elle. La dernière lettre connue qu'il lui a écrite date du 24 octobre 1815. Il espérait déjà avoir de ses nouvelles (L 563, p. 585). Sans doute n'en a-t-il pas eu, aussi lui donne-t-il des siennes : « [vous pourriez croire] que votre souvenir est chez moi tout-à-fait effacé ! », commence-t-il. Et il explique pourquoi il est resté si longtemps sans donner de ses nouvelles : « La mort de mon frère m'a causé un profond chagrin, en même temps que de grands soucis en vue de préserver mon cher neveu de l'influence néfaste de sa mère » (L 633, p. 641). Il affirme avoir peur de mourir, non point parce qu'il redoute la mort, mais parce qu'il a peur de disparaître trop tôt pour Karl, son neveu. La fameuse affaire de sa tutelle est en effet lancée et Beethoven s'y engage complètement, trahissant son aversion pour la femme de son frère, Johanna, en oubliant néanmoins que c'est à une mère qu'il s'adresse dans sa lettre. Voilà le contexte !

Deux jours plus tard, le 15 mai, il lui écrit de nouveau. Il vient d'apprendre par Linke qu'elle a perdu son fils, Fritzl. C'est alors que les choses deviennent intéressantes ! Après la formule consacrée (« Rien n'est plus douloureux que cette séparation soudaine, que rien ne faisait prévoir, de ceux qui nous sont proches et chers »), Beethoven recentre immédiatement le débat autour de la mort de son frère Carl, dont il avait parlé dans la lettre précédente : « C'est ainsi que je ne peux moi-même oublier la mort de mon pauvre frère. » Le « C'est ainsi » ici employé témoigne du glissement direct de la disparition du fils de la Comtesse à celle de Carl. Elle souffre, lui aussi… Mais il revient à la mort de Fritzl : « Mais je prends une part profondément sincère à votre irréparable perte. » Et de nouveau, il revient à lui : « Peut-être ne vous ai-je pas encore dit que depuis longtemps je ne suis pas du tout bien. » Karl, le neveu, est alors convoqué, après le frère Carl, au chapitre de ses préoccupations actuelles. Son rêve était d'attacher Karl à la personne du cher fils de la Comtesse. De là, l'affect de tristesse devient l'enjeu d'un partage : « La mélancolie m'étreint quand je pense à vous et aussi à moi, car j'aimais votre fils » (p. 643). Beaucoup, sans doute, tiendraient la réaction de Beethoven comme pure maladresse. À la mort du fils de la Comtesse Erdödy, il répond en effet que lui-même en a un, bien vivant celui-là, à savoir le fils de son frère qui est décédé lui aussi.

Cependant, là encore, beaucoup de choses se disent ! La mort d'un autre enfant semble renvoyer en miroir à la naissance de sa position imaginaire de père vis-à-vis de son neveu (il ne cessera en effet de l'afficher en ces termes). Beethoven exprime à travers cette relation spéculaire avec l'autre (ici, la comtesse Erdödy) le drame qu'il s'apprête à vivre : l'affect lié à la mort de son frère Carl demeure, identique, en s'instituant au cœur de sa relation avec son neveu Karl. Fritzl, le fils Erdödy, se retrouve au lieu précis d'un interstice qui a pour bords la perte irréparable, celle d'un frère qui est mis dans la continuité du fils mort, et le bonheur tout aussi insupportable d'une paternité imaginaire. On aura l'occasion de le voir plus loin, il s'agit là de la manifestation d'un *fantôme*[1] dont on verra qu'il est déjà bel et bien là au cœur du *Testament d'Heiligenstadt*. On réservera cette question pour plus tard,

C'est de Karl justement qu'il est question dans une autre lettre où la logique du double se présente de façon autrement inquiétante. Juin 1826, il est devenu un jeune adulte, mais les conflits ne cessent pas avec son oncle qui oscille régulièrement entre une tendresse extrémiste et aveugle, et son rejet brutal à l'occasion de la moindre contrariété qui le concerne. Ici, une énième fois, le compositeur veut pardonner à ce qu'il considère comme de l'égoïsme chez son neveu. Surtout, il tient ce propos essentiel aux effets psychologiques désastreux : « Ne t'attarde pas à ce qui ferait *ton* malheur et *me* coûterait la vie prématurément » (L 1489, p. 1433, souligné dans le texte). Il faut prendre la mesure de l'équivalence qui se trouve ici posée : « Ton malheur » est situé dans la continuité directe de « Ma vie ». Beethoven se pose ici au lieu d'un *savoir* absolu, ce savoir dont on a pu voir l'importance dans le *Testament d'Heiligenstadt*. Lui seul sait ce qui serait le malheur de l'autre, ici son neveu. Qu'il aille ailleurs que là où ce savoir pose les choses et c'est la fin ! Non pas la fin de l'autre, coupable, mais la sienne ! C'est là que le *double* se présente. Le fautif aura à porter le poids de ce qu'il en aura coûté de ne pas s'aligner sur ce savoir tout-puissant. Ainsi, s'il continue dans la mauvaise direction, Karl

---

[1] Au sens psychopathologique de terme, s'entend ! J'y reviendrai dans la dernière partie de ce travail.

portera la culpabilité de la mort de son oncle pour le restant de ses jours. La suite est connue ! La mort prématurée ne sera pas celle proférée en menace dans la lettre. Elle prendra la forme d'une tentative de suicide tout juste quelques semaines après cette lettre, le dimanche 30 juillet 1826. Dans ce savoir tout-puissant prôné par son oncle, il ne restait pour Karl d'autre possibilité que celle de lui prouver que ce savoir restait impuissant à tout prévoir !...

Cette logique du double, qu'on a rencontrée plus haut déjà, est un trait typiquement beethovénien. On la repère donc ici tandis que le problème de santé se trouve évoqué dans certaines lettres adressées à ceux qu'il apprécie particulièrement : le Dr Braunhoffer, la comtesse Erdödy, Karl... Assurément, derrière la maladie avancée dans la correspondance, se profile de plus en plus nettement une autre scène, celle-là même qui est au cœur du *Testament d'Heiligenstadt*. L'autre, on l'a vu, est forcément un ennemi potentiel, même s'il est son meilleur ami. C'est pour cela que l'amitié "*tient*" à proportion de la distance qui est établie avec lui. Beethoven ne peut aimer un autre qu'à la condition que la différence soit abolie. L'autre sera *avec* lui, au sens figuré, aussi longtemps que son chemin sera celui du compositeur. Vient-il à en emprunter un autre, il devient *contre* lui ! L'ami, pour reprendre la célèbre formule de Guitry, est "*tout contre lui*" ou "*contre lui*". C'est pour cela que la fonction de père imaginaire auprès de son neveu Karl était si importante à ses yeux. Inscrit dans une descendance fantasmatique (Beethoven ne cesse de dire qu'il est le père de son neveu), Karl se voit attribuer une fonction de fils sans que la différence soit établie par la présence d'une mère. Ainsi, cette paternité ne pouvait tenir. La relation ne peut être en effet que duelle et en cela ne peut que faire objection à toute évolution du neveu-fils, sans trop savoir toutefois qui, de l'oncle ou du neveu, sera le plus perdu dans cette affaire... On y reviendra.

On notera pour l'instant qu'il était bel et bien question, déjà, de filiation dans le *Testament d'Heiligenstadt*, celle qui concernait la « digne lignée des artistes » (*Testament*, 59). Voilà désormais qu'avec Karl, cette filiation se présente sur les coordonnées du réel, celui d'un enfant dont il veut être le père sans qu'il puisse être tenu comme son fils...

En tout cas, c'est à proximité de cette perte que l'autre est convoqué dans certaines lettres où Beethoven fait mention de ses problèmes de santé. Cela ne doit pas étonner chez un homme qui tient l'isolement comme seul remède au sentiment d'être rejeté par les autres, quitte à être pris pour un ennemi ou un misanthrope, comme on l'a vu dans le *Testament d'Heiligenstadt*. Cela étonnera d'autant moins avec ce qui vient d'être vu de l'impossibilité foncière d'être face à un proche qui, à un moment ou à un autre, finit inévitablement par afficher la différence dans son désir.

En 1802, le ton était ferme. Il fallait l'isolement pour que sa surdité ne se sache pas mais aussi, on l'a vu, parce que là seulement, dans le lointain, l'autre demeure *vivable*. Cependant, en 1807, Beethoven écrit à Joséphine Brunswick-Deym : « Ma tête commence à aller mieux et ainsi la solitude dans laquelle je vis est plus grande » (L 153, p. 197). Être mal, c'est devoir s'isoler… Aller mieux, c'est souffrir de se sentir seul ! Beaucoup plus tard, le propos est plus explicite. Il écrit le 22 octobre 1816 à Steiner : « Personne ne s'enquiert de ma santé, et pourtant me voici alité depuis huit jours » (L 665, p. 676). L'isolement semble prendre progressivement le visage de l'abandon. Plus tard encore, l'amer sentiment de se sentir oublié de tous entraîne l'inversion du programme d'isolement nécessaire qui prévalait en 1802 : « Aussi longtemps que je serai malade, j'aurai besoin d'autres rapports avec d'autres personnes. J'ai beau en général aimer la solitude, elle me fait mal en ce moment » (L 785 à Nanette Streicher, p. 761, 7 juillet 1817).

Il est évident que la solitude a dû peser à certains moments de sa vie. Mais Beethoven est un solitaire, fondamentalement ! Pourquoi donc prend-elle, sur le tard de sa vie, cet atour abandonnique ? De telles allusions se présentent en 1816 et en 1817, c'est-à-dire à un moment crucial où Beethoven vient de perdre son frère (en novembre 1815) et revendique pour lui seul la tutelle de son neveu. C'est pour cela, sans aucun doute, que la solitude lui devient insupportable. L'idée de vivre avec Karl, sous l'égide d'un "*seul à deux*", s'impose progressivement à lui. Mais le jeune garçon est encore en pension, et cela n'est encore qu'un projet ! Ce n'est au demeurant certainement pas un hasard que ce soit Nanette Streicher qu'il convoque justement pour toute affaire domestique, et à qui il confie en même temps son désir d'être avec d'autres personnes. Entendez, avec son neveu Karl ! Cependant, la satisfaction, quelques mois plus tard, d'avoir son neveu auprès de lui au quotidien sera loin de mettre un point final à son tourment. C'est dans le lointain que persiste le désir. On l'a maintes fois vu chez Beethoven. Le proche tue ! Et ce dont il dit manquer, en 1816 ou en 1817, se traduira alors sous la forme d'une multitude de reproches adressés à son neveu qui aura le tort, par exemple, de ne pas lui écrire aussi souvent qu'il le souhaite. Il le dit très clairement à Bernard : « Sa manière d'agir [de Karl] avec moi est exactement affligeante et ne laisse pas d'avoir des conséquences funestes pour ma santé. Il aurait dû m'écrire depuis dimanche. C'est en vain que je lui ai déjà écrit trois lettres : aucune réponse » (L 1387, p. 1338, 10 juin 1825).

La suite est importante. Si Karl ne lui écrit pas, c'est sans doute, ajoute-t-il, « parce qu'il a dû le corriger ». Et voilà l'essentiel : « Cette façon de se conduire, je ne l'avais encore expérimenté que chez son père défunt, une brute que je couvrais également de bienfaits » (p. 1338). La confusion identificatoire est ici probante, cautionnée par le « également » qui se rattache aux bienfaits qui concernent tant le neveu que le frère du compositeur, mais aussi par le « brute » qui peut concerner indifféremment l'un et l'autre, voire Beethoven lui-même qui se pose bien comme l'agent de la correction infligée à Karl autant que, jadis, à son frère Carl…

Assurément, on ne saurait trouver meilleure illustration, dans une telle centration chez Beethoven sur les manquements de Karl dans le quotidien, de cette paternité impossible. Point de tiers dans la relation à ce fils imaginaire. Point de femme-mère… On comprend en cela que, dans le rapport à son neveu, se dresse une personne qui a le pire défaut à ses yeux, celui d'être mère dans le réel en dressant en cela la différence. Elle s'appelle Johanna. Elle est l'épouse de… Carl. Seule l'orthographe signe la différence entre le père et le fils Karl. C'est voir combien cela devient complexe dans l'économie psychique du compositeur qui ne trouve d'autre issue que celle de se poser, envers et contre ce réel, comme père et mère à la fois. Mais "*être tout*", c'est se condamner à être seul et abandonné de tous… Ne l'écrivait-il pas déjà dans le *Testament* : « Mon malheur est redoublé tandis que je dois devenir presque un inconnu. »

On trouve là les éléments essentiels de ce qui n'a cessé de hanter Beethoven, dont la relation avec le neveu Karl, avec l'issue tragique qu'on connaît, constitue la scène finale. Ce qui le hante ainsi, en effet, n'est pas nouveau. On en trouve même les traces discrètes dans le *Testament d'Heiligenstadt*. Cela donne en tout cas l'occasion d'aborder justement un dernier aspect, essentiel, de la maladie chez Beethoven telle qu'elle prend place dans sa correspondance. Un fantôme, on va le voir à présent, s'y fait entendre bel et bien…

Le fantôme poitrinaire…

Certaines lettres de Beethoven contiennent une désignation précise de la maladie dont il se dit affecté. J'en ai dénombré 78 dans l'ensemble de ses lettres. Il est assez facile de distinguer celles qui se présentent épisodiquement ou à une période précise, de celles qui, à l'opposé, se retrouvent tout au long de sa vie.

Parmi les maladies qu'on qualifiera de ponctuelles, on trouve un état migraineux (4 lettres : 2 en 1807, une en 1810 et une dernière en 1811), une inflammation catharrale (5 lettres : une en 1816, 2 en 1823 et 2 en 1825), l'hydropisie évidemment associée à sa dernière maladie (3 lettres en 1827), des rhumes accompagnés ou non de fièvre qui sont souvent évoqués en rapport avec ses conditions de vie ou avec le temps viennois (une lettre en 1808 et en 1809, 2 lettres en 1811, une lettre en 1813, 1814, 1816 et 1817). Il faut ajouter une inflammation ophtalmique sévère qui eut lieu en l'année 1823 (10 lettres) et au début de l'année suivante (2 lettres), ainsi que quelques problèmes aux extrémités (un panaris qui semble avoir failli lui coûter un doigt –2 lettres en 1808- ; et des douleurs aux pieds –une lettre en 1810 et une autre en 1811-). Enfin, le rhumatisme est évoqué dans les dernières années de sa vie (une lettre en 1821, 3 en 1823, une en 1825 et 1826). Ces problèmes de santé sont de peu d'intérêt dans ce travail, car ils témoignent simplement qu'un génie peut avoir, lui comme un autre, mal à la tête ou souffrir de rhumatisme.

Beaucoup plus intéressantes sont les maladies qui sont évoquées assez régulièrement dans sa correspondance et qui témoignent en cela d'une fragilité qui peut être tenue comme relativement indépendante de conditions contingentes (le temps ou les conditions de vie, par exemple). À ce titre, deux maladies méritent une attention soutenue : celles qui relèvent de la sphère alimentaire d'une part, et celles qui concernent le respiratoire d'autre part.

Les troubles de l'abdomen sont de loin les plus fréquemment mentionnés dans la correspondance de Beethoven. Ils couvrent de surcroît l'intervalle de 1801 à 1825. Il en a été question déjà dans la lettre à Wegeler où il avouait sa surdité. À cette époque, le compositeur attribuait la cause de celle-ci à son abdomen en soulignant que celui-ci était déjà dans un état déplorable avant de quitter Bonn (L 51, p. 67). Les bains tièdes ordinaires du Danube lui firent le plus grand bien, mais pour ses maux de ventre seulement, son ouïe ne s'améliorant pas, voire empirant. Beethoven évoque régulièrement, dans sa correspondance, des crises de colique, parfois violentes (L 124 -1805- ; L 165 -1808- ; L 729 -1816-), parfois aussi des diarrhées sévères (L 1059 -1817- ; L 1187 -1823-). Par moments, l'insistance devient suspecte sur leur gravité. Ainsi, à l'archiduc Rodolphe, il écrit en septembre 1814 (L 493, p. 518) : « Ma santé malheureusement vient d'être fort ébranlée par suite d'une inflammation intestinale, durant laquelle je fus presque aux portes de la mort. » À Pringer, le 13 mai 1825, il écrit (L 1370, p. 1326) : « Les suites de mon inflammation intestinale se font sentir chez moi ; je suis si faible que c'est à peine si je peux marcher et encore bien moins travailler. Que Dieu m'assiste ! » Exagération ou pas, il est incontestable que la sphère intestinale a constitué de toujours une fragilité essentielle chez Beethoven. Le fait qu'il tienne, dans la lettre de 1801 à Wegeler, ses troubles intestinaux comme responsables de sa surdité le confirme nettement. Depuis son jeune âge, peut-être depuis son enfance, avant en tout cas qu'il ne s'installe à Vienne, il vit avec eux et doit les supporter.

La question, évidemment, pourrait être posée de l'influence néfaste qu'a pu avoir une hygiène de vie plus que discutable sur le plan alimentaire. Il se plaignait régulièrement à Nanette Streicher des horreurs que sa cuisinière lui préparait pour les repas. Il le dit aussi à son frère Johann, le 19 août 1823 : « Je suis arrivé ici [à Baden] avec un estomac délabré et un terrible rhume, le premier dû à mon archi-salope de gouvernante, le second à cette grosse bête d'aide-cuisinière » (L 1231, p. 1198-1199).[1] Un estomac délabré doublé d'une fragilité chronique sur le plan intestinal, voilà qui justifiait au demeurant le régime du Dr Braunhoffer dont il a été question plus haut.[2]

La pathologie pulmonaire dont Beethoven fait mention à plusieurs reprises dans sa vie, va nous mener beaucoup plus loin. La sphère respiratoire, comme on va le voir, est en effet entachée d'un autre *indicible* que celui lié à sa surdité. Les lettres qui contiennent une référence à une maladie pulmonaire sont certes moins nombreuses que celles qui viennent d'être vues à propos du registre abdominal : neuf lettres seulement ! Cependant, leur contenu est autrement important et va permettre, par un chemin tout-à-fait inattendu, d'entrevoir ce qui, dans la dernière partie de ce travail, constitue un point essentiel du *Testament d'Heiligenstadt*.

Une lettre, une seule, contient une référence à un problème de santé avant 1800, et il s'agit d'un problème pulmonaire dont Beethoven se croit atteint. Curieusement, il n'en sera plus question avant 1816 (1 lettre) et surtout 1817 (4 lettres). On la retrouvera ensuite en 1822 (1 lettre), 1823 (1 lettre) et enfin 1825 (1 lettre). On pressent déjà que, contrairement aux lettres concernant un trouble abdominal, les maladies du registre pulmonaire vont être subordonnées à une tout autre logique. Et pour cause ! Contrairement aux maladies abdominales, elles sont en effet fondamentalement liées à ce qui est de l'ordre de l'*événement*. Ce qui n'est pas sans interroger leur importance sur le plan proprement psychologique.

C'est en effet à un moment très précis que se rapporte la toute première référence aux problèmes pulmonaires : la maladie de sa mère. De retour à Bonn, début de l'été 1787, et pressé par les messages de son père qui décrivent son état désespéré, Beethoven a dû faire escale à Augsbourg où il fait la connaissance de von Schaden, avocat de son état et dont l'épouse est excellente pianiste et cantatrice. Il est assez extraordinaire de voir que le début de la lettre adressée à von Schaden est identique à celui du *Testament d'Heiligenstadt*. Le regard de l'autre est convoqué en guise d'introduction : « Ce que vous pensez de moi, il m'est facile d'en juger ; que vous ayez des motifs bien fondés de me voir sous un jour défavorable, impossible pour moi de vous contredire » (L 1, p. 3, 15 septembre 1787). Dans le *Testament*, l'Autre ne savait pas la "*raison secrète*" (*Testament*, 3) de son apparente

[1] On notera l'inversion des accusations dans la formule qui tient la gouvernante pour responsable de son estomac délabré et la cuisinière pour responsable de son rhume.

[2] Au chapitre des troubles abdominaux, il convient de mentionner également une jaunisse qui se présente à deux reprises, la première dans une série de lettres à l'archiduc Rodolphe en juillet 1821 (L 1017, L 1054 & 1055) et la seconde à Duncker en février 1823 (L 1139).

misanthropie. Ici aussi, von Schaden ne *sait* pas la raison pour laquelle il a pu passer à ses yeux sous un jour défavorable. Sa santé, écrit-il, s'est mise à décliner tandis qu'il approchait de sa ville natale dans l'espoir d'y trouver sa mère encore vivante. « Le désir de pouvoir voir ma pauvre mère balayait chez moi tous les obstacles et m'aidait à triompher des pires difficultés. » Il arrivera juste à temps pour la découvrir dans un état pitoyable. « Elle était poitrinaire et elle est morte il y a environ sept semaines après de longues souffrances et une pénible agonie » (p. 3-4).

Il est intéressant de voir que Beethoven se dit malade (« Ma santé s'est mise à décliner ») en guise de justification auprès de von Schaden, tandis qu'il se rend auprès d'une malade. On retrouve ici la logique du *double* soutenue de façon très claire par un mécanisme identificatoire. La suite de la lettre le confirme très nettement. Sa mère est déclarée « poitrinaire » et voilà qu'il se dit atteint de crises d'asthme. Plus encore, il craint qu'une phtisie ne se déclenche chez lui… On verra par la suite l'importance de cette identification qui est au cœur d'une problématique centrale chez le compositeur.

Pendant des années, il ne sera plus question de tels problèmes pulmonaires. Il faut attendre 1816 pour en retrouver la trace. Le 11 juillet 1816, il écrit à l'archiduc Rodolphe (L 640, p. 649) : « Les conditions de ma poitrine jusqu'à présent m'ont empêché de le faire [se mettre à son service à Baden] malgré tous les efforts de mon médecin qui ne m'a pas autorisé à quitter Vienne. » Curieux ! L'Archiduc se trouve précisément à Baden, ce qui constituait une occasion idéale de se faire soigner ![1] Il serait en vérité étonnant que son médecin l'en ait empêché ! Nouvelle lettre d'excuse ? Mais alors, pourquoi prendre pour motif, soudain, des problèmes de poitrine ? Un examen des lettres qui environnent celle à l'Archiduc permet de le comprendre. Quelques mois plus tôt, le 28 février 1816, il écrivait à Ries : « Je n'étais guère bien durant un certain temps, la mort de mon frère a eu des répercussions sur ma santé et aussi sur mes nerfs » (L 615, p. 627). Surtout, on observe dans la suite de la lettre la même logique du *double*, vue plus haut dans celle envoyée à la comtesse Erdödy à l'occasion de la mort de son fils Fritzl. Salomon, un vieil ami de Bonn qui se trouvait à Londres en 1816, vient de mourir, et Ries est chargé des problèmes relatifs à sa succession. Voici alors ce qu'écrit Beethoven : « Vous êtes devenu exécuteur testamentaire et, en même temps, moi tuteur de l'enfant de mon pauvre frère défunt. Difficilement de cette mort vous sera-t-il dérivé autant de contrariétés que j'en ai eues. Mais j'ai en même temps la douce consolation d'avoir sauvé un pauvre petit innocent des griffes d'une mère indigne » (L 615, p. 627-628). C'est quasiment la même réaction

[1] Il dit explicitement, plus tard, à son neveu Karl qu'il aimerait « faire tout son possible pour se rendre à Baden et s'y faire soigner » (L 1401, p. 1353).

que celle qui se présente dans sa lettre à la comtesse Erdödy vue plus haut.[1] Surtout, il est question ici aussi de Karl, le neveu, pour lequel il lutte pour en être le tuteur exclusif.

La maladie poitrinaire prend une place plus importante encore en 1817. De plus, se présente un trait d'écriture tout-à-fait nouveau qui ne se rencontre pour aucune des autres maladies évoquées. Beethoven se met en effet à *dater* le jour où la maladie est apparue. À Simrock, le 15 février 1817, il écrit qu'il est très malade d'une fluxion de poitrine *depuis le 15 octobre* (L 759, p. 742) ; à Kanka, fin mars : « Depuis le 15 octobre, une fluxion de poitrine a fondu sur moi » (L 771, p. 750) ; à Neate, le 19 avril : « Depuis le 15 octobre une longue maladie est tombée sur moi » (L 778, p. 759). Avec la comtesse Erdödy, le 19 juin, il se montre même plus précis : « Après m'être senti mal constamment depuis le 6 octobre 1816, une fluxion de poitrine m'a contraint à rester au lit depuis le 15 octobre » (L 783, p. 757-758). Une telle datation, incontestablement, montre que le problème poitrinaire est relié à un événement. Pourquoi, sinon, ne l'aurait-il pas fait pour les autres maladies ? Mais de quel événement s'agit-il ? On va bientôt le découvrir…

Quelques semaines plus tard, le 7 juillet 1817, un propos tout-à-fait inattendu se présente dans une lettre (déjà vue plus haut) envoyée à Nanette Streicher. Beethoven affirme avoir des doutes sur son médecin qui a diagnostiqué à son endroit une *affection pulmonaire* (L 785). Lui qui ne cessait d'y faire mention, voilà qu'il le conteste dès lors qu'elle devient partie prenante du savoir médical. C'est assez, je crois, pour comprendre l'enjeu avant tout psychologique qui constitue le cœur de ce type de maladie chez lui.

Il se croyait atteint de la phtisie de sa mère mourante. Or, les problèmes pulmonaires sont de nouveau mentionnés dès 1816. Que s'est-il passé ? La réponse est claire : le 15 novembre 1815, son frère est décédé… *de phtisie*… On retrouve donc le déplacement de l'événement de la mort de sa mère au niveau de son frère Carl. On comprend d'autant mieux alors que, le plus souvent, les références aux problèmes pulmonaires soient à proximité de l'adoption de son neveu Karl. C'est ce qu'on a vu dans la lettre adressée à Ries (L 615) ainsi que dans celle écrite à la comtesse Erdödy (L 634 mais aussi L 783).

On voit donc l'association étroite qui se présente entre la mort, celle de sa mère ainsi que celle de son frère, et les problèmes pulmonaires. La place que ceux-ci occupent, indépendamment de leur réelle apparition, répond indiscutablement d'un processus identificatoire l'amenant à souffrir de ce que

[1] Cette lettre à Erdödy, je le rappelle, était écrite le 15 mai 1816, après, donc, celle envoyée à Ries.

l'autre, perdu, avait comme maladie l'ayant mené au tombeau. La position paternelle se confirme ici dans son absence radicale. C'est la mère, avant tout, qui constitue l'enjeu identificatoire. La mort de Carl, le frère, a eu pour effet d'en raviver le fantôme.[1] Et on peut deviner que l'adoption de Karl constituera pour le compositeur un enjeu bien plus important et bien plus complexe que ce qu'il est classique de lire à son propos.

En tout cas, de cet examen des problèmes de santé chez Beethoven tels qu'ils ressortent de sa correspondance, c'est ce point-là, celui qui convoque la mort et l'avènement d'une place impossible de père (par rapport au neveu Karl), qui est le plus significatif, et qui peut être entendu en relation étroite avec ce qui reste en mystère du *Testament d'Heiligenstadt*. La série des testaments, dans la vie de Beethoven, se pose d'ailleurs bien là... Il y eut celui de 1802, dit "*d'Heiligenstadt*". Il y aura celui du frère Carl, en 1815, qui concernera (en des termes au demeurant très peu clairs quant à la place de la mère !) l'adoption du neveu Karl. Mais aussi, plus tard, en 1823 (L 1151, p. 1120, lettre à l'avocat Bach), se présentera celui qui instituera ce dernier comme son héritier universel.[2] En vérité, les problèmes de santé ne sont pas sans révéler l'existence d'une scène qui relève du registre familial, plus exactement d'une perte insupportable ayant déterminé une identification au trait maladif maternel en l'espèce de sa maladie pulmonaire. Cette perte, on dira pour l'instant que c'est celle de sa mère et on la retrouvera au cœur de ce qui constitue la question du fantôme beethovénien. Je soulignerai simplement ici que son ombre pèse de tout son poids sur la question de l'adoption du neveu qui est étroitement liée à la mort, de la même maladie que celle dont sa mère souffrait, du frère Carl.

La surdité, la mort et les morts...

Un si long détour à travers les problèmes de santé de Beethoven pourrait sembler avoir éloigné du *Testament d'Heiligenstadt*. Il n'en est rien ! Non seulement ce détour a permis de confirmer que, là aussi, le rapport conflictuel aux autres constitue l'enceinte véritable dans laquelle ces problèmes de santé tels qu'évoqués dans sa correspondance prennent leur authentique portée, mais aussi, ils ont permis, notamment avec les problèmes pulmonaires, de

[1] On verra plus loin que la simple mort de la mère ne suffit pas, cependant, pour justifier pleinement cette identification au trait maladif de la mère.

[2] Ce testament de 1823 admettra un codicille le 3 janvier 1827, confirmant le choix de Beethoven de tenir son neveu comme seul héritier de ses biens : « Je déclare, avant de mourir, Karl van Beethoven, mon bien-aimé neveu, héritier universel de tout ce que je possède en biens et propriétés, entre autres notamment sept titres bancaires et ce qui se trouvera en fait de valeurs. » (L 1547, p. 1477).

découvrir la présence d'un véritable fantôme dont on verra qu'il n'est pas totalement étranger au *Testament d'Heiligenstadt*. Reste à voir, au chapitre de la santé chez Beethoven, le cas évidemment particulier de la surdité. Celle-ci est particulière, en effet, et pour deux raisons. Contrairement d'une part aux multiples problèmes de santé dont il vient d'être question, qui parsèment pas moins d'une lettre sur six dans l'ensemble de sa correspondance, elle ne figure dans celle-ci qu'à de très rares occasions, et presque toujours dans un contexte particulièrement significatif. D'autre part, et cela ne surprendra pas si on se souvient justement du *Testament* de 1802, c'est avec elle que la question de la mort est évoquée. Certes, elle a pu l'être, de façon tout-à-fait exceptionnelle, dans le descriptif que le compositeur donne parfois d'une de ses maladies, dans une dramatisation voulant mobiliser l'attention sur lui ou justifier de façon d'autant plus persuasive tel ou tel manquement ou absence. De fait, on vient de le voir, une seule maladie sera associée à la mort (ou aux morts) : celle dont moururent sa mère en 1787 et son frère en 1815. Il est question, pour la surdité comme pour ces morts, d'un indicible dont on trouve la trace dans les lettres du compositeur…

Parler d'une maladie qu'on a contractée, de ses problèmes abdominaux ou d'une toux persistante par exemple, convoque avant tout le regard du médecin et attend la réponse de son savoir. Parler en revanche de sa surdité est beaucoup plus complexe. L'acte même de s'adresser à un autre, pas forcément son médecin, n'est soutenu par aucune garantie qu'il entende ce qu'on lui dit puisque sa réponse ne le sera précisément pas par soi-même. On n'est pas éloigné, en soi, de cette logique du *double* qui a été vue plus haut : le sourd ne peut savoir si l'autre ne l'est pas également puisqu'il n'entend rien de la réponse qu'il donne à la question qui lui a été posée. Dans le cas de Beethoven, le problème de la surdité, tout au moins la place qu'il lui attribue dans son économie subjective, va bien au-delà de ce type de "malentendu chronique" qui se retrouve constamment chez les individus atteints de cécité auditive. Les lettres qui y font mention le montrent très clairement.

Elles sont peu nombreuses (j'en ai répertorié 10) et elles sont adressées à un nombre encore plus restreint de personnes : des amis proches, Wegeler notamment (3 lettres), le seul à avoir reçu à ce titre plus d'une lettre, Amenda, le vieil ami de Bonn Romberg, Zmeskall, Erdödy, le précepteur de ses enfants Brauchle, mais aussi la famille, le frère Johann et le neveu Karl recevant chacun une lettre faisant état de la surdité. Dix lettres donc pour huit destinataires. C'est voir, déjà, que la surdité n'est pas facilement évoquée, bien moins en tout cas que ses problèmes abdominaux ou autres. On ne saurait s'en étonner ! On se souvient en effet que Beethoven réclamait le plus grand secret à son sujet, tandis qu'il en annonçait pour la première fois l'existence à Wegeler et à Amenda, en 1801.

Même les cahiers de conversation font montre d'une très grande réserve à propos de la surdité. Il y est quelquefois fait mention, mais uniquement lorsqu'il est question des progrès réalisés pour son traitement. Ainsi, par exemple, Oliva qui écrit le traitement original qu'un étranger appliqua à sa femme sourde : « On prend des radis noirs frais qu'on vient d'arracher à la terre et on le frotte sur du coton qu'on met dans l'oreille. Cela doit être recommencé aussi souvent que possible. Toujours avec du radis noir frais. Il a été témoin lui-même que sa femme, grâce à ce moyen simple, a retrouvé l'ouïe au bout de 4 semaines ».[1] De son côté, Andreas Streicher (le mari de Nanette) s'échine à inventer des appareils acoustiques particuliers qui, par contact physique avec l'instrument, lui permettraient d'entendre sa musique quand il est au piano.[2]

Les lettres, seules, présentent un aspect plus intime et plus engagé dans la mesure où c'est à Beethoven que revient l'initiative d'écrire à un particulier en évoquant sa surdité, et ce forcément dans un contexte précis. C'est ce contexte qu'il est important de cerner ! On va voir en effet qu'à chaque fois, il fait *entendre* bien plus que ce que le contenu de la lettre dispense comme information relative à son infirmité. Hormis les deux fameuses lettres de 1801 à Wegeler et à Amenda, celles concernant sa surdité restent sporadiques et semblent donc tributaires de circonstances plus que de quelque pression interne à devoir en parler. C'est ce que montre le tableau ci-dessous :

1801	**1809**	**1810**	**1815**	**1817**	**1822**	**1825**
-Wegeler -Amenda*	-Johann (frère)	-Wegeler	-Brauchle	-Erdödy -Zmeskall*	-Romberg	-Karl (neveu)
L 51 & L 54 L 53*	L 205	L 256	L 550	L 783 L 790*	L 1072	L 1401

Ces lettres qui évoquent la surdité laissent entrevoir trois thématiques qui se retrouvent dans le *Testament d'Heiligenstadt*. Il s'agit d'une part, encore une fois, de la relation aux autres dans ce que la surdité peut compromettre et générer à ce niveau. Il s'agit également de la mort, entendue ici au sens précis d'une velléité suicidaire. Il s'agit enfin de l'inscription dans une lignée familiale.

[1] *Cahiers de conversation*, p. 40.

[2] Idem, p. 143 & 155-157.

Même si on a pu voir qu'elle n'était absolument pas à considérer comme simple effet de la surdité, la relation aux autres est quasiment toujours présente lorsque Beethoven y fait mention dans ses lettres. On a pu voir déjà, dans les lettres de 1801, en des termes fort semblables, d'ailleurs, à ceux qu'on trouve dans le *Testament*, le nouage entre surdité et isolement social. « Depuis près de deux ans, j'évite les rapports sociaux, puisqu'il m'est impossible de dire à mes interlocuteurs : Je suis sourd ! » (L 51, p. 67-68), écrit-il à Wegeler. On se rappelle aussi qu'il disait à Amenda : « Aussi dois-je vivre parmi des hommes aussi misérables, aussi égoïstes que Zmeskall, Schuppanzigh et leurs pareils » (L 53, p. 72). On a vu que, pour faire face à cette situation intolérable, Beethoven choisissait l'isolement (« Je ne puis m'exposer en société que si la plus grande nécessité l'exige » -*Testament*, 22-).

Cependant, les années passant, cet isolement semble apparemment laisser place à une volonté de renouer le contact avec la société des hommes (« J'ai beau en général aimer la solitude, elle me fait mal en ce moment » -L 785 à Nanette Streicher, 1817-), quand les circonstances ne l'y contraignent pas. Pourtant, à Brauchle, il se plaint de cette « calamité d'ouïe » et ajoute immédiatement « ne trouver guère que souffrances à fréquenter son prochain » (L 550, p. 576-577). Dans la longue lettre qu'il écrit à la comtesse Erdödy, le 19 juin 1817 (L 783), il se plaint de ses facultés auditives « qui ont encore empiré » (p. 758). Mais il ajoute un peu plus loin : « Car il m'est difficile de m'occuper de moi-même, je m'adresse à l'un ou à l'autre, toujours traité d'une manière désagréable et la proie de malhonnêtes gens » (p. 758). Quelques semaines plus tard, il tiendra un propos similaire à Zmeskall (L 790, p. 767) : « Par suite de ma surdité, je suis d'ailleurs au désespoir d'être condamné à passer la plus grande partie de mon existence avec cette classe de gens ; la plus décriée de toutes et, en partie, dépendre d'elle. » Ici, ceux avec qui Beethoven se dit si mal sont clairement identifiables : ce sont ses domestiques dont il se plaint régulièrement, notamment durant cette année 1817, à Zmeskall mais aussi, on l'a vu, à Nanette Streicher. Dans la lettre qu'il écrit à Karl, le 15 juillet 1825, Une autre "*classe de gens*" est identifiée. Le neveu y est chargé d'écrire aux éditeurs pour l'édition de ses œuvres. Et Beethoven ajoute ceci : « Marchander est difficile pour moi, mais j'y suis contraint. Quel découragement j'éprouve en me sentant si seul au milieu de tous ces gens ! » Mais un peu plus loin, sans rapport apparent avec ce qu'il vient d'avancer, il évoque son souhait de « faire tout son possible pour améliorer son ouïe » (L 1401, p. 1353).

Il est intéressant de s'arrêter un instant sur la lettre à Erdödy du 19 juin 1817. Au-delà de cette détestable nécessité de dépendre des autres, souvent malhonnêtes, qu'il y affiche, Beethoven ajoute combien il lui serait bénéfique que la Comtesse l'accueille chez elle : « Si je pouvais être un certain temps avec de vieux amis qui, en dépit de manigances infernales de certaines gens, *me* sont restés toujours fidèles *comme moi avec eux*, peut-être la santé me serait-elle rendue en même temps que la bonne humeur » (L 783, p. 759, souligné dans le texte). En 1802, face à sa surdité, le Pr Schmidt lui avait prescrit un isolement à la campagne. Ici, en 1817, il ne s'agit plus tant pour Beethoven de s'isoler que de *retrouver* ceux qui lui sont chers, c'est-à-dire de vieux amis. On notera que Beethoven évoque ici la *fidélité* comme il le fit dans le *Testament* en évoquant celle de son frère Carl (« Je te remercie encore pour la fidélité dont tu as fait preuve envers moi ces derniers temps », -*Testament*, 69-71-). On sent cependant, dans la lettre à Erdödy, qu'une telle fidélité admet la menace provenant de tiers, qui s'alignent sur les gens malhonnêtes qu'il cite quelques lignes plus haut. « Les manigances infernales de certaines gens » risquent à tout instant de nuire à cette fidélité. Des conflits avec la Comtesse, il y en eut (avec qui n'en a-t-il pas eu, d'ailleurs ?). Il suffit de parcourir la lettre qu'il lui envoie en mars 1809 (L 207) pour s'en rendre compte : « J'ai commis une faute, il est vrai. Pardonnez-moi. Ce n'était certes pas méchanceté voulue de ma part si je vous ai froissée ». Ce tiers convoqué lorsqu'une dispute se présente avec un proche a été repéré plus haut, dans certaines lettres que Beethoven écrivait à Ries ou à Stephan von Breuning. La formule qu'il emploie dans la lettre à Erdödy reprend d'ailleurs, presque à l'identique, celle qu'il employait face à ce dernier (« Ce n'était pas méchanceté, ce qui m'a poussé à intervenir contre toi (...) Des personnes s'interposèrent entre toi et moi » -L 98, p. 133-). C'est la même formule qui s'est présentée dans une autre lettre encore, envoyée à Wegeler suite à une dispute avec lui (« Ce n'était pas de ma part une méchanceté volontaire et préméditée qui m'a fait me conduire ainsi avec toi » -L 15, p. 25-).

Chez Beethoven, ce genre de dispute devient presque signature d'une amitié véritable. Le lointain, on le sait, est la règle nécessaire pour celle-ci. C'est ce qu'on trouve encore une fois avec Romberg auprès de qui, après avoir évoqué ses problèmes d'oreilles, Beethoven entame une succession d'excuses pour ne pas pouvoir l'entendre ni le voir : « La nuit dernière, j'ai été repris par les habituels maux d'oreilles dont je souffre en cette saison. » C'est la raison pour laquelle, poursuit-il, il ne pourra l'entendre jouer ce jour-là. Précision obligée : « Ne l'attribue qu'à cela si tu ne me vois pas en personne » (L 1072, p. 1039). Cela s'appelle une dénégation ! Beethoven traduit son désir de ne pas le voir tout en anticipant la réaction de son ami vis-à-vis de son absence.

On le voit bien, évoquer dans ses lettres sa surdité s'inscrit forcément dans une relation de très grande proximité avec celui à qui il s'adresse. Celui-ci devient le gardien du secret (Wegeler, Amenda) ou celui qu'il convoque au titre de témoin de sa souffrance à devoir supporter les autres. Il peut être aussi celui qu'il aimerait rejoindre. C'est ce qu'on a pu voir au demeurant avec la lettre du 29 juin 1801 à Wegeler (« Je considère le temps où je pourrai vous revoir, saluer de nouveau notre père le Rhin, comme un des événements les plus heureux de ma vie » -L 51, p. 65-66-), mais aussi, de façon beaucoup plus "*décousue*", dans celle à Amenda du 1er juillet 1801 (« Si, dans six mois, mon infirmité s'avère incurable, je ferai appel à toi et alors tu devras tout quitter pour venir me rejoindre » -L 53, p. 73-). On vient également de le voir avec la comtesse Erdödy qui, en vieille amie, saura lui permettre d'aller, sinon mieux, à coup sûr moins mal, malgré les manigances des malhonnêtes gens.

Il faut une nouvelle fois insister sur ce "*tiers malfaisant*" qui figure dans la lettre à la Comtesse. Il s'agit certes de ceux qui, aux yeux du compositeur (et peut-être uniquement aux siens !), ont pu générer quelque désordre entre lui et un autre. Mais aussi, il se retrouve au cœur des lettres qui contiennent une référence à la surdité adressées cette fois à un membre de sa famille. Le 28 mars 1809, il écrit à son frère Johann : « Que Dieu donne à notre digne frère, au lieu de son insensibilité, un peu de sensibilité. J'ai à souffrir sans cesse à cause de lui. Avec ma fâcheuse surdité, j'aurais pourtant besoin de quelqu'un, et à qui dois-je me confier ? » (L 205, p. 245). Le frère est ici interpelé au moment où, dans le contexte de sa surdité qu'il rappelle, il affirme se sentir abandonné par l'autre frère. On aura noté que la fin de la lettre (« … et à qui dois-je me confier ? ») situe Johann à la fois comme témoin, c'est-à-dire *tiers*, de l'abandon de Carl, et comme celui qui constitue l'adresse paradoxale d'une confession. Il confie en effet ne pas savoir à qui se confier… Ce qui laisse entrevoir la place toute particulière que ce frère Johann occupe pour Beethoven. N'est-ce pas son nom qui, dans le *Testament d'Heiligenstadt*, laissait justement place à un blanc ? Cela est un point évidemment essentiel qui aura à être repris plus tard…

Dans la lettre à son neveu Karl, le même schéma se présente. Il est question d'un livre que Johann a emprunté à un artiste mécanicien du Graben (L 1398, p. 1351) mais le livre n'est toujours pas rendu. Curieusement, la surdité se trouve intercalée entre cet incident et la plainte formulée à l'endroit du frère Johann : « Ne manque pas de remettre la lettre à mon frère de manière que le livre puisse être rendu. Quel vilain tour ! Et en outre, j'aimerais faire tout mon possible pour améliorer mon ouïe. Et à Baden je devrais bien avoir le temps de le faire. Quelle situation malheureuse, et d'avoir un tel frère ! » (L 1401, p. 1353). À Johann, Beethoven se plaignait de Carl. Ici, à Karl, c'est Johann qui se voit à son tour critiqué.

Assurément, lorsqu'il fait mention de sa surdité, le conflit est toujours au rendez-vous ! Ce sont les autres en général, les domestiques (lettre à Zmeskall), les éditeurs (lettre à Karl), voire l'évocation d'une menace qui pèse sur la relation avec celui à qui il écrit (lettres à Erdödy et à Romberg), ou un frère (lettres à Johann et à Karl). Bref, se pose un tiers constamment indexé par lui. Pareil cas de figure s'est déjà présenté dans son rapport avec ses proches. Aussi serait-il excessif de tenir la surdité comme responsable de telles réactions. Il ne faut cependant pas conclure trop vite ! Car il est une lettre, d'une importance cruciale dans ce débat, qui reste à envisager, et elle va permettre de toucher du doigt ce qui sera développé dans la dernière partie de ce travail. Cette lettre est adressée le 2 mai 1810 à Wegeler, l'ami de toujours.

Encore une fois, on y retrouve la même logique que celle présente dans le *Testament d'Heiligenstadt*. Beethoven, en effet, commence en interrogeant le regard de l'autre : « Je serais presque tenté de penser que ces lignes provoqueront de la stupeur chez toi. Et pourtant, bien que tu n'en aies aucune preuve par écrit, tu es toujours vivant et présent dans mon souvenir » (L 256, p. 297). Il se rappelle donc à son bon souvenir et contre d'emblée tout éventuel reproche relatif à son silence de plusieurs années. Comme pour se faire pardonner de cette faute de ne pas lui avoir écrit plus tôt, il ajoute qu'il a un manuscrit pour lui, qu'il compte lui envoyer cet été. La logique de *double* s'annonce déjà ! En effet, il envisage de lui envoyer ce manuscrit mais, plus loin dans la lettre, il demande à son vieil ami de lui envoyer un document d'une importance très grande dont on verra la nature plus loin. Il s'agit d'un « Reçois donc pour que je reçoive à mon tour ce que je te demande de m'envoyer ! », en quelque sorte...[1]

Le contact avec les autres est alors évoqué, dans le sens d'un isolement qui ne peut plus tenir : « Depuis deux ans environ, écrit-il, j'ai dû renoncer à la vie calme et tranquille, et j'ai été entraîné violemment vers la vie mondaine, mais je n'en ai retiré rien qui vaille, plutôt est-ce même le contraire. » Que s'est-il passé deux ans plus tôt qui a pu ainsi l'avoir forcé à rompre cet isolement protecteur qu'il évoquait dans le *Testament* de 1802 ? On ne saurait être sûr sur ce point. Peut-être fait-il référence à la proposition du Roi de Westphalie de devenir son maître de Chapelle. La première lettre qui fait référence à cette proposition date en effet du 1er novembre 1808.[2] Un tel projet de départ a mobilisé en effet, par l'intermédiaire de Gleichenstein et de la comtesse Erdödy, trois monarques pour lui assurer une rente annuelle afin qu'il reste à Vienne.[3] Cette mobilisation a sans doute entraîné chez Beethoven moult démarches qui l'ont forcé à reprendre contact avec la vie mondaine. Mais ce n'est là qu'une hypothèse...

---

[1] On se rappellera que, dans la lettre du 29 juin 1801 (L 51, p. 69), il demandait au même Wegeler de lui envoyer le portrait de son grand-père contre le sien en retour...

[2] Lettre à Gleichenstein (L 179, p. 223).

[3] Les trois monarques en question sont l'archiduc Rodolphe, le prince Lobkowitz et le prince Kinsky.

Il poursuit sa lettre en évoquant sa surdité : « Je serais heureux, peut-être un des plus heureux entre les humains, si le démon n'avait sa demeure dans mes oreilles. » Et il ajoute immédiatement ceci d'essentiel : « Si je n'avais lu quelque part que l'homme ne doit pas prendre volontairement congé de la vie, tant qu'il peut encore faire une bonne action, depuis longtemps je ne serais plus, et cela par ma propre main. La vie est si belle, mais elle est pour moi à jamais empoisonnée. » C'est la première fois, dans sa correspondance en tout cas, que Beethoven évoque le suicide depuis la rédaction du *Testament d'Heiligenstadt.* Il est difficile de savoir si c'est la surdité qu'il vient d'évoquer ou le fait d'être forcé à devoir rompre son isolement protecteur qui en est ici la cause. Sans doute les deux interviennent-ils au titre de source de cette velléité suicidaire énoncée à Wegeler. L'entendre ainsi rejoint au demeurant le contenu du *Testament d'Heiligenstadt* qui situait d'emblée le drame de la surdité au niveau de son incidence sur son rapport aux autres.

Mais l'essentiel reste à venir. Juste après avoir évoqué cette idée de suicide, Beethoven demande à Wegeler de lui envoyer son *extrait de baptême*. La question ne sera pas ici de savoir pourquoi il demande un tel document. On sera sensible déjà à la juxtaposition d'un désir de mourir et d'une telle demande concernant sa naissance. Mais c'est souvent dans de telles contradictions que l'essentiel parvient à se faire entendre…

Ce qu'il ajoute en effet fournit l'horizon dans lequel il faut entendre et ce souhait de mort et cette demande : « J'attire l'attention sur un point : avant ma naissance, j'ai eu encore un frère qui s'appelait lui aussi Ludwig, avec l'adjonction du prénom de "Maria", mais il est mort.[1] » On touche là un élément essentiel de l'économie subjective de Beethoven. Il est une nouvelle fois question d'un mort. Après la mère, après le frère Carl, voilà un autre frère mort, cette fois avant sa naissance. C'est un frère, comme Carl, mais il porte le prénom de sa mère, Maria…[2] *Il condense donc pour Beethoven les deux morts, l'un par le statut (c'est un frère), l'autre par le prénom (Maria), tout en portant le même prénom que lui : Ludwig…* L'idée du suicide que Beethoven évoque à Wegeler semble liée à cette référence au frère mort (c'est la première fois qu'il en fait mention dans sa correspondance). De là, un pas de plus est accompli pour cerner ce qui semble bel et bien *hanter* Beethoven et qui donne à la mort qu'il mentionne ici (à travers son idée de suicide et le frère mort), peut-être aussi dans le *Testament d'Heiligenstadt*, son véritable visage. La dernière partie de ce travail sera consacrée à cet indicible qui le hante. Je n'en dirai ici qu'un mot.

---

[1] Ludwig-Maria, le premier-né des parents de Beethoven, ne vécut que six jours, du 2 au 8 avril 1769.

[2] La mère de Beethoven avait pour prénom Maria-Magdalena.

Déjà, la logique du *double* dont a vu à plusieurs reprises la présence semble trouver son point d'origine. Au cœur de ses relations avec ses proches, mais aussi, plus largement, avec cet "*Autre*" indéfini qui est interpellé au début du *Testament*, semble se trouver cet autre Ludwig identifié à la mère par le prénom et qui se rappelle à travers la mort de l'autre frère, Carl, en 1815. La question mérite alors d'être posée de la présence de ce "*fantôme*" dès le *Testament d'Heiligenstadt*. Il y est question, en effet, d'un prénom absent, ce qui n'est pas sans rappeler celui, également absent, d'un autre "*Ludwig*" avec lequel, Beethoven l'écrit très clairement dans sa lettre à Wegeler, il est souvent confondu. Il l'est au point qu'il lui est impossible de savoir l'âge exact qui est le sien : « Pour préciser exactement mon âge, il faut d'abord rechercher celui [l'extrait de naissance] du premier, car je sais qu'il en est résulté, grâce à d'autres, une erreur. On m'a cru plus âgé que je n'étais. Malheureusement, j'ai vécu un certain temps sans savoir moi-même quel était mon âge. J'ai eu un livret de famille, mais il s'est égaré, Dieu sait comment » (L 256, p. 297-298). Avec de tels éléments, dont on prendra l'exacte mesure plus loin, les questions qui se posent à propos du *Testament d'Heiligenstadt* se voient redoublées. À la question, essentielle en soi, de savoir *à qui* ce document était adressé s'ajoute donc cette seconde question, tout aussi cruciale, de savoir *au nom de qui*, en vérité, sur des coordonnées inconscientes, il a été écrit ?

En tout cas, la question de la mort se présente comme indissociable de sa naissance. Le style de la lettre le montre bien : au conditionnel qui se rattache à l'idée du suicide (« Si je n'avais pas lu que l'homme ne doit pas prendre volontairement congé de la vie ») répond celui, implicite, que Wegeler *pourrait* trouver un extrait de baptême qui n'est pas le sien (« Si tu trouves celui de Ludwig-Maria, ce n'est pas le bon »). Au-delà d'une simple velléité suicidaire se révèle donc bien une faille qui se rattache à son nom, c'est-à-dire à son origine entendue au sens symbolique.

La surdité, dans la correspondance de Beethoven, est donc régulièrement associée au conflit avec les autres. Cela constitue, si j'ose dire, la "*partie visible*" du problème. Mais elle admet également la question centrale du suicide. Et à ce titre, il faut reconnaître le poids que peut avoir eu cette confusion d'identité avec celui qui était mort avant lui, qui portait le même prénom que lui tout en admettant également celui de sa mère, Maria. On est loin, en vérité, de quelque passage à l'acte projeté comme simple réponse dans le réel à un inacceptable, fût-il celui de sa surdité…

De suicide, il sera question également dans une lettre que Beethoven écrit à Zmeskall le 21 août 1817 : « J'apprends avec regret que votre santé laisse à désirer. Quant à moi, je suis souvent au désespoir et tenté de mettre fin à mes jours, car on ne verra sans doute jamais le terme de toutes mes infirmités » (L 805, p. 778). Nous sommes alors en 1817, l'année noire de sa vie. Il vient de s'installer près de l'établissement des Giannatasio où Karl, son neveu, est pensionnaire. Il fomente le projet de s'installer avec lui. Que dit-il à Zmeskall après avoir évoqué son désir de mettre fin à ses jours ? Que son domestique *le vole* ! (p. 778), comme Johanna, la mère de Karl, tente à cette époque de lui voler son neveu.

De plus, c'est à cette période qu'il dit à Fanny Giannatasio del Rio : « Un mauvais homme que celui qui ne sait pas mourir ! Je le savais déjà quand j'étais enfant de quinze ans ![1] » À deux ans près (mais pour un homme qui, comme on vient de le voir, ne connaît pas son âge, cela n'a pas grand poids !), c'est l'année de la mort de sa mère : 1787 !... D'ailleurs, la même Fanny raconte également[2] que Beethoven crachait souvent dans son mouchoir et le regardait ensuite avec grande attention comme s'il craignait d'y trouver des traces de sang, des traces de phtisie donc, celle dont sa mère mourut. 1817 est l'année où, pour le pire plus que pour le meilleur, Beethoven se pose comme père et mère de son neveu. La mort est ainsi intimement liée à ce qui, dans cette filiation strictement imaginaire qui exclut toute différence, rappelle à la fois le *double*, c'est-à-dire le premier frère mort Ludwig-Maria, et sa mère qui le hante jusqu'au prénom qu'elle a laissé en empreinte indélébile sur celui de son double mort. Cela, je le rappelle, prend corps sur la base de la mort de son frère Carl, en 1815, atteint de la même phtisie qui emporta jadis sa mère.

Beethoven suicidaire ? Dans le *testament d'Heiligenstadt*, il soulignait que l'art, lui seul, l'avait empêché de commettre l'irréparable, et évoquait l'importance pour lui d'appartenir à la "*lignée des dignes artistes*". La suite, à savoir la mort de son frère et l'affaire de la tutelle de son neveu réveillant le fantôme de Ludwig-Maria, montre clairement qu'il en allait déjà de bien plus qu'une simple envie d'en finir avec une situation devenue insupportable, celle de sa surdité et de ses effets dans son rapport aux autres. C'est dans l'après-coup que peut se comprendre le *Testament d'Heiligenstadt*. Il comporte en effet les germes de ce qui, pour loger au fond de lui de toujours pour le hanter, attendra la mort de Carl et son testament, pour se réveiller et lui rappeler que son prénom est amputé de celui de sa mère, Maria. C'est pour cela qu'il vit tandis que l'autre est mort avant lui. C'est pour cela aussi que cette vie est hantée par ce double qu'il va désespérément tenter de retrouver dans les traits de Karl. Et c'est lui, finalement, qui tentera de mettre fin à ses jours,[3] réalisant ce que Beethoven posait aux yeux de l'autre comme désir le concernant...

L'idée de la mort, chez Beethoven, est donc étroitement liée à la question de la filiation. C'est ce que montrera la tutelle du neveu Karl qui semble

[1] In Prod'homme (Jean-Georges), *Beethoven raconté par ceux qui l'ont vu*, op. cit., p. 85.
[2] Idem, p. 83.
[3] Karl tentera de se suicider en juillet 1826.

réveiller le fantôme de Ludwig-Maria, mais c'est aussi ce que révélait déjà le *Testament d'Heiligenstadt* qui soulignait chez lui l'importance de son inscription dans la lignée, de facture exclusivement symbolique celle-là, des artistes. Son art l'aura sauvé, écrivait-il, quand le mort, Ludwig-Maria, portait la couleur du blanc, c'est-à-dire la couleur d'un espace réservé, dans le *Testament* par trois fois,... *à un frère...*

On verra plus loin, dans la dernière partie de ce travail, qu'il s'agit ici d'un simple premier pas vers la compréhension de ce blanc dans le *Testament.* D'autres éléments décisifs permettront d'aller bien plus loin dans l'analyse qui n'est ici qu'esquissée...

III) L'ÉVÉNEMENT...

La troisième question du *Testament d'Heiligenstadt* est en soi beaucoup plus ciblée et appelle à un développement plus concis que pour les questions précédentes : pourquoi Beethoven rédige-t-il ce document en automne 1802 ? Sa surdité, alors, n'est pas récente. Il situe lui-même son apparition six ans plus tôt (*Testament*, 7) ou un peu moins (« Être forcé, à l'âge de 28 ans, de devenir philosophe, n'est pas chose facile pour un artiste[1] » -*Testament*, 51-52-). Il en a de surcroît déjà parlé sous le sceau du secret à Wegeler et à Amenda en témoignant d'ailleurs, surtout dans la lettre adressée à ce dernier, d'une agitation considérable (« Tu devras tout quitter pour moi... »). Le *Testament* aurait donc pu être écrit bien plus tôt. Pour quelle raison donc Beethoven a-t-il pris l'initiative de sa rédaction en automne 1802 seulement ?

Une première hypothèse peut à ce propos être posée : c'est la première fois qu'il se rend durablement à la campagne, loin du monde, dans le but explicite de soigner son ouïe malade, sur le conseil du Pr Schmidt qui avait saisi la nécessité pour lui d'un isolement. Toutes les lettres qui précèdent l'automne 1802, depuis 1796 en tout cas, proviennent de Vienne. L'apparition de la surdité ne peut qu'être rattachée à la capitale autrichienne où il a acquis en même temps ses premiers titres de gloire. Mais maintenant, seul à Heiligenstadt, le temps est au bilan rétrospectif sur son avancée artistique qui trouve justement en la surdité grandissante le plus terrible obstacle. Cela en soi pourrait suffire à justifier que le *Testament* ait été écrit en automne 1802 et pas avant... Mais une analyse plus approfondie va permettre d'aller bien plus loin.

[1] Beethoven a, je le rappelle, 31 ans lorsqu'il rédige le *Testament d'Heiligenstadt*.

Le pivot du Testament

La structure de son texte révèle cependant un élément qui, sur cet horizon introspectif renforcé par l'isolement physique, semble pouvoir être tenu comme un facteur déclenchant pour sa rédaction. Un rappel succinct des thèmes qui s'y succèdent le montre fort bien. Une première partie s'adresse, on l'a vu, à un Autre indéfini (*Menschen*) et cela en trois temps : 1) L'interpellation de son regard injuste et de son non-savoir quant à ce qui justifie son attitude de repli par rapport aux autres. 2) L'énoncé de sa surdité comme phénomène d'autant plus grave pour l'artiste qu'il est. 3) La solution qui s'offre à lui en l'espèce d'un isolement que seule la plus grande nécessité peut rompre.

Pourtant, soudain, Beethoven recentre son discours sur le présent relatif de son séjour à Heiligenstadt. Depuis six mois (en fait depuis quatre !) « il en a été ainsi » (*Testament*, 33). Et c'est alors qu'il raconte un incident dont la nature est immédiatement et explicitement rattachée à une idée de suicide (42), et ce pour revenir à une interpellation de l'Autre indéfini du départ, qui prend dans un premier temps le visage de la divinité (54) pour se recentrer sur le *Menschen* (« Ô Hommes, quand vous lirez un jour ceci... » -55-56-). Et ce n'est qu'à partir de là qu'il en vient à s'adresser à ses frères en leur demandant, par l'intermédiaire du Pr Schmidt, de faire connaître à la postérité les raisons précises qui ont pu amener les autres à le juger si injustement.

La structure globale du *Testament* semble donc admettre un pivot central qui isole un événement très précis entre deux interpellations de l'Autre, avant de s'adresser aux frères. Le schéma récapitulatif suivant le montre fort bien :

		« Ô Hommes, vous qui me prenez ou me faîtes passer pour... » (1)
		« Vous ne savez pas la raison qui est... » (3)
I	**I-32**	« ...que je souffre d'une infirmité durable... » (10)
		« ...qui m'oblige à devoir m'isoler... » (13-14)
		« ...sauf quand la plus grande nécessité m'en empêche » (28-29)
II	**33-53**	*Narration de l'incident qui conduit à la verbalisation d'une idée de suicide*
		« Divinité, Tu sais le bien qui est en moi » (54-55)
III	**54-60**	
		« Ô Hommes, quand vous lirez ceci » (55-56)
IV	**61 et s.**	« Vous, mes frères Carl et... » (61)

L'incident en question occupe donc une place pivot dans le texte du *Testament*. Situé entre deux parties ayant pour adresse l'Autre indéfini, il convoque soudain un personnage particulier (« ...quand quelqu'un se trouvait auprès de moi... » -38-) et ouvre finalement à l'évocation explicite d'une idée suicidaire. Il me semble en cela constituer le motif essentiel de la rédaction du *Testament*, sinon dans son seul contenu, au-moins dans l'initiative qui appartient à cet automne de l'an 1802.

On connaît l'événement en question qui est l'un de ceux les plus souvent mentionnés dans les biographies beethovéniennes : « Mais quelle humiliation quand quelqu'un se trouvait auprès de moi et entendait une flûte au loin et que je n'entendais rien, ou quand quelqu'un entendait les chants d'un berger et que je n'entendais rien là non plus » (*Testament*, 37-40). Cet événement concerne sa surdité située néanmoins à deux niveaux. Il s'agit d'une part de ne pas entendre ce qui relève de la musique (le son d'une flûte, le chant d'un berger), ce qui situe le problème dans le cadre très précis de sa condition de musicien. À Wegeler, Beethoven soulignait déjà en 1801 le profit que pourraient tirer ses ennemis s'ils apprenaient sa surdité (L 51, p. 68). Il lui écrivait également le frein que sa surdité constituait pour sa carrière (« N'était mon ouïe, j'aurais déjà depuis longtemps parcouru la moitié du monde » -L 64, p. 76-). C'est le musicien qui semble touché, avant tout... Mais la scène qu'il raconte va plus loin !

Le savoir de Ries...

On l'a vu plus haut, ce n'est pas tant la surdité comme simple "*infirmité physique*" qui le tourmente que la possibilité qu'elle puisse être découverte par l'autre. Il réclamait le plus grand secret à son endroit auprès de Wegeler et d'Amenda, ce qui sous-entendait qu'il gardait encore une certaine maîtrise sur ses manifestations en public (les autres peuvent encore le prendre pour un distrait, écrit-il à Wegeler –L 51, p. 68-). Dans le *Testament*, d'ailleurs, il est question avant tout d'un *savoir* (« Vous ne savez pas la raison secrète de ce qui se présente ainsi à vos yeux » -*Testament*, 3-4-) qui ne sera délivré qu'après sa mort. Or, qu'un autre découvre cette surdité à son insu devient forcément catastrophique pour lui. Cela devient en effet la preuve qu'il ne parvient plus forcément à donner le change quant à son infirmité qui devient observable de l'extérieur. Elle le devient, certes, mais reste encore limitée. Car s'il n'entend pas le son d'une flûte ou un chant *au loin*, il entend encore celui qui, à côté de lui, lui dit l'avoir entendu. Il s'agit donc de musique, mais qui s'inscrit dans le lointain. Il le disait bien, à Wegeler toujours : « Pour te donner une idée de cette étrange forme de surdité, je te dirai qu'au théâtre, je dois me tenir *tout près de l'orchestre* pour comprendre ce que dit l'acteur » (L 51, p. 68, c'est moi qui souligne). La menace prend donc corps que sa surdité puisse désormais être surprise par l'autre, l'assignant ainsi à une place d'impuissance quant à la maintenir secrète.

C'est là, je crois, la portée exacte d'une scène qui a conduit Beethoven, au-delà de quelque espoir perdu quant à l'amélioration de son ouïe, au désespoir et l'a amené à rédiger le *Testament*. On comprend d'ailleurs d'autant mieux que le regard des autres y soit d'emblée convoqué. C'est un Autre indéfini, certes, mais qui peut néanmoins être identifié sur un point, celui d'être dans la possibilité de la découverte de sa surdité. Ses ennemis parmi les artistes pourront en profiter (« Que diraient-ils s'ils le savaient ? » -L 51, p. 68-), mais aussi lui-même, Beethoven, affirme qu'il ne pourra plus profiter « ...des discussions pleines de délicatesse » (*Testament*, 26-27). C'est pourquoi il craint de surcroît de devenir un inconnu dans la "*lignée des artistes*" (59) mais plus largement (il l'ajoute dans le texte), il redoute de ne plus pouvoir parler parce qu'il est devenu pour lui impossible de se mêler à la moindre communication en société, aussi légère, aussi futile fût-elle. En cela, le *Testament d'Heiligenstadt* n'est pas simple aveu, à l'Humanité, d'une infirmité auditive ! *C'est avant tout l'aveu d'un échec, celui de ne pouvoir tenir plus longtemps secrète sa surdité*. Et le désir évoqué du suicide vient précisément ponctuer l'impossibilité de maintenir ce secret.

On pourrait en rester là concernant le motif de la rédaction du *Testament d'Heiligenstadt*, mais il est nécessaire d'aller plus loin. Il est possible en effet d'identifier celui qui se trouvait à son côté dans la scène en question. Ferdinand Ries, en effet, la mentionne *in extenso* dans les *Notices biographiques*[1] : « C'est dans une de ces promenades vagabondes que Beethoven me donna la preuve frappante de la perte de son ouïe, dont Stephan von Breuning m'avait déjà parlé. Je lui fis remarquer un berger qui, dans un bois, jouait fort joliment d'une flûte de bois de sureau. Beethoven resta pendant une demi-heure sans pouvoir rien entendre et, bien que je l'assurasse que moi non plus je n'entendais rien, ce qui n'était pas vrai du tout, il devint extraordinairement taciturne et sombre. » Il est impossible de savoir si le chant du berger mentionné dans le *Testament* appartient à la même scène ou à une autre qui aurait eu pour inévitable effet de redoubler l'intensité du choc éprouvé auprès de Ries. Il est assuré en tout cas que celui-ci fut bel et bien présent à celle qui concerne le son d'une flûte dans le lointain.[2]

---

[1] Wegeler (Franz-Gerhard) Wegeler & Ries (Ferdinand), op. cit., p. 130.
[2] Faut-il y voir une relation directe ? Le 1er novembre 1806, Beethoven écrit à l'éditeur anglais Thomson que la flûte est pour lui « un instrument trop borné et imparfait » (L 136, p. 172).

À propos de Ries, il est important de s'arrêter sur un incident qui se déroula avec lui à la période du séjour à Heiligenstadt de 1802. Cet incident comporte deux temps. Le premier pourrait sembler purement anecdotique, mais il a son importance dans l'après-coup. À l'initiative de Beethoven, Ries se trouva engagé chez le comte de Browne au titre de pianiste chargé d'exécuter le soir les dernières compositions du compositeur que le Comte admirait particulièrement. Un soir, il improvisa une *Marche* de son propre cru en la faisant passer pour l'une des dernières productions de Beethoven, ce qui satisfit pleinement l'assemblée. Connaissant cependant l'irritabilité de son maître en matière musicale, il s'empressa de le prévenir de sa farce. Il fut même forcé, le lendemain, et cette fois en présence du compositeur, de rejouer la *Marche* de mémoire. Devant le succès de la prestation de son élève, Beethoven, mi-embarrassé, mi-amusé, finit par éclater de rire. Plus tard, il dira à Ries : « Voyez-vous, mon cher Ries ! Voilà les grands connaisseurs qui veulent juger toute musique avec tant d'exactitude et de sévérité ! Qu'on leur donne seulement le nom de leur favori, il ne leur en faut pas davantage.[1] » Cependant, la *Marche* que Ries avait improvisée eut un tel succès que le comte de Browne demanda aussitôt à Beethoven d'en composer trois pour piano à quatre mains. C'est ainsi que naquirent les *Marches op. 45*.

Mais c'est alors que les problèmes se présentèrent. Il y eut en effet un violent éclat avec Ries à propos de l'édition de ces *Marches*. Ries les aurait données à graver au comte de Browne sans l'accord du compositeur, ce qui rendit ce dernier tellement furieux qu'il refusa un moment à le recevoir à Heiligenstadt : « Ayez la bonté de m'informer s'il est vrai que le comte de Browne a déjà donné les deux Marches à graver. Je suis impatient de le savoir. J'attends de vous la vérité sans retard. Vous n'avez pas besoin de venir à Heiligenstadt puisque je n'ai pas de temps à perdre. » (L 61, p. 84-85, lettre à Ries, été 1802). Le ton de la lettre est sans équivoque. Derrière la question qui y semble posée, Beethoven martèle qu'il *sait* tout de l'affaire. C'est pour cela qu'il n'a pas de temps à perdre en le recevant.

Ries ne fait pas mention d'un tel incident. Maladresse ? On ne saurait dire.[2] Il n'hésitera pas, en revanche, de mentionner dans les *Notices*, un autre incident qui concerne cette fois l'*Andante favori*[3] qu'il fut le premier à entendre, un jour qu'il était auprès de Beethoven. Or, il fit croire que ce

---

[1] Wegeler (Franz-Gerhard) Wegeler & Ries (Ferdinand), idem, p. 121.

[2] Maladresse ou malhonnêteté ? Thayer (op. cit., p. 350) rappelle que Ries a pris l'initiative un peu plus tard, en 1806, d'arranger ses *Quatuors op. 18* ainsi que les *Trios op. 9*, pour trio avec piano. Mais cela est une affaire qui n'a rien à voir avec l'édition des *Marches op. 45*.

[3] Ce morceau était initialement le second mouvement de la *Sonate op. 54* (dite "*Waldstein*") mais son succès fut tel qu'une édition à part lui fut réservée.

morceau était composé par le prince Lichnowsky qui l'interpréta peu après devant Beethoven à partir d'une exécution de mémoire, la veille, par lui.[1]

En tout cas, le fait qu'il raconte que la demande du comte de Browne ait suivi sa propre invention d'une *Marche* révèle une certaine ambiguïté quant à l'identité, posée par lui, de l'origine véritable de l'*op. 45*. Certes, Beethoven éclata de rire devant l'initiative de son élève. Mais apprendre de surcroît qu'il les avait, encore une fois de sa propre initiative, données à graver sans son autorisation, devenait à ses yeux proprement inacceptable. Agir "*dans son dos*" est le pire qu'il puisse éprouver ! Et ce notamment en cette période d'été 1802 où il se trouvait dans les affres du désespoir en fonction de sa surdité qui l'empêchait de savoir ce que l'autre entendait, voire décidait à l'endroit de ce qui le regardait. On comprend alors d'autant mieux l'intensité de sa réaction lorsque Ries lui signifia qu'il entendait, lors d'une promenade, le son d'une flûte ou le chant d'un berger au loin, que lui n'entendait pas. Ce fut le "*pas de trop*" ! *Il* entend ce que je n'entends pas ; *Il* sait désormais que je suis sourd ! Pas de temps à perdre, en effet, avec un proche qui sait ce que lui veut qu'on ne sache pas, et qui agit à propos de ses œuvres sans qu'il le sache…

Mais Ries ne fut pas le seul, à cette période, à se voir ainsi accusé par Beethoven concernant l'édition de ses œuvres. Un autre l'est tout autant, sinon davantage, et on l'a déjà rencontré dans les analyses qui précèdent : il s'agit de son frère Carl.

Carl, en écho de Ries…

Carl avait rejoint son frère aîné[2] à Vienne en 1794. Il avait reçu, lui aussi, une éducation musicale à Bonn, ce qui lui permit de débuter sa carrière dans la capitale autrichienne comme professeur de piano. Le nom de Beethoven commençait à être connu, du moins dans les salons où les improvisations de son aîné émerveillaient le public. Aussi, trouver des élèves, avec un tel nom, et avec l'aide de son frère, ne fut pas trop difficile pour lui. Il composa même quelques contredanses qui n'eurent aucun succès. Aussi, dès 1800, il tourna le dos à sa carrière musicale et trouva un emploi dans l'administration comme "*Practikant*" dans un Service du Trésor Impérial. À l'aîné la gloire, à Carl la sécurité de l'emploi ! Il resta cependant au service de son frère quelques années (jusqu'en 1806 probablement, année de son mariage[3] avec Johanna Reiß) assurant régulièrement un contact commercial auprès de certains

[1] Wegeler (Franz-Gerhard) Wegeler & Ries (Ferdinand), idem, p. 135.

[2] On trouvera dans la partie suivante de ce travail la présentation détaillée des membres de la famille Beethoven.

[3] Le 25 mai 1806, très exactement.

éditeurs, notamment Breitkopf & Härtel, Hoffmeister (tous deux résidant à Leipzig), ainsi que Simrock, de Bonn. Plusieurs lettres de Beethoven adressées à Breitkopf & Härtel, sur la période de 1803 à 1806, sont en effet de simples post-scriptum qui suivent une lettre rédigée par Carl (L 81, L 118, L 132, L 134, L 137).

Le compositeur déclarait avoir pleine confiance en son frère. À Breitkopf & Härtel, il écrit le 22 avril 1802 : « De nombreuses occupations et autres contrariétés me rendent pour un certain temps inutilisable à bien des choses. En attendant, vous pouvez vous reposer entièrement sur mon frère qui se charge en général de mes intérêts » (L 58, p. 82). La première lettre qui suit la rédaction du *Testament d'Heiligenstadt* montre que Carl est toujours présent dans la gestion de ses affaires (L 62, p. 85, lettre à Breitkopf & Härtel du 18 octobre 1802). La suivante (L 63, 13 novembre 1802) le voit même magnifié par Beethoven en ce qu'il aurait servi brillamment sa cause face à un sévère malentendu concernant l'édition du *Quintette op. 29*, malentendu tout entier attribué par ces « coquins fieffés d'Artaria & Cie » (p. 86) qui avaient demandé au comte Fries de leur envoyer le manuscrit pour en assurer l'édition, alors qu'il était prévu de l'envoyer à Breitkopf & Härtel. Heureusement, Carl est intervenu à temps : « Avant même que ce contrat ait été conclu [avec Artaria] arrive mon bon frère comme envoyé par le Ciel. Il se précipite chez le c[omte] F[ries] et il apprend que cette affaire dans son ensemble est la plus grande supercherie du monde » (p. 87). Dans cette affaire, Carl a même perdu son chien qu'il affectionnait particulièrement. Aussi, ajoute Beethoven, « il mérite bien que vous le remerciez personnellement, comme je l'ai déjà fait pour ma part » (p. 88).

Les actions de Carl ne sont cependant pas toujours aussi bienveillantes aux yeux de Beethoven. Dès 1794, peu de temps après l'arrivée de son frère à Vienne donc, il écrit à Simrock : « Mon frère qui est à présent à Vienne m'a dit que vous avez déjà gravé mes Variations pour piano à quatre mains ou que vous allez les graver.[1] Je suis d'avis qu'à ce propos vous auriez pu prendre la peine de me consulter. Que penseriez-vous de moi si je devais me comporter de la même manière et vendre ces V[ariations] à Artaria bien que vous soyez maintenant en train de les graver ? » (L 10, p. 17-18, lettre du 18 juin 1794). Ce ne sera pas le dernier excès de la part de Carl. Comme Ries à propos des *Marches op. 45*, il a en effet envoyé à Breitkopf & Härtel les *Sonates op. 31* qui étaient initialement prévues, comme on l'a vu, à l'éditeur suisse Nägeli. Plusieurs lettres de Carl l'attestent (lettres du 22 avril et du 1er juin 1802).[2]

---

[1] Il s'agit des huit *Variations en ut majeur WoO 67* sur un thème du comte Waldstein qui seront publiées par Simrock durant l'été 1794.

[2] Elisabeth Brisson, *Guide de la musique de Beethoven*, op. cit., p. 264.

C'est précisément à propos de l'édition de ces *Sonates op. 31* que Ries écrit : « Beethoven avait promis à Nägeli, de Zurich, les trois sonates pour piano, alors que son frère Carl qui, par malheur, se mêlait toujours de ses affaires, voulait les vendre à un éditeur de Leipzig. Il y avait souvent des altercations entre les deux frères, parce que Beethoven voulait tenir sa parole une fois donnée. Les sonates étaient sur le point d'être envoyées ; Beethoven demeurait alors à Heiligenstadt. Dans une promenade, il survint entre les deux frères une nouvelle dispute, qui se termina par des voies de fait. »[1]

Il est tout de même assez étrange de constater une telle similitude entre deux affaires : celle qui implique Ries pour les *Marches op. 45*, et celle qui convoque Carl pour les *Sonates op. 31*. Il est permis de penser que Ries qui, dans les *Notices*, ne racontait absolument rien du problème de l'édition des *Marches* tout en suggérant, sur le mode inoffensif de l'anecdote, en avoir été l'instigateur dans leur composition en attribuant en même temps ses propres improvisations à Beethoven, se soit dédouané de son erreur en chargeant le "*mauvais frère*" qu'il tenait comme celui qui, régulièrement, entraînait son frère dans des décisions aberrantes côté affaires et qui, surtout (et Ries convoque ici l'autre frère, Johann), s'efforçait d'isoler Beethoven de ses amis les plus proches, à force d'actions malhonnêtes régulièrement couronnées de succès.[2] Se présenterait alors une certaine similarité entre deux proches (le frère et l'ami) au chapitre d'une malhonnêteté (ressentie en tout cas ainsi par Beethoven) quant à la paternité et la gestion de ses créations. En cet été 1802, quelques semaines donc avant la rédaction du *Testament*, cela n'est pas sans se voir chargé d'une lourde signification ! Car il est bien question, ici encore, d'un *savoir* qui échappe à Beethoven. Et les promenades deviennent la scène d'une découverte par l'un (Ries) de ce qu'il voulait précisément qu'on ne sache pas (sa surdité), ou d'une dispute violente à propos du destin de ses productions qu'un autre (Carl) utilise sans qu'il le sache.

Le double, toujours...

Cette assimilation de l'un à l'autre n'est pas sans rappeler, quoique dans une configuration particulière, la logique du *double* maintes fois rencontrée. C'est une semblable logique, consistant à identifier l'un à l'autre deux proches, qui se retrouve d'ailleurs à cette même période à propos d'un personnage tout-à-fait inattendu. Beethoven réserve un titre très particulier à l'éditeur de Leipzig, Hoffmeister. Il l'appelle « Mon très cher et digne frère » (L 41, p. 48), « Digne frère et ami » (L 44, p. 53). Dans la lettre du 22 avril

---

[1] Wegeler (Franz-Gerhard) & Ries (Ferdinand), p. 117-118.
[2] Thayer I, op. cit., p. 359.

1801, le terme *frère* apparaît même trois fois dans son contenu (L 47, p. 57, 58 & 59). Certes, comme le souligne Anderson,[1] Beethoven s'adressait souvent de la sorte avec les compositeurs et poètes (tels Seyfried, Treitschke ou Collin, par exemple), voulant signifier par-là « frères en art ». Mais c'est à l'éditeur avant tout que Beethoven s'adresse ici en écrivant à Hoffmeister, même si celui-ci composa quelques œuvres vite oubliées. Surtout, le titre de "*frère*" disparaît soudain dans la lettre du 21 juin 1801 (L 50), et ce à l'occasion d'une suspicion que le compositeur ressent à son endroit quant à l'édition du *Septuor op. 20* qu'il avait envoyé à Salomon, à Londres, pour qu'il le fît jouer dans un concert sans autre intention d'édition. Pareille supposition fera disparaître à tout jamais le titre de "*frère*" dans les lettres suivantes, même si le ton reste cordial et admet en signature des expressions telles « *Jusqu'à la mort votre fidèle BTHVN* » (L 57, p. 82), « Votre sincère ami » (L 60, p. 84) ou « Votre ami » (L 82, p. 109).

Encore et toujours des agissements "*dans son dos*", donc ! Il ne suffisait pas que Ries et son frère prennent l'initiative d'envoyer ses œuvres à des éditeurs sans le consulter ! Voilà à présent que ce « digne frère » d'Hoffmeister devient suspect... Cette assimilation de l'éditeur de Leipzig à un frère n'est sans doute pas innocente, et semble participer de celle-là même qui réunissait Ries et Carl sous le chef d'une tromperie.

C'est pure hypothèse que d'affirmer que Ries s'est dédouané de sa faute relative à l'édition des *Marches op. 45* en chargeant Carl, qu'il détestait. En revanche, certaines lettres attestent que, du côté de Carl, l'identification au frère aîné était patente. Ainsi n'hésitait-il pas à employer la première personne du pluriel lorsqu'il écrivait aux éditeurs, comme si son frère et lui ne faisaient qu'un : « Maintenant, *nous* n'avons rien sinon une symphonie, un grand concerto pour pianoforte, la première pour 300 florins et le second pour le même prix (...) *Nous* avons également deux Adagios pour violon avec accompagnement orchestral, qui vous coûteront 135 florins » (lettre de Carl à Johann André, éditeur à Offenbach, 23 novembre 1802, c'est moi qui souligne).[2] Cela, évidemment, agaçait au plus haut point les proches du compositeur. Simrock, non sans humour, répond à une des lettres de Carl où le "*Nous*" était également employé : « L'essentiel de votre lettre tient, je crois bien, dans les lignes suivantes : "*Nos* éditeurs nous envoient en général six exemplaires. Ayez la bonté d'en faire parvenir cinq de plus à l'adresse du Comptoir d'Art et d'Industrie". Je ne pense pas que mon nouvel état de Français m'ait fait oublier complètement la langue allemande, d'autant que mes affaires me mettent toujours en rapport surtout avec des allemands. C'est

[1] *Les lettres de Beethoven*, op. cit., p. 48 n. 3.
[2] Thayer I, op. cit., p. 357.

pourquoi je ne parviens pas à comprendre ce que vous voulez dire par *nos* éditeurs et *nous*...[1] » (souligné dans le texte).

Assurément, cette logique du *double* est typiquement beethovénienne. Carl autant que son frère aîné, Ludwig, s'y inscrivent. En tout cas, les deux frères semblent parfaitement s'y retrouver l'un l'autre, voire l'un dans l'autre... C'est sans doute la raison pour laquelle, au grand dam de ses amis, le compositeur était toujours enclin à pardonner à Carl ses excès. Plus encore, il convoque avec lui le "*tiers malfaisant*", celui-là même qu'on a déjà rencontré à plusieurs reprises lorsqu'il tentait de se justifier auprès d'un ami avec lequel il s'était disputé, pour situer la cause de ses malfaçons en dehors de lui. Ainsi, par exemple, Beethoven écrit à Joséphine Brunswick-Deym, en octobre 1804 (L 103, p. 137-138) : « Bien que des malins aient fait courir le bruit qu'il [Carl] ne se comporte pas bien avec moi, je peux toutefois vous assurer que tout cela n'est pas vrai et qu'il a toujours pris soin de mes intérêts en toute sincérité et rectitude. »

Ce "*tiers malfaisant*", on peut le remarquer, occupe une place particulière dans le cas du frère Carl. Habituellement, il est convoqué pour justifier un excès de la part de Beethoven vis-à-vis d'un autre, un ami le plus souvent, avec lequel il s'est disputé. Et il est alors directement situé comme cause de la brouille entre cet autre et lui-même. On s'en souvient, après leur violent désaccord à propos de l'intervention du concierge, Beethoven écrivait à Stephan von Breuning que des personnes s'étaient interposées "*entre eux deux*" (L 98, p. 133) et que là seulement résidait la cause de leur dispute. C'est le schéma qui se présente classiquement toutes les fois où il tente de retisser un lien préalablement détruit avec un proche. Mais avec Carl, le "*tiers malfaisant*", ces "*indignes personnes qui s'interposent*", ou encore "*ces malins*", sont évoqués à un interlocuteur étranger à la dispute qui a eu lieu. Dans la lettre à Joséphine, il faut compter non plus trois personnes engagées (lui Beethoven, l'autre avec qui il s'est disputé, et le "*tiers malfaisant*" situé en cause de la dispute), mais bien quatre, car l'interlocuteur est convoqué au titre de témoin d'un lien que d'autres ont menacé.

En vérité, le frère Carl obtient de son frère un régime de faveur dans les disputes. C'est aux yeux d'un autre avant tout, en effet, que le compositeur proteste de la profondeur du lien qui les unit, son frère et lui, au nom de la famille Beethoven...

Certes, Wegeler, Stephan von Breuning, Ries, et même l'éditeur Hoffmeister, ainsi que bien d'autres ont été en conflit, parfois violent, avec lui. Et le remords ou le pardon qui ramenait Beethoven à eux quelque temps

---

[1] Cit. in Sterba, *Beethoven et sa famille*, op. cit., p. 22.

après, sont les mêmes que ce qui se présente avec Carl. Mais celui-ci, j'insiste, occupe une place à part. Il ne s'agit plus seulement de renouer contact avec lui, lorsque dispute il y a eu, et de lui pardonner. Il faut également, voire surtout, *qu'un autre le sache*... Cela sera tenu comme profondément injuste chez les amis du compositeur. Mais on entrevoit à partir de là une autre façon d'entendre la raison pour laquelle son seul nom figure au titre d'adresse explicite du *Testament d'Heiligenstadt*. Il faut se souvenir en effet de ce point essentiel que Beethoven a écrit celui-ci en sachant qu'il ne serait pas lu de son vivant. Il ne s'adresse en cela pas à son frère Carl, mais aux autres (*Menschen*) qui auront finalement à savoir ce que ses amis découvraient déjà de son vivant, et avec amertume : que Carl a eu et aura toujours eu une place privilégiée dans son économie subjective, celle de "*double de lui-même*" qu'il cherchait désespérément à travers un autre, mais qu'il perdait aussitôt qu'une proximité trop grande se présentait avec cet autre. Seul Amenda, à ce titre, a pu faire exception, en restant pour toujours loin de lui, dans sa Courlande natale qu'il avait dû rejoindre d'urgence suite justement à la mort de... son frère... Beethoven remercie dans le *Testament* son frère Carl pour sa fidélité. Il faut entendre bien plus que cela ! Un autre Karl, le fils de ce frère justement, l'apprendra à ses dépens...

La hantise du savoir qui échappe : l'autre face du secret...

Au final, la raison pour laquelle le *Testament d'Heiligenstadt* a été rédigé en octobre 1802, et pas avant, repose sur la valeur traumatique[1] de cette scène où, aux côtés de Ries, il découvrait que sa surdité pouvait être découverte envers et contre toutes ses tentatives pour la dissimuler. L'autre était déjà inscrit sous l'égide d'un conflit toujours possible. Il devient, à partir de cette scène, menace réelle, attestée par son désormais "*possible savoir*" sur son état. Cependant, cette scène trouvait place elle-même dans un contexte particulier, et ce pour plusieurs raisons. Il se trouvait isolé à Heiligenstadt. Pour la première fois depuis l'apparition des premiers signes de sa surdité, il habitait au loin, vivant dans l'ambivalence quant à tenir cet isolement comme la plus terrible des épreuves pour le génie qu'il se sentait devenir aux yeux de la "*lignée des dignes artistes*", et en même temps comme le seul remède possible pour que son état ne soit pas surpris par l'autre. En cela, qu'il s'aperçoive qu'un autre se rende compte qu'il n'entende pas devient le pire de ce qu'il pouvait attendre dans cette bourgade où il était venu justement, sur les conseils du Pr Schmidt, soigner son ouïe malade en s'isolant des autres.

[1] *traumatique* étant ici employé au sens commun du terme...

Mais aussi, plusieurs incidents ont établi l'espace d'une suspicion, non plus seulement sur son infirmité, mais sur ce qui lui restait envers et contre celle-ci, à savoir son œuvre. Derrière les malfaçons de Ries (qu'elles soient réelles ou imaginées par Beethoven importe peu ici), à propos de l'édition des *Marches op. 45*, derrière aussi cette soudaine suspicion à l'égard d'Hoffmeister qui l'amène tout aussi brutalement à abandonner le surnom de "*frère*", se dresse le personnage central du frère Carl. Je m'empresse de préciser ! Il ne s'agit pas du Carl de tel ou tel événement ! Ce n'est pas celui, par exemple, qui a osé envoyer les *Sonates op. 31* à Breitkopf & Härtel à l'insu du compositeur qui finira pas se battre avec lui dans les environs d'Heiligenstadt... Le Carl dont il est ici question a fondamentalement partie liée avec ce qui a été vu plus haut à propos de ce qui hante de toujours Beethoven. Il est indissociable, autrement dit, d'une position inconsciente de Beethoven au sein de sa propre histoire subjective. Le Réel soulignera en 1815, lorsque Carl sera atteint à son tour de phtisie, la proximité mortifère entre sa mère et lui. Pour Beethoven qui rappelait à Wegeler, en 1810, qu'un autre Ludwig était né et mort avant sa naissance et qu'il était souvent confondu avec ce frère qui portait en prénom adjoint celui de sa mère (Maria), cela prendra le sens dramatique que les faits ne démentiront pas (je pense à la dépression des années 1816-1818, et surtout à l'adoption du neveu Karl). Le fantôme de Ludwig-Maria n'est pas loin ! Il rôde déjà en 1802 tandis que Beethoven entreprend la rédaction d'un testament dont l'adresse, où figure un blanc, dit d'emblée l'essentiel de ce qui doit advenir...

IV) CONCLUSION

Je suis parti de trois questions qui sont implicitement posées par le *Testament d'Heiligenstadt*. Il est temps à présent de synthétiser ce à quoi aboutissent les analyses qui en ont été faites. La plupart de ceux qui se sont penchés sur ce document le tiennent pour avoir été rédigé dans un état de véritable crise chez Beethoven. On y trouverait ainsi le témoignage d'un homme dans les affres du tourment compte tenu d'une surdité désormais incurable, voire évolutive.[1] Ainsi, l'image s'établit aisément d'un Beethoven complètement isolé. L'automne arrivant, les feuilles tombent pour se flétrir et se posent comme le miroir de son âme profondément blessée. Il aurait donc rédigé le *Testament d'Heiligenstadt* sous le coup d'une crise émotionnelle plus forte que toutes celles qu'il avait eues jusqu'alors. Dans l'après-coup, ce

[1] On a vu que la thèse d'une déception amoureuse comme cause de la rédaction du *Testament* était totalement erronée.

Testament fait d'ailleurs figure de véritable "*transition*" entre deux styles de compositions. Il y a "*l'avant Testament*", où Beethoven se démarquait ici ou là, plus ou moins timidement, de ses maîtres (Haydn tout particulièrement), et il y a "*l'après Testament*", où ses compositions s'inscrivent dans un style proprement "*héroïque*", à l'image de la symphonie éponyme, de la *Sonate à Kreutzer op. 47* ou de la *Sonate Appassionata op. 57*. Bref, ce document serait à l'image de la situation dans laquelle se trouve Beethoven dans la petite bourgade d'Heiligenstadt : il est isolé de tout, tel un point de bascule historique qui, dans la douleur, fait du cri silencieux qui s'y lit l'appel à un nouveau Beethoven. Le gouffre dans lequel il semble être tombé deviendra l'enceinte matricielle et fondatrice à ses géniales compositions à venir.

Cela est peut-être beau et satisfera à coup sûr l'idéalisation ou l'héroïsation propres aux représentations classiques de Beethoven (évidemment soutenues par les projections de certains biographes), mais reste de toute évidence insuffisant.

La représentation d'un Beethoven éploré, couchant nerveusement sur papier son testament, déjà, ne tient pas si on s'accorde avec Thayer[1] à reconnaître que le manuscrit a été écrit de façon trop soignée, et comporte trop peu de ratures et de corrections pour attester d'une crise présente au moment précis de son écriture. Sa rédaction a été réalisée indépendamment de la forme finale du document qui se présente comme mise en forme d'une écriture antérieure. Certes, par endroits, le graphisme témoigne d'une tension qui monte, notamment quand Beethoven raconte l'incident qui s'est déroulé auprès de Ries dans la campagne, mais cela reste trop peu significatif pour attester d'une crise résidant au cœur de son initiative d'écrire le *Testament d'Heiligenstadt*. Se serait-il agi, au demeurant, de cette crise profonde sur laquelle les commentateurs s'arrêtent le plus souvent qu'on comprendrait difficilement que la graphie de la lettre du 18 octobre à Breitkopf & Härtel soit si claire et ne comporte aucune trace de désespoir. Plus encore, on ne comprendrait absolument pas comment Beethoven a pu, peu de temps après la rédaction du *Testament*, envoyer à Zmeskall des billets emprunts de son humour familier, en allant jusqu'à composer, dans l'un d'eux, une petite pièce musicale sur le nom de "*Graf*" (L 65, p. 90-91). Il l'appelle en effet « Très cher Comte triomphant mais parfois aussi gaffeur ! » et commence la lettre ainsi : « J'espère que vous avez bien dormi, vous Comte le plus aimable et le plus charmant ! Ah, le plus cher, l'unique Comte ! Le plus aimé de tous, le plus extraordinaire Comte ! » (vient ensuite la pièce musicale). Ce n'est assurément pas le ton d'un dépressif ! Et les cliniciens qui rétorqueront, pas forcément à mauvais escient d'ailleurs, qu'il n'est pas rare de voir une crise

[1] Op. cit., p. 351-352.

d'euphorie (d'*hypomanie*, dans le jargon des spécialistes) succéder à un pic dépressif, n'auront qu'à consulter l'ensemble de la correspondance du compositeur (les lettres de Zmeskall mais pas seulement) pour se rendre compte que ce style "*déboutonné*" n'est pas présent à cette seule période qui succède à la rédaction du *Testament*.

Certes, on pourra toujours se retrancher derrière l'argument que celui-ci a eu une portée cathartique, c'est-à-dire libératoire quant aux tensions accumulées chez Beethoven depuis l'apparition de sa surdité. N'est-il pas vrai, comme on vient de le rappeler, qu'après le *Testament*, ses œuvres entrent dans un style tout autre, emboîtant le pas à la sonate dite "*La tempête*" (*op. 31,2*) qui constituait comme le signe avant-coureur d'une telle mutation profonde ? Pour répondre à pareille question, il suffit de consulter quelques lettres qui précèdent le *Testament*. Très curieusement, on y trouve par endroits des formulations qui sont particulièrement proches, parfois même identiques, à celles qui s'y trouvent, comme le montre le tableau suivant :

Testament d'Heiligenstadt	**Lettres d'avant automne 1802**
« Ô vous, Hommes, qui me tenez ou me faites passer pour un ennemi, un opiniâtre ou un misanthrope… » (1-2)	-« Ce que vous pensez de moi, il m'est facile d'en juger… » (L 1, p. 3, 15-09-1787, à von Schaden) -« Mes ennemis, s'ils le savaient, que diraient-ils ? » (L 51, p. 68, 29-06-1801, à Wegeler) -« Je devais paraître misanthrope et je suis bien loin de l'être… » (L 58, p. 75, 16-11-1801, à Wegeler)
« Et pourtant, il ne m'était pas possible de dire aux Hommes : "Parlez plus fort, criez, parce que je suis sourd" » (16-18)	« Il m'est impossible de dire à mes interlocuteurs : "Je suis sourd" » (L 51, p. 67-68)
« Je sois cependant m'isoler précocement, vivre seul, loin du monde » (13-14)	« Depuis près de deux ans, j'évite tous les rapports sociaux » (L 51, p. 67)
« Comme un proscrit, je dois vivre ! » (29-30)	« Je dois rester à distance. » (L 53, p. 73, 1-07-1801, à Amenda)
« Résignation, c'est ce qui s'impose ! Je dois maintenant la choisir pour guide. » (47-48)	-« Triste résignation à laquelle je suis contraint de recourir ! » (L 53, p. 73) -« Plutarque m'a amené à la résignation. » (L 51, p. 68)
« Toi, mon frère Carl, je te remercie encore tout particulièrement pour la fidélité dont tu as fait preuve envers moi ces derniers temps. » (69-71)	« À quoi puis-je comparer ta fidélité envers moi, ton attachement pour moi ? Ô qu'il est beau de ta part d'être resté pour moi si constant ! » (L 53, p. 71)
« Comme les feuilles fanées d'automne qui tombent des arbres, il [l'espoir]est flétri. » (96-97)	« La plus belle fleur aussi en est réduite souvent à dépérir ou à être écrasée ! » (L 53, p. 71)

« Il m'est apparu impossible de quitter le monde avant d'avoir produit tout ce que je ressentais en moi. » (43-44)	« Mes plus belles années passeront sans que je puisse réaliser ce que mon talent et ma puissance m'auraient permis de faire. » (L 53, p. 73)

On voit ainsi très clairement que les idées évoquées dans le *Testament d'Heiligenstadt*, qu'elles concernent la relation aux autres ou la surdité, ne sont pas venues "*d'un coup*" chez Beethoven. Elles ont fait l'objet, antérieurement, d'une écriture adressée, la plupart du temps à un proche (à l'exception de la lettre de 1787 à von Schaden). Le *Testament* semble donc reprendre et condenser en un seul texte plusieurs éléments déjà avancés auparavant. Certes, cela ne veut pas dire que le compositeur n'ait pas été dans un état de crise en cet automne 1802 ! Cette crise, cependant, possédait ses germes bien avant cette période, en tout cas pour ce qui relève de sa surdité et de ses effets sur le plan de ses relations aux autres. En tout cas, le *Testament* rend manifeste ce qui a déjà été écrit et placé, pour la surdité, sous le sceau du plus grand secret, à l'endroit au-moins de Wegeler et d'Amenda. L'essentiel, donc, était déjà écrit avant l'automne 1802…

Mais l'essentiel n'est pas là ! On ne trouve en effet aucune trace de quelque velléité suicidaire dans les lettres d'avant 1802. Dans l'ensemble de la correspondance connue de Beethoven, je n'ai trouvé qu'à deux reprises l'évocation sans équivoque d'un désir chez lui de mettre fin à ses jours : la première fois en 1810 (L 256, p. 297), dans la lettre vue plus haut adressée à Wegeler où il lui demande d'envoyer son certificat de baptême en précisant qu'un autre Ludwig (Ludwig-Maria) est né avant lui, la seconde fois en date du 21 août 1817, période la plus sombre de la vie du compositeur, où il annonce à Zmeskall qu'il est souvent au désespoir et tenté de mettre fin à ses jours, vu l'impossibilité de savoir si toutes ses infirmités cesseront un jour (L 805, p. 778). Là seulement, il est question de suicide. Les autres lettres qui font référence à la mort mettent celle-ci en relation avec la maladie (L 877, lettre de1817 à Nanette Streicher ; L 1230, p. 1197, lettre du 16 août 1823 à Karl) et surtout s'inscrivent dans le jeu assez grossier d'une culpabilisation de son neveu Karl qui, comme toujours, ne satisfait pas ses attentes. Par exemple, le 17 octobre 1825, il lui écrit dans un français approximatif : « *Si vous ne viendrès pas, vous me tûerès surement* » (L 1445, p. 1398).

Presque toujours (à l'exception des lettres envoyées à Zmeskall et à Nanette Streicher), la mort implique, en adresse ou dans le contenu de la lettre, un membre de sa famille. Il s'agit du neveu Karl à qui il écrit, comme on vient de le voir, mais qui est aussi impliqué dans la lettre du 13 mai 1816 à la comtesse Erdödy vue plus haut : « J'ai souvent pensé à ma mort, non point que je la redoute, mais parce que *j'ai peur de mourir trop tôt pour mon pauvre*

Karl » (L 633, p. 641, c'est moi qui souligne). Dans cette même lettre, on s'en souvient, Beethoven mentionnait la mort de son frère Carl. Dans la lettre à Wegeler de 1810, il fait mention de son frère mort Ludwig-Maria. Mais aussi, de façon plus curieuse et significative, il confie à Bach, son avocat : « Je crois que je serai un jour frappé d'apoplexie, comme le fut mon digne grand-père, avec lequel j'ai des traits de ressemblance » (L 1302, p. 1259, lettre du 1er août 1824).

Assurément, on ne saurait parler chez Beethoven, globalement, d'un profil suicidaire ! La mort est peut-être présente chez lui, mais quasiment toujours en rapport avec une place imaginaire qu'il se donne au sein de sa famille. C'est le *fils* qui se sent atteint de la phtisie de sa mère (L1) ; c'est le *frère* qui souffre de problèmes pulmonaires peu de temps après la mort de Carl, lui aussi mort de phtisie ; c'est le *frère* encore qui convoque un aîné mort au moment où il réclame son extrait de naissance ; c'est le *père-mère* de son neveu ; c'est même le *petit-fils* (et filleul) de Ludwig l'ancien, lorsqu'il est convaincu de mourir comme lui, un jour d'une crise d'apoplexie... De là, on peut raisonnablement écarter l'idée d'une véritable velléité suicidaire en automne 1802, lorsqu'il écrit son *Testament* à Heiligenstadt. Il l'écrit, certes, de façon explicite dans le texte, mais cela ne suffit absolument pas pour penser qu'il était prêt à passer à l'acte. Ce qui semble avoir compté avant tout, c'est que l'autre, un jour, sache qu'il était prêt à cela. Il ne faut pas oublier, en effet, que la question essentielle pour le *Testament d'Heiligenstadt*, est celle de l'ambiguïté de son adresse. Il l'écrit pour ses frères dont un n'est pas nommé à trois reprises, tout en s'adressant au début du texte aux "*Hommes*" (*Menschen*). Mais surtout, on l'a vu, il l'a écrit pour ne pas être lu, du moins de son vivant...

Une telle analyse fournit au *Testament d'Heiligenstadt* un éclairage décisif et permet de répondre, partiellement au-moins, aux trois questions qui en ressortent.

Beethoven y met en avant, d'entrée de jeu et dans la première partie du texte, un conflit avec l'Autre et son regard, la représentation qu'*on* se fait de lui. Il serait trop rapide de considérer que la surdité, en tant qu'état désormais tenu pour irréversible, en est la cause. Ce n'est pas la surdité qui le mène à rédiger le *Testament*, mais la place qu'elle l'oblige à tenir face aux autres. D'où l'isolement comme refuge nécessaire. Cependant, cela reste encore insuffisant, car on a pu voir que ce conflit avec les autres n'était absolument pas lié à la seule période d'Heiligenstadt. Le conflit est *structural* chez Beethoven, et il touche également sinon avant tout la relation qu'il entretient avec ses plus proches amis. Aussi est-il important de considérer avant tout ici le "*déplacement*" d'une adresse. Ce n'est pas, comme on l'a dit le plus souvent, l'*Humanité* qui est ici interpellée, mais Wegeler, Stephan von

Breuning, Ries et ses frères bien sûr, qui se voient inclus dans un ensemble plus ou moins défini qui comprend également tous ceux qui, en musique, sont tenus par lui comme ses ennemis. Avec ses amis, dans le quotidien, le remords et la demande de réconciliation viennent rapidement après une dispute. Ici, le temps du pardon est celui-là même qui donne au testament sa raison d'être. Lorsqu'il écrit : « Voilà pourquoi il faut me pardonner » (22), c'est au-delà de savoir si on l'aura lu, puisqu'il sera mort une fois que le document aura été découvert. C'est donc à tous ceux, amis et ennemis confondus, qui auront eu à regretter un conflit avec lui que le *Testament* s'adresse fondamentalement.

À ces autres qui ne peuvent pas le comprendre et à qui il semble crier son désespoir, il met en avant sa surdité qui prend le visage *bifrons* de Janus, dans la mesure où elle le concerne lui directement, mais aussi tous ceux à qui il s'adresse et qui n'ont pas *entendu* son désespoir. C'est là une des facettes de ce *double* qu'on a maintes fois rencontré et qui, incontestablement, constitue un trait essentiel du sujet Beethoven. Il se vérifie maintes fois dans son rapport aux autres, et admet forcément, un jour ou l'autre, l'intervention d'un "*tiers malfaisant*" pour rendre la relation au double d'autant plus solide au sein d'un conflit paradoxalement nécessaire. Dans le *Testament d'Heiligenstadt*, on a pu le voir dès l'entame du texte où l'équivoque de certains termes marquent à la fois le regard de l'Autre et la nature de la relation à celui-ci : « Vous, mes ennemis, qui me prenez ou me faites passer pour votre ennemi ! » C'est pour cela que la question du *savoir* (« Vous ne savez pas… -3-) constitue le cœur du *Testament*, au chapitre de sa surdité, bien entendu, mais aussi dans la possibilité-même de lire ce document dont le savoir de l'autre ne sera présent que lorsque son auteur, Beethoven, ne sera plus là pour le savoir…

C'est ce savoir qui circule contre lui quand il convoque le "*tiers malfaisant*". C'est lui également qui donne son authentique portée à l'événement qui l'a conduit à rédiger le *Testament* en automne 1802 quand il aurait pu le faire bien avant. Ne pas entendre ce que l'autre, Ries, lui dit entendre au loin, la flûte ou le chant d'un berger, revient à forcer Beethoven à reconnaître, c'est-à-dire à *savoir* que l'autre est dans la possibilité désormais de *savoir* qu'il est sourd. Le voile du secret est déchiré à tout jamais. *L'Autre peut déployer un savoir sur lui sans qu'il le sache*. Le "*tiers malfaisant*" prend alors place sur les coordonnées de la réalité qui lui a été renvoyée par l'incident de la flûte amenant un autre à découvrir à son insu qu'il n'entendait pas. C'est là l'événement qui détermina, en automne 1802, l'écriture d'un document *adressé justement à ceux qui sauront une fois seulement que lui ne sera plus là pour le savoir…* Je le répète, qu'il ait été à ce moment-là désespéré ne fait aucun doute, et s'entend tout-à-fait ! Mais qu'il ait été dans l'imminence d'un passage à l'acte suicidaire, voilà ce qui me semble hautement contestable. Ce qui compte fondamentalement pour Beethoven à travers un tel document, c'est que l'autre « aura su » qu'il était sourd... C'était là pour lui la seule réponse viable, en plus de son isolement physique, opérant un compromis entre un savoir qui lui échappait et la possibilité de dire qu'il le savait. Ainsi seulement le pardon lui sera accordé...

Mais cet incident a permis de toucher du doigt, *a posteriori*, un élément essentiel concernant l'adresse du *Testament*. Derrière Ries, celui qui lui disait justement entendre la flûte d'un berger au loin, et qui envoya les *Marches op. 45* à un éditeur sans en avertir l'auteur, se dresse un personnage dont le nom, seul, figure au titre d'adresse explicite du *Testament*. Il s'agit de Carl, le frère, le seul pour lequel l'interpellation d'un "*tiers malfaisant*" s'effectuait à l'endroit d'un autre érigé en témoin de leur union. C'est ce qu'on a vu dans la lettre à Joséphine Brunswick-Deym où Beethoven le défendait contre les racontars de malhonnêtes (peut-être ceux de ses amis proches !). Il le défendait, son frère Carl, à l'insu de celui-ci, comme s'il s'agissait de lui-même. Assurément, le *Testament d'Heiligenstadt* convoque le frère en adresse privilégiée. Il le remercie pour sa fidélité, dans son contenu. Sous-entendu, il atteste qu'il a occupé (qu'il « aura occupé » devrais-je dire, pour rester dans la logique temporelle du *Testament*) une fonction de *double* pour lui, double qu'il semble n'avoir trouvé qu'une seule fois parmi ses amis : à l'endroit de Karl Amenda, dont l'amitié fut sauvée parce qu'il se trouvait définitivement dans sa Courlande natale, c'est-à-dire loin de lui...

Avec le frère Carl, on trouve matière à justifier la poursuite de l'analyse au niveau précis cette fois de ce qui, à plusieurs reprises, s'est présenté sous les traits d'un fantôme qui hante Beethoven de toujours, entendez ce qui, de structure, le force à occuper une place proprement intenable compte tenu d'un réseau identificatoire particulièrement complexe au sein de l'ensemble familial où certains morts occupent une place considérable. On a rencontré le frère mort Ludwig-Maria, Carl, le grand-père, la mère, le neveu... Étrangement, on n'a pas encore trouvé trace d'un prénom qui désigne simultanément, dans cet ensemble familial, deux personnages qui semblent ainsi être placés, ce n'est sans doute pas un hasard, comme le double l'un de l'autre : il s'agit de *Johann*, qui renvoie au frère mais aussi au père de Beethoven. Ce prénom laisse place à un blanc, à trois reprises, dans le *Testament*. Raison de plus pour en écrire quelque chose à partir de ce qui reste à dire de Carl et... , en plus de Ludwig qui signe ce document au nom de tant d'autres qui en ont commandé inconsciemment l'écriture...

QUATRIÈME PARTIE : LES FANTÔMES DE BEETHOVEN

C'est tout de même un bien étrange document que ce *Testament d'Heiligenstadt* ! Il ne provient pas d'un homme proche de la mort qui, avant de quitter ce monde, désigne ceux qui hériteront de ses biens. Il en est question, certes, mais comme en passant, en quelques lignes seulement qui font même passer sa fortune et ses biens pour totalement secondaires. En lieu et place de ce qu'il s'apprête à léguer, il demande à ses frères de faire en sorte que le monde lui pardonne ce qu'il aura été avec sa terrible surdité, et ce par l'entremise du Pr Schmidt. Mais sa mort reste ici pure hypothèse. Il parle d'idées suicidaires mais vraisemblablement pour qu'on comprenne un jour combien il était à bout. C'est un cri à l'injustice qui se présente donc avant tout dans le *Testament*, presque une protestation de bon droit, celui de pouvoir être enfin considéré avec sa surdité qu'il s'efforçait de maintenir jusqu'alors, vaille que vaille, secrète. Mais là encore, le pardon qu'il réclame, à partir de la levée du non-savoir relatif à sa surdité, reste pure hypothèse. Car le principe premier du *Testament* est d'être lu après sa mort, sans, donc, que cette compréhension qu'il attend désespérément des autres puisse être découverte par lui. C'est là la logique du "*mi-dire*" qui constitue l'essence-même de ce document.

Son analyse a révélé combien il serait insuffisant de considérer que le *Testament d'Heiligenstadt* a été rédigé simplement dans la précipitation d'une crise de désespoir. En crise, Beethoven l'était très certainement en cet automne 1802, surtout depuis qu'un autre, Ries, au cours d'une banale promenade, lui fit comprendre sans le vouloir que le voile qu'il mettait sur sa surdité était bel et bien déchiré. À son insu, l'autre *peut* savoir qu'il est sourd, en quoi il devient d'autant plus menaçant, en ce qu'il peut agir contre lui sans qu'il le sache. Le « Vous qui me prenez pour un ennemi » du début du *Testament* est bel et bien soutenu par la proposition : « Vous qui pouvez désormais découvrir l'impuissance dans laquelle me plonge la surdité, pouvez également devenir mon ennemi. » Le conflit essentiel, de structure, qui se présente de toujours avec ses proches trouve alors terrible matière à se voir universalisé.

Mais il reste une question essentielle à propos du *Testament d'Heiligenstadt* qui ne peut "*rester en blanc*" et qui va justifier après-coup l'apparition de certains personnages qu'on a déjà rencontrés, mais sur une scène tout autre que celle où se trouve sa surdité. Il est question d'un blanc en lieu et place d'un prénom, celui de *Johann*. Le fait qu'il se répète à trois reprises dans le document exclut *de facto* l'hypothèse d'une maladresse graphique, voire celle d'un acte manqué. Ce *blanc* est partie intégrante d'une *intention*, fût-elle soutenue par des motifs inconscients. L'apparition d'un blanc dans n'importe quel texte mobilise en toute légitimité la tentation de le combler de son savoir. On se persuadera rapidement qu'il possède un sens très précis et univoque. Par exemple, on dira que Beethoven n'a pas écrit le prénom de son frère Johann parce qu'il s'était à cette époque disputé avec lui. Il est en soi toujours un peu suspect de s'arrêter à une conclusion univoque, pour la simple raison que l'intéressé, ici Beethoven, n'est pas là pour faire objection à ce qui n'est qu'une interprétation. *Interpréter* (*Inter praetare*), c'est prêter de "*l'entre*", entre soi et ce qu'on observe. En cela, on y met forcément quelque chose de soi. Il me semble nécessaire, si on veut tenter de comprendre la portée de ce "*blanc*", de procéder avec la plus grande prudence et exploiter les différentes pistes qui s'offrent à son endroit.

Un horizon s'offre cependant qui ne souffre d'aucune ambiguïté. C'est à la place d'un *prénom* que ce blanc se présente, ce qui force l'analyse à prendre la mesure de cette dimension très particulière dans l'économie subjective du compositeur. C'est évidemment là qu'il sera possible de retrouver certains personnages qu'on a rencontrés dans les développements précédents, et auxquels la fonction de "*fantôme*" a pu être attribuée. Le *Testament d'Heiligenstadt* est un cri de désespoir qui concerne un secret, celui de sa surdité livrée au savoir de l'Autre. Mais il est un autre secret que ce *blanc* actualise. Et cet autre secret a fondamentalement rapport avec la place que le compositeur occupait, inconsciemment, au sein d'une famille dont le nom, Beethoven, était porté, officiellement en tout cas, par le père. Et ce père avait pour prénom… *Johann*…

I) LE BLANC DANS LA CORRESPONDANCE BEETHOVÉNIENNE

En première approximation, il serait possible d'invoquer une raison très simple pour justifier l'absence du prénom de Johann. Contrairement à Carl qui l'aidait activement à cette période, comme on l'a vu plus haut, l'autre frère restait au loin, géographiquement autant qu'affectivement. C'est l'avis de Schindler qui écrit : « Le nom du second frère manque dans cet écrit ; on n'en connaît pas la raison. Serait-ce que, pendant ce temps-là, on croyait remarquer moins d'affection de Beethoven pour ce dernier ? Mais ce n'est là qu'une conjecture. Cependant, l'éloignement de Beethoven pour cet autre frère augmentait avec les années. Ce dernier se rendait peu digne du nom célèbre qu'il portait, par ses prétentions et sa manie de s'enrichir.[1] » Pour les Sterba[2], Beethoven se sentait tellement irrité contre lui qu'il ne voulait même pas citer son nom. On serait prêt à suivre les auteurs s'ils prenaient la peine d'indiquer ce qui pourrait justifier une telle irritation. Plus encore, la thèse des Sterba est que le *Testament d'Heiligenstadt* a été rédigé à l'adresse de Carl avec qui le compositeur se serait disputé « à un moment où l'agitation que lui causait la conduite de son frère avivait encore plus le chagrin que faisait sur le musicien l'aggravation de sa surdité.[3] » Autrement dit, Beethoven se serait disputé avec Carl, il aurait écrit le *Testament* pour le culpabiliser, et en même temps, il refuse d'écrire le prénom de l'autre frère parce qu'il est fortement irrité contre lui. En vérité, cela n'est pas très clair !...

En tout cas, on reconnaîtra que de telles hypothèses concernant l'absence d'un prénom dans le *Testament d'Heiligenstadt* ne mènent pas très loin. Surtout, elles ne prennent absolument pas en compte la portée exacte d'un "*blanc*" laissé en lieu et place d'un prénom. Pourquoi, si Beethoven était si irrité ou se sentait si différent de son frère Johann, n'a-t-il pas simplement rédigé le document à l'adresse du seul Carl (« *Für mein Brüder Carl* »). Écrire le prénom d'un frère, puis lever la plume avant d'indiquer le nom de famille, renvoie de toute évidence à une dynamique beaucoup plus complexe que ce qui relèverait simplement du rejet ou de l'exclusion d'un destinataire pour un motif particulier. On peut, dans un texte qu'on rédige, laisser un blanc pour le remplir plus tard. Ou alors, ce qui est beaucoup plus probable ici, on laisse un blanc à la place d'un prénom pour signifier à l'autre le désir de ne pas le nommer. Le blanc, ici, est une forme d'écriture, celle du désir de ne pas écrire et donc de ne pas nommer. Il est comme ce silence qui fait parfois tant de bruit dans une conversation, et qui amène forcément l'interlocuteur à s'interroger : « C'est trop difficile à dire pour lui » ; « Il ne veut pas me dire, il me cache quelque chose… » Le silence parle, comme un *blanc* signe une intention !...

Et cette intention, assurément, ne saurait être réduite à quelque distance ou à quelque dispute avec le frère Johann ! La correspondance de Beethoven, encore une fois, va être ici particulièrement éclairante. Jamais, dans ses lettres,

---

[1] Schindler (Anton), *Histoire de la vie et de l'œuvre de Ludwig van Beethoven*, op. cit., p. 62.

[2] Sterba (Richard et Edith), *Beethoven et sa famille*, Paris, Corréa, 1955, p. 30.

[3] Ibidem.

il ne laisse un blanc en lieu et place du nom ou du prénom de celui à qui il écrit. Il est bien certaines lettres qui ne possèdent aucune adresse, celle-ci pouvant être avec plus ou moins de certitude devinée, mais il ne s'agit absolument pas, là, d'une *suspension* graphique. Tout au plus pourrait-il s'agir d'omission. Rien, en effet, ne permet formellement d'attendre de façon justifiée le nom de ce destinataire, comme cela était le cas dans le *Testament* où le "*Johann*" s'imposait parce que situé entre le prénom de l'autre frère et le nom de famille "*Beethoven*". Ce blanc à l'endroit de "*Johann*" est, je le répète, chargé intentionnellement. La correspondance laisse entrevoir cependant deux phénomènes qui, à première vue, pourraient rappeler indirectement le blanc du *Testament*. Il s'agit d'une part de la suspension graphique de la signature du compositeur à la fin d'une lettre, et d'autre part, d'une variation qu'il s'autorise à produire à l'endroit de son nom de famille, le blanc devenant alors amputation partielle de celui-ci.

La signature suspendue...

Bon nombre de lettres de Beethoven ne contiennent pas de signature. Cela ne saurait être tenu pour significatif dans la mesure où nombre d'entre elles sont de simples billets écrits à la hâte. En revanche, certaines lettres ne contiennent pas de signature alors qu'un article, grammaticalement, la convoque formellement. Cinq lettres seulement, plus une sixième particulière, sont ici concernées. Elles se terminent par la formule « *Votre* » (*Ihr*) suivie d'un blanc en lieu et place de la signature attendue. La hâte semble à première vue justifier pareil phénomène, d'autant qu'il s'agit pour trois d'entre elles de billets très courts dont le motif est strictement factuel. Ainsi, à Schindler (L 1250, p. 1215-1216), il écrit simplement pour le convoquer à manger dans une brasserie qui s'est ouverte la veille sur le Graben. Le billet s'achève sur « *En grande hâte, votre* ».[1] À Holz (L 1422, p. 1380), il est même impossible de savoir exactement de quelle affaire il s'agit (« Gardez-en un et envoyez l'autre, si vous trouvez quelqu'un »). Il y est question, là aussi, d'une invitation à un repas (« Nous nous verrons au dîner. En hâte, votre »).[2] L'empressement semble ici justifier l'omission (il ne s'agirait pas forcément de suspension) de la signature, peut-être même celle, proprement graphique, d'une lettre, le « *Ihr* » (*Votre*) se posant à la place du « *Ihre* » (*Vôtre*) qui aurait quant à lui été totalement correct grammaticalement (comme, par exemple, dans l'expression « Sincèrement vôtre »). Un troisième billet, envoyé cette fois à Zmeskall (L 828, p. 792), est un peu plus circonstancié. Beethoven y

---

[1] La date n'est évidemment pas précisée. On sait seulement que le billet a été envoyé en 1823.
[2] Ce billet ne comporte ni adresse, ni date, ni signature. On ne peut que supposer qu'il a été effectivement envoyé à Karl Holz en l'année 1825.

présente ses excuses pour un incident qui s'est déroulé la veille, tout en attendant en retour son indulgence, selon le schéma d'une réciprocité qui, avec la logique de *double* maintes fois rencontrée dans les analyses précédentes, est familière chez lui (« Pardonnez-moi pour la journée d'hier. Je voulais cet après-midi même vous faire des excuses en règle ; dans l'état où je me trouve actuellement, j'ai besoin en toute occasion d'indulgence, car je suis un pauvre malheureux hère. En hâte, comme toujours votre »). La date est ici indiquée (28 octobre 1817) mais il s'agit encore une fois, très clairement, d'un billet fondé sur le simple factuel d'un événement qui s'est déroulé la veille et qui amène le compositeur à anticiper le pardon et l'indulgence de son interlocuteur.

Les lettres non signées à Bernard : Johann et Johanna de concert...

Deux autres lettres présentent cependant un caractère beaucoup plus intéressant. Elles sont adressées à Joseph Karl Bernard, qui fut particulièrement proche du compositeur dans l'affaire de la tutelle du neveu. Toutes deux se terminent également par l'évocation d'un empressement (« *E*n hâte, votre » -L 951, p. 905- ; « En grande hâte, votre » -L 976, p. 938-). Elles n'ont cependant rien d'un simple billet au contenu purement factuel, telle la convocation à un dîner ou une excuse pour telle conduite tenue la veille. La hâte a beau être ici mentionnée, les deux lettres en question sont pourtant assez longues. Elles font état, comme la quasi-totalité de celles écrites à Bernard à cette période, des difficultés rencontrées avec le comportement du neveu Karl. Surtout, elles convoquent deux personnages essentiels dont il sera maintes fois question par la suite.

La première est datée de juillet 1819, à un moment où Beethoven tente de retirer son neveu du pensionnat de Kudlich, à Mödling. Et Bernard se présente justement à propos pour l'aider dans ces démarches (cf L 947 & L 950). La lettre qui ici nous intéresse marque un changement de ton qui n'admettra quasiment aucune modification dans les suivantes, en tout cas jusqu'à 1823 (à une exception près, comme on va le voir). Le ton est purement accusatoire, et ce tout d'abord à l'endroit du neveu : « Karl n'a pas encore écrit un seul mot. Est-ce qu'un fils placé dans une institution peut impunément se conduire à l'égard de son père comme il le fait ? Que Dieu lui soit en aide ! » (L 951, p. 904). On trouve exactement le même reproche dans la seconde lettre ici concernée : « Pas une seule ligne de K[arl] jusqu'ici, rien si ce n'est son silence buté » (L 976, p. 938, septembre 1819). Ce reproche figure dans d'autres lettres à Bernard écrites entre ces deux-là, en admettant même parfois le rejet sans appel du neveu : « *Je ne veux recevoir aucune lettre de lui* » (L 956, p. 912) ; « Il ne me reverra plus aussi longtemps que je vivrai » (L 960,

p. 919) ; « Vous pouvez traiter Karl comme il vous plaira. Vous pouvez même lui permettre d'écrire, mais n'en dites rien, sa lettre renfermera, comme d'habitude, les mêmes dissimulations hypocrites avec les mêmes expressions figées de gratitude » (L 966, p. 925-926).

Ces lettres sont écrites en été-automne 1819. Beethoven est alors au cœur des démêlés juridiques concernant la tutelle exclusive de son neveu, le fils de son frère Carl mort un peu moins de quatre ans plus tôt. Or, il est notoire que, dans les deux lettres envoyées à Bernard sans signature, la haine se voit ciblée sur deux personnages précis. Il s'agit avant tout, on pouvait s'y attendre, de Johanna qui ose lutter pour la garde partielle de son fils. On ne compte plus les insultes que le compositeur formule, à Bernard et toujours à cette période, à son endroit : « Une personne aussi vicieuse que sa mère, cette Circé, qui a fini, on ne sait grâce à quels philtres magiques, à quels enchantements ou conjurations, par lui jeter un sort en le dressant contre moi » (L 951, p. 905) ; « Ce chameau de mère, à ce que je vois, peut souffler partout son haleine empestée » (L 956, p. 912) ; « Cette salope de mère » (L 957, p. 915) ; « Sa peste de mère » (L 960, p. 919) ; « Cette mère dénaturée » (L 966, p. 926). Dans la seconde lettre où manque sa signature, il parle du « venin pestilentiel injecté par sa mère » (L 976, p. 938). De telles insultes à l'égard de Johanna ne figurent pas exclusivement dans ces lettres à Bernard. Elles sont généralisées quel que soit celui à qui il s'adresse. Dans les premiers temps, c'est le thème de la « *putain* » qui dominait. Ici, elle semble devenue essentiellement l'empoisonneuse. En revanche, ce n'est qu'auprès de Bernard qu'il convoque aux côtés de la mère de Karl un autre personnage qui semble, comme cette "*vipère*", vouloir contrecarrer ses desseins quant à l'adoption de son neveu. Et cet autre personnage, c'est Johann…

Dans la première des deux lettres sans signature, il écrit : « Sous aucun prétexte, mon frère ne saurait être admis, car il ne ferait que parler de toutes les choses dont Karl pourrait jouir avec lui, cette sorte de discours dégoûtants qui mettent toujours Karl sur le mauvais chemin » (L 951, p. 905).[1] Quelques jours plus tard, le 20 juillet (L 954, p. 910*) : «* Il [Karl] est devenu un trop grand vaurien et la compagnie de sa mère ou de mon pseudo-frère est celle qui lui conviendrait le mieux. » Peu après (L 956, p. 913), il affirme que Johanna trouve toujours avec les Magistrats des oreilles complaisantes, en ajoutant quelques lignes plus loin : « Monsieur mon frère est de connivence avec eux. » La lettre suivante couronne le tout : « Le Magistrat lui avait demandé [à

[1] Selon Anderson (op. cit., p. 905 n. 1), Johann serait ici implicitement accusé de vouloir faire de Karl un pharmacien comme lui. Cela n'est pas forcément erroné et l'idée sera évoquée explicitement un peu plus tard (L 956, p. 913). Cependant, les mots que Beethoven emploie ici semblent aller bien plus loin qu'un simple désaccord concernant la carrière professionnelle de son neveu.

Johanna] qui elle voudrait avoir comme tuteur, et elle avait immédiatement proposé mon frère » (L 957, p. 915). On notera ici l'ambiguïté de la formulation qui pourrait faire entendre que Johann puisse être le tuteur de Johanna, et non celui de son fils. On trouve encore une fois la présence simultanée du frère et de la belle-sœur dans une autre lettre où le premier n'agirait que pour l'argent tandis que la seconde ne serait qu'une dévergondée (L 974, p. 935).

Une accalmie se présente alors. Beethoven a gagné le procès. Mais la violence reprend de plus belle, pour la dernière fois, dans une lettre du 10 juin 1825, six ans plus tard, donc : « Je présume que ce monstre de mère sera encore de la partie, avec de surplus les intrigues de monsieur mon frère, sans tête et sans cœur, qui a déjà en vue de se servir de lui [Karl] pour ses affaires et qui a sans cesse la prétention de me faire la leçon (comme la truie à Minerve chez Démosthène) » (L 1387, p. 1338).

Il est assez surprenant, on en conviendra, de voir la régulière coprésence du frère Johann et de la belle-sœur Johanna dans une succession de lettres adressées à un même destinataire, Bernard. Cela suffit-il, néanmoins, pour fournir quelque éclairage sur le blanc laissé à deux reprises dans les lettres adressées à ce dernier ? Cela garde-t-il, après-coup, un rapport avec celui concernant le prénom de Johann dans le *Testament d'Heiligenstadt* ? Un élément décisif concernant la relation à Bernard va permettre de répondre.

Dans une lettre située dans la période qui sépare les deux qui se terminent par un blanc en guise de signature (août 1819), Beethoven fait montre d'une attitude qu'il a été possible de repérer déjà chez lui face à Ries, lors de la dispute avec Stephan von Breuning. Ries se voyait, on s'en souvient, accusé à demi-mot : « Votre témoignage a donné tort à toute ma façon d'être et d'agir » (L 93, p. 126). Comme Ries dans cette dispute qui concernait Stephan von Breuning, Bernard occupe objectivement une place de tiers dans l'affaire de la tutelle. Et comme lui, il devient suspect : « Depuis si longtemps que nous nous connaissons, je ne puis passer sous silence que votre manière d'agir m'a souvent causé du souci. Vous semblez volontiers prêter l'oreille aux flatteries de pauvres bougres, quitte à paraître leur protecteur, et par là vous portez préjudice à vos amis » (L 964, p. 923). Bref, Bernard, derrière sa gentillesse, est un naïf ! Et cela, dans l'affaire de la tutelle, ne peut être admissible. Propose-t-il la paix, ou une solution sous forme de compromis, qu'il paraîtra forcément comme membre du clan de Johanna où son frère l'a déjà rejointe : « Je soupçonne, il faut bien le dire, que vous êtes aussi bien mon ennemi qu'une espèce d'ami » (p. 924).

Ce conflit soudain avec Bernard est lourd de sens ! Ce n'est évidemment pas le premier ni le dernier avec lequel le compositeur fait montre d'un excès qui revêt un aspect franchement persécutif. Cependant, celui qui se présente ici avec Bernard prend un relief particulier en ce qu'il prend place au sein d'une nébuleuse identificatoire qui a pour centre de gravité une paternité imaginaire à l'endroit du neveu Karl. L'acte d'écriture, qui a pour adresse ici celui qui occupe une place intermédiaire (dans l'affaire de la tutelle), donne au contenu de ces lettres, peut-être aussi à la suspension à deux reprises d'une signature, une valeur d'autant plus engagée et significative. On voit en cela Beethoven se débattre vaille que vaille dans une affaire qui interroge fondamentalement les places de chacun à ses yeux. Il y a Karl, le neveu, qui est le fils de son frère dont on a vu que la mort n'était pas sans renvoyer au fantôme de la mère, avec le trait phtisique au premier plan. Il y a Johann ensuite qui, en tant que frère, ne peut que rappeler celui, Carl, qui est le père véritable de Karl, en quoi se trouve justifiée la crainte qu'il veuille soustraire le neveu à la tutelle à son frère aîné (L 951, p. 905), cette crainte trouvant un écho direct dans le discours des magistrats qui rapportent que Johanna, la mère, le veut, lui Johann, comme tuteur. Il y a enfin Johanna, affublée de tous les vices en tant que femme mais surtout, on n'en sera pas surpris, en tant que mère.

Au-delà d'une simple affaire de tutelle, c'est toute l'économie subjective du compositeur qui se voit ici convoquée, c'est-à-dire la place qu'il tente désespérément d'occuper, en tant que frère de celui qui réveille le fantôme de la mère, et en tant que père fantasmé qui ne peut admettre que la différence soit rappelée par la présence réelle de la mère. C'est *seul* qu'il veut être père ! Point de mère, cela rappellerait trop celle dont il se croyait atteint de la phtisie qui l'emporta jadis. Cela rappellerait trop, également, qu'on ne peut occuper la place de père sans reconnaître implicitement avoir été un fils, celui d'un père, Johann, dont le nom ne peut s'écrire qu'en blanc et d'une certaine Maria-Magdalena, sa mère, qui laissa son prénom en empreinte indélébile sur celui d'un frère mort juste avant lui qui possédait le même prénom : Ludwig-Maria.

Fallait-il de surcroît que la mère de Karl ait le prénom féminisé de son frère Johann ! Cela est évidemment pur hasard, mais prend un sens particulier chez Beethoven, notamment en cette période où il écrit à Bernard combien les autres (les *Menschen* du *Testament* ?), à commencer par son frère, et même lui, se font ennemis de cette assise identitaire que lui fournissait le projet de devenir un père d'emprunt, sauvegardant inconsciemment le frère mort de la même maladie que sa mère dont le prénom le hantait.

Les lettres à Bernard appartiennent à une période éloignée de celle où le *Testament d'Heiligenstadt* a été rédigé. Dix-sept ans les séparent. De plus, les coordonnées biographiques ne sont absolument pas les mêmes. En 1819, la surdité est désormais admise. Surtout, le frère Carl, celui à qui il adressait explicitement le *Testament*, est mort quatre ans plus tôt, plongeant Beethoven dans le désarroi le plus total sur le plan psychologique. Ces lettres à Bernard, où se retrouve la suspension graphique à l'endroit de sa signature à deux reprises, révèlent sans nul doute l'importance d'un enjeu identificatoire qui était présent déjà en 1802. Il y était question d'un Johann qui se voyait remplacé par un blanc : le voici, non plus dans l'absence graphique de son nom, mais au contraire dans la surabondance de son emploi, à proximité d'une mère venimeuse dont il partage le prénom, à la semblance d'un père Carl qui, avait nommé son fils comme lui, Karl... Mort de phtisie comme Maria, la mère, ce Carl rédigea justement un document essentiel qui sema la brouille la plus totale. C'était un...testament...

La lettre d'excuse à Stephan...

Une dernière lettre doit ici être mentionnée (L 98, p. 133). Elle se caractérise, comme celles qui viennent d'être abordées, par l'absence suspensive de signature, mais s'en distingue par l'emploi, cette fois, d'un article possessif qui n'est plus à la seconde personne du pluriel ("*Ihr*", *votre*) mais à la seconde personne du singulier : "*Dein*" (*Ton*). C'est la seule fois qu'il est possible de trouver pareil cas de figure dans la correspondance de Beethoven. Et la lettre en question a déjà été abordée plus haut. Son destinataire est Stephan von Breuning et le compositeur lui envoie une lettre d'excuses pour son attitude lors du problème de logement qui avait amené Stephan à convoquer le concierge comme témoin. Deux points, à propos de cette lettre, doivent retenir l'attention.

L'emploi du tutoiement tout d'abord, qui prend une place exemplaire dans le « Ton » qui conclut la lettre. Beethoven le réserve dans la quasi-totalité de ses lettres aux amis qui viennent de Bonn,[1] plus précisément ceux qui, de sa ville natale, ont été ses amis d'enfance (en cela, Ries sera vouvoyé). Une exception, on l'a vu, s'est présentée à ce titre : Karl Amenda. Mais Beethoven lui attribuait, on s'en souvient, une origine imaginaire faisant de lui un fils du "*Père Rhin*" (« Tu n'es pas de Vienne, toi... Tu es de ceux que ma patrie aime à mettre au monde » -L 53, p. 71-). Le tutoiement ne semble donc pas en soi constituer un fait particulièrement significatif ici. Tout juste pourrait-on se demander si c'est le nom "*Beethoven*" ou le prénom "*Ludwig*" qui aurait dû suivre le "*Ton*" de la fin de la lettre à Stephan. Il est probable que c'est le nom

---

[1] À cela une exception : Beethoven adoptait le tutoiement avec Franz von Brunswick qu'il tenait, il le dit plusieurs fois dans les lettres qu'il lui adresse, comme un *frère*. En été 1813, il lui écrit une lettre qui commence par « Mon cher ami, mon *frère* ! » et il dit ceci de particulièrement significatif : « Tous mes vœux, frère aimé ; sois-en un pour moi ; je n'ai personne d'autre que je pourrais appeler ainsi ! » (L 477, p. 467). Cela prend évidemment ici toute son importance !

qui aurait été indiqué. Dans les lettres à ses amis, il signe en effet toujours de son nom, le prénom s'incluant dans la signature complète "Ludwig van Beethoven" au sein de lettres à portée essentiellement officielle.[1] De plus, on trouve dans la lettre à Amenda du 1er juillet 1801, ainsi que dans celle à Wegeler du 29 juin de la même année, la formule complète "Ton Beethoven".

Un autre aspect de la lettre à Stephan semble plus parlant et ramène, par une voie inattendue, au *Testament d'Heiligenstadt*. Il s'agit d'une lettre d'excuses. Ce n'est pas la première. On a pu s'arrêter sur une première qu'il adressait à Hummel (L 34), mais il ne s'agissait pas d'un ami d'enfance. Une autre, très proche dans son contenu de celle à Stephan, est beaucoup plus intéressante. Il s'agit d'une lettre dont la date est inconnue (on peut juste en situer approximativement l'écriture entre 1794 et 1796) qui a pour destinataire Wegeler (L 15, p. 24-26). Beethoven y présente non seulement ses excuses suite à une dispute, mais il y réclame, comme avec Stephan, le retour de l'amitié chez l'autre. Les deux lettres, d'ailleurs, s'achèvent avec une formule quasiment identique : « Tu accourras, n'est-ce pas ? te jeter dans mes bras avec la même confiance que tu le faisais autrefois » (à Stephan von Breuning, L 98, p. 133) ; « Moi-même je viens à toi et je me jette dans tes bras en ami repenti, et tu reviens à moi, à ton Beethoven qui t'aime et jamais ne t'oubliera » (à Wegeler, L 15, p. 25-26).

Il est un détail, dans ces deux lettres, qui doit arrêter l'attention. Dans celle à Stephan, il ajoute la phrase « Tu accourras n'est-ce pas ? » *après* la formule amputée de la signature « Ton ». Or, dans celle à Wegeler, il écrit au *verso* de l'autographe : « Je viens de recevoir ta lettre, juste au moment où je rentrais chez moi. » De plus, *aucune signature* ne figure dans cette lettre à Wegeler. Pareil détail n'est pas sans rappeler le texte du *Testament* où, en effet, quelques jours après un premier temps rédactionnel, Beethoven ajouta sur le document dûment cacheté un second texte admettant justement la seconde personne du singulier (« *Ainsi, je prends congé de toi, et en vérité bien tristement* » - *Testament* 93-). Il s'agissait, on l'a vu, de l'*espoir* (et non de quelque inconnue qui aurait été aimée). Ces *addenda* possèdent, c'est peut-être là le plus important, une thématique identique, celle d'une perte qui ne peut être admise : il reçoit de Wegeler une lettre qui le motive à écrire une lettre d'excuses ; à Stephan, le futur de l'expression « Tu accourras » se combine avec la référence explicite d'un passé (« autrefois ») perdu ; dans le *Testament*, c'est l'espoir qui est perdu et le texte s'achèvera d'ailleurs sur l'hypothèse d'un futur où la perte s'énonce sans retour possible à l'endroit de la joie qui fait écho à celle du passé avec Stephan : « Quand, quand, Divinité, la ressentirai-je encore une fois ? Jamais ? Non… Ce serait trop dur ». C'est

[1] On verra cependant, un peu plus loin, quelques exceptions à ce titre.

la même temporalité qui se présente donc, qui gravite autour de la thématique centrale de la perte, celle de l'amitié, celle d'un passé de bonheur et de complicité ou celle de la joie. On se souvient, à ce titre, que le *Testament d'Heiligenstadt* est fondé dans sa logique intrinsèque sur le temps essentiel du futur antérieur (« Vous *aurez su* quand je ne serai plus »).

Au final, ce sont surtout les lettres à Bernard et celle à Stephan von Breuning qui fournissent un éclairage intéressant sur la suspension graphique relative à la signature de Beethoven. La perte se présente comme insupportable pour celui-ci, que ce soit à propos de la tutelle de son neveu (lettres à Bernard) ou à celui de l'amitié d'un proche (lettre à Stephan). De perte, il était bel et bien question, justement, dans le *Testament d'Heiligenstadt*. Néanmoins, c'était le prénom d'un autre qui laissait place à un blanc. À moins, comme certaines remarques qui précèdent ont pu amener à le penser, qu'il y ait été question également d'un Ludwig enveloppé de blanc, couleur du linceul. Ludwig-Maria ? Peut-être... Mais on va voir plus loin qu'il n'est pas le seul.

Variations sur le nom de ...

Une autre forme de signature, qui use du blanc d'une façon tout autre que dans les cas précédents, doit être mentionnée. Elle ne concerne pas le prénom mais cette fois le nom de famille que le compositeur emploie, dans certaines lettres, avec des omissions littérales, concernant les voyelles le plus souvent mais pas uniquement, ce qui donne au final un nom parfois simplement raccourci, ou alors réduit aux consonnes, rendant parfois le nom de Beethoven à peine identifiable. Ces variations sur le nom de famille sont significatives si on considère les destinataires des lettres concernées. On trouvera ci-dessous la totalité des variations trouvées dans la correspondance, avec pour chacune l'indication du destinataire et de l'année à laquelle appartient la lettre.

Plusieurs variantes du nom "*Beethoven*" se présentent. La première, en soi tout-à-fait justifiée par l'usage et en cela de moindre intérêt, consiste en l'emploi de simples initiales. Parfois, la signature se limite à la simple lettre "*B*". Ce sont les proches qui sont ici avant tout concernés, Zmeskall en tête (4 lettres), mais aussi Schindler, Karl le neveu (2 lettres) ou Holz (1 lettre). Seul l'éditeur Artaria échappe à la série des proches (2 lettres). Deux fois se présentent les initiales des nom et prénom : "*LvB*" (une première fois pour Zmeskall, une seconde pour l'éditeur Artaria). Une fois seulement, on trouve la forme "*Lv*" dans une lettre adressée à un autre éditeur, Steiner.

1) Nom abrégé

Signature	Destinataire	Lettre	Année
B	Zmeskall	87	1803
	Zmeskall	347	1812
	Zmeskall	471	1814
	Zmeskall	697	1816
	Artaria	975	1819
	Schindler	1288	1824
	Schindler	1331	1824
	Rellstab	1366	1825
	Karl (neveu)	1465	1826
	Karl	1493	1826
	Holz	1512	1826
LvB	Zmeskall	240	1809
	Artaria	962	1819
Lv Beeth	Nanette Streicher	824	1817
Lv Beet	Zmeskall	793	1817
Beethov	Mayer	129	1806
	Neate	599	1816
	Bernard	991	1819
	Haslinger	1025	1820
	Dietrich	1031	1820
	Diabelli	1172	1823
	Holz	1519	1826
Beetho	Treitschke	1068	1821
	Schindler	1334	1824
	Haslinger	1457	1825
Beeth	Zmeskall	66	1802
	Cherubini	1154	1823
	Grillparzer	1242	1823
Beet	Schindler	1126	1823
Bee	Ries	1237	1823

2) Elimination complète des voyelles

Signature	Destinataire	Lettre	Année
Lv BTHVN	Zmeskall	37	1799
	Hoffmeister	50	1801
	Ries	61	1802
	Ries	92	1805
	Bigot	191	1808
	Steiner	744	1817
	Steiner	749	1817
	Steiner	751	1817
	Haslinger	1184	1823
	Pasqualati	1549	1827

BTHVN	Zmeskall	27	1798
	Amenda	32	1799
	Amenda	36	1799
	Wegeler	54	1801
	Zmeskall	56	1801
	Hoffmeister	57	1802
	Zmeskall	65	1802
	Zmeskall	68	1802
	Mähler	107	1804
	Mayer	123	1807
	Bigot	139	1807
	Joséphine Deym	151	1807
	Bigot	190	1808
	Zmeskall	210	1809
	Zmeskall	244	1810
	Zmeskall	251	1810
	Gleichenstein	254	1810
	Zmeskall	368	1812
	Zmeskall	438	1813
	Schindler	1132	1823

3) Elimination partielle des voyelles

Signature	Destinataire	Lettre	Année
BTHOVEN	Gleichenstein	291	1810
Lv BTHVEN	Varena	414	1813
BTHVEN	Zmeskall	364	1812
BETHVN	Zmeskall	456	1814
BEETHVN	Holz	1505	1826

4) Autres variations

Signature	Destinataire	Lettre	Année
BEETVN	Schindler	1341	1824
Lv BHVN	Zmeskall	14	1794
	Haslinger	763	1817
Lv BTHV	Gleichenstein	160	1807
	Haslinger	735	1817
BTHV	Ries	100	1804
BTVN	Holz	1515	1826
	Schindler	1115	1822
BVN	Schuppanzigh	1279	1824
	Schindler	1283	1824
BEETN	Bernard	969	1819
BETN	Holz	1458	1825

	Schindler	1138	1823
	Schindler	1189	1823
	Schindler	1222	1823
	Schindler	1282	1824
BN	Haslinger	1312	1824
	Schindler	1329	1824
	Haslinger	1388	1825
	Holz	1483	1826
	Holz	1511	1826
	Holz	1525	1826

Se présentent ensuite plusieurs contractions qui laissent encore deviner aisément le nom du compositeur, les seules dernières lettres étant absentes. La forme "*Beethov*" est la plus fréquente, toujours indifféremment pour des proches (2 : Bernard et Holz) ou dans des lettres professionnelles (5 : Neate, Haslinger, Dietrich, Mayer et Diabelli), de même celle "*Beetho*" (1 lettre à un proche –Schindler-, 2 dans des lettres professionnelles (Treitschke et Haslinger). L'ajout des initiales du prénom et de la particule se trouve dans deux lettres adressées à des proches seulement : un "*LvBeet*" se trouve dans une lettre à Nanette Streicher et dans une autre adressée à Zmeskall. Deux dernières contractions révèlent que l'économie graphique, quand elle atteint un certain seuil, ne prend place que dans une relation aux seuls proches du compositeur : un "*Beet*" se repère dans une lettre à Schindler, et même un "*Bee*" dans une autre à Ries.

Rien de significatif, apparemment, ne semble ressortir de l'usage de la simple contraction consistant à faire l'économie graphique des dernières lettres du nom de famille qui garde, sauf dans les derniers cas extrêmes, sa pleine lisibilité. Tout autrement il en va lorsque le nom n'est plus simplement abrégé mais transformé, en fonction d'omissions qui concernent cette fois des parties internes du nom. La forme la plus fréquente à ce titre est l'emploi des seules consonnes du nom "*BTHVN*". Seuls sont concernés ici, comme destinataires, des proches : Zmeskall, encore lui, est largement en tête (11 lettres), les autres ne se présentant que sporadiquement (Bigot et Amenda, 2 lettres ; Hoffmeister, Wegeler, Mayer, Joséphine Brunswick-Deym, Gleichenstein, Mähler et Schindler, 1 lettre). Assez souvent (à dix reprises), les initiales "*Lv*" précèdent une telle forme et marquent une proximité avec le destinataire, même s'il s'agit pour certains d'éditeurs.[1] Les autres configurations ("*LvBHVN*", "*LvBTHV*", "*BTHV*", "*BTHOVEN*", "*BTHVEN*", "*LvBTHVEN*", "*BEETHVN*", "*BEETVN*", "*BEETN*", "*BVN*", "*BN*", "*BETN*", "*BTVN*") concernent, dans la quasi-totalité des lettres concernées, des proches. Seul Varena, le fondateur de l'Association musicale de Graz, échappe à la règle, même s'il n'est pas exclu qu'un lien franchement amical se soit établi entre le compositeur et lui.

Il ne ressort pas grand-chose de significatif dans ces variations sur le nom de "*Beethoven*". On retiendra que la variation est la plus importante lorsque le destinataire de la lettre est un ami proche du compositeur. Le blanc, qui prend la forme ici d'une suspension plus ou moins importante de lettres est affaire privée, pourrait-on dire. On se souviendra en effet que, toutes les fois où

[1] Certains éditeurs étaient devenus des amis proches du compositeur. Ce fut le cas d'Haslinger, mais aussi de Steiner que Beethoven surnommait fréquemment "*Generalissime*", en italien.

Beethoven écrit à une autorité ou pour une raison strictement professionnelle, le prénom ainsi que le nom se présentent intégralement en guise de signature.

Cette dimension personnelle se retrouve globalement dans le parcours de la correspondance beethovénienne en localisant les lettres où un blanc, quelle qu'en soit la forme, apparaît. Plus que des éléments permettant d'aboutir à une conclusion ferme, ce sont des occasions qui se présentent. Les lettres à Bernard, notamment, ont permis de voir surgir le couple infernal "Johann - Johanna" dans un contexte très particulier, celui de l'adoption du neveu, mobilisant un enjeu identificatoire particulièrement complexe chez le compositeur. Johann, le frère dont le prénom laissait place à un blanc dans le *Testament d'Heiligenstadt*, occupe d'évidence dans cette affaire une place centrale. Et la mort du frère Carl ne saurait suffire à le justifier, puisque c'est précisément son prénom qui a fait l'objet d'une suspension graphique dans le *Testament* de 1802. La lettre à Stephan von Breuning, qui se terminait quant à elle par un "*Ton*" isolé, s'est révélée particulièrement intéressante dans la mesure où, dans un contexte formel qui n'est pas sans rappeler le *Testament d'Heiligenstadt* (*addenda* après signature), la thématique de la perte y était évoquée en motif central, à l'identique de cette lutte acharnée pour la tutelle du neveu Karl dont la perte est justement ce qui conduit Beethoven à prendre Johann, et même, implicitement Bernard lui-même, comme des alliés de la mère Johanna qui fait objection à ce que cette tutelle lui soit attribuée exclusivement.

Les variations qui se sont présentées sur le nom "*Beethoven*" ont révélé quant à elles que le compositeur savait jouer avec son nom, comme il le faisait souvent avec les mots, dans un contexte épistolaire convoquant essentiellement ses proches. Or, il est intéressant de noter que, si le nom de famille admet ainsi de multiples variations, le prénom, quant à lui, n'en admet quasiment aucune (tout juste peut-il être réduit à son initiale "*L*" sans qu'il soit possible d'identifier un destinataire au statut précis). Il peut être absent, notamment dans le cadre de billets rédigés à ses proches. Mais à ceux-ci, le prénom seul n'est jamais employé. C'est le nom de famille qui se présente pour eux, de façon complète ou avec les variantes qui viennent d'être vues. Se présentent néanmoins deux exceptions qui, dans le contexte de la présente réflexion, sont d'une importance cruciale.

Les deux privilégiés de "Ludwig" : *Johann et …… de concert*

Je le répète, lorsque Beethoven écrit à ses amis, même proches (tels Amenda, Wegeler, Stephan von Breuning…), il signe de son nom de famille, avec ou sans les variations dont il vient d'être question. L'ensemble de la correspondance de Beethoven révèle ceci d'assez extraordinaire que la signature limitée à l'emploi du seul prénom "*Ludwig*" concerne en tout et pour tout deux personnages.

Le premier ne surprendra pas ! Il s'agit en effet de la célèbre "*Immortelle bien-aimée*", à qui Beethoven a écrit trois courtes lettres les 6 et 7 juillet 1812. Il est déjà significatif, surtout dans le cadre d'une réflexion sur le *Testament d'Heiligenstadt* où le problème de l'adresse est justement essentiel, que le nom du destinataire soit inconnu. C'est là, on le sait, l'une des plus fameuses énigmes de la biographie beethovénienne, sur laquelle, entre autres hypothèses parfois totalement farfelues, se disputent deux écoles, celle américaine qui est convaincue qu'il s'agit d'Antonia Brentano,[1] et celle française, avec les Massin,[2] qui plaide en faveur de Joséphine Brunswick. Cette omission du destinataire n'est pourtant pas unique dans la correspondance. 101 lettres très exactement[3] n'en possèdent pas. En revanche, cette inconnue est la première, et la seule, pour laquelle Beethoven signe de son seul prénom (L 373, p. 416) : « Ton fidèle Ludwig ».[4] Le prénom "*Ludwig*" isolé apparaît donc avant tout dans le contexte d'une relation amoureuse. Et encore ! Dans les autres lettres adressées à des femmes qui ont été aimées par le compositeur, c'est le nom "*Beethoven*" qui, seul, apparaît. Cela se vérifie même avec Joséphine Brunswick qui pourrait avoir été l'*Immortelle bien aimée* (cf L 142, p 186 ou L 156, p. 199). En cela, l'emploi du seul prénom "*Ludwig*" en guise de signature prend ici un relief particulier, en ce que la lettre est adressée à une femme aimée mais dont le nom laisse place à un blanc…

Mais il est une autre occurrence quant à l'emploi isolé de ce "*Ludwig*" comme signature, qui s'avère beaucoup plus intéressante, car le destinataire des lettres en question n'est autre que : Johann van Beethoven lui-même !

19 lettres lui sont adressées dans l'ensemble de la correspondance du compositeur. Leur fréquence est très variable dans le temps. Une première date de 1796 (L 16), une seconde de 1809 (L 205), mais les autres ne se présenteront qu'à partir de 1822 : 11 en 1822, 2 en 1823, une seule en 1824, 2 en 1825 et une dernière en 1826. C'est en 1822 seulement qu'apparaît, en guise de signature, l'emploi du seul "*Ludwig*", et ce dans des lettres qui, pour la plupart, soulignent une intimité de ton particulièrement rare chez Beethoven, en tout cas avec son frère. Les lettres commencent la plupart du

---

[1] Solomon (Maynart), op. cit.

[2] *Recherche de Beethoven*, op. cit.

[3] 103 si on ajoute deux billets adressés à un marchand de poissons en décembre 1822. 82 de ces lettres admettent une hypothèse d'Anderson quant au destinataire.

[4] Pour être très précis, la signature "*Ludwig*" n'apparaît que dans la première des trois lettres écrites à *l'Immortelle bien-aimée*. La seconde n'admet aucune signature et la troisième, celle du 7 juillet, n'admet que l'initiale "*L*".

temps par « Cher frère » (L 1086, L 1089, L 1094, L 1097, L 1101, L 1107, L 1323), « Excellent frérot » (L 1087), voire, de façon plus spectaculaire, « Excellent frérot. Propriétaire de toutes les îles danubiennes des environs de Krems. Directeur de toute la Pharmacie autrichienne » (L 1103). De plus, la signature "Ludwig" qui conclut les lettres est régulièrement précédée de l'expression « Ton frère fidèle » (L 1078, L 1087, L 1094, L 1097, L 1101, L 1103, L 1323). En tout cas, la proximité, en cette année 1822 et un peu plus tard, semble être de mise entre les deux frères. On est bien loin de ce qui, en 1819, figurait à son propos dans les lettres à Bernard !

Pourquoi ce changement si radical à l'égard de ce "*conspirateur*" de frère, comme il le nommait en 1819 en le tenant comme un suppôt de Johanna la vipère ? Il n'est pas difficile de le comprendre. En cette année 1822, Beethoven est sorti du démêlé juridique qui l'opposait violemment à Johanna. Le 8 avril 1820, la cour d'appel, contactée le 7 janvier sur le conseil du Dr Bach, s'est prononcée en faveur du compositeur pour la tutelle de Karl. Peters et lui sont officiellement et définitivement nommés cotuteurs. Exit, donc, cette empoisonneuse de mère.[1] Désormais, le neveu est à lui, et il n'a plus à combattre la vipère Johanna. Cela donne après-coup toute la démesure de l'attitude du compositeur dans ses lettres à Bernard, où Johann et même Bernard lui-même se voyaient soupçonnés, voire accusés d'association malfaisante avec la mère de Karl pour le soustraire à la tutelle. La lutte est derrière lui ! La mauvaise mère ne contaminera donc pas son fils-neveu. Les juges l'ont enfin décidé... La suite, on le sait, montrera que le pire reste à venir, la fonction de père d'emprunt se voyant forcément contredite par le neveu lui-même qui ne pourra pas ne pas lui renvoyer, en grandissant, cette différence que son fantasme de père-mère tout-puissant évinçait en soi.

En tout cas, on comprend que, Johanna écartée de la scène, Johann ne soit plus l'ennemi qu'il attaquait violemment en 1819. Il est redevenu ce "*cher frère*". Quoique "*redevenir*" n'est pas le terme adéquat ! Ce n'est peut-être pas la première fois qu'il le surnomme ainsi (l'expression "*cher frère*" apparaît déjà dans la première lettre connue qu'il lui écrit le 19 février 1796 –L 16- ainsi que dans la lettre du 28 mars 1809 –L 205-), mais la signature limitée au seul "*Ludwig*" ne se présente qu'à partir des lettres de 1822, et elle restera ainsi jusqu'à la fin,[2] et ce même lorsqu'une dispute peut se présenter entre eux. La dernière lettre qu'il lui écrit, par exemple, est un billet composé d'une phrase qui fait comprendre qu'il s'est disputé avec Johann : « *Je ne viendrai*

[1] Johanna tentera un ultime recours auprès de l'Empereur lui-même, sans succès.

[2] À cela deux exceptions dans des lettres datées d'été 1822. Dans la première, il signe « Ton frère fidèle Beethoven » (L 1089) et, dans la seconde, « Ton frère fidèle L v Beethoven ». Mais il s'agit de deux lettres très courtes concernant des affaires concrètes à mener, notamment le déménagement d'un piano.

pas » et il signe : « Ton frère ??????!!!! Ludwig. » Le "Johann nouveau" semble donc arrivé, en cette année 1822. Au-delà de toute dispute, fait rarissime, son frère fidèle ne cessera de le lui signifier de sa signature "*cher frère*".

Mais pourquoi ce rapprochement, voire cette naissance d'un lien si fort se produisent-ils en 1822 seulement, alors que l'affaire de la tutelle est close depuis près de deux ans ? On pourrait convenir simplement qu'il a fallu qu'un certain temps passe avant que Beethoven puisse retrouver une pleine confiance en son frère. On ne passe pas aussi rapidement du statut de conspirateur à celui d'excellent frère ! Les premières lettres envoyées en 1822 à Johann apportent cependant un élément essentiel pour le comprendre. L'une des premières que Beethoven lui envoie (L 1086, p. 1056-1058), après un silence de douze ans,[1] a été rédigée en plusieurs jours : du 22 au 26 juillet 1822.[2] Le style de la lettre est très particulier, le compositeur témoignant d'une tentative de rapprochement à renfort de formules incitatives, formulées au conditionnel, à son endroit (« Si tu lisais tes lettres » ; « Tu pourrais venir » etc). On y sent un appel au frère et à son retour vers lui, affectivement autant que matériellement.[3] Mais la seconde lettre (L 1087, p. 1058-1060) précise la raison de cet appel. Beethoven lui demande de lui prêter de l'argent (« J'aimerais que tu m'écrives si tu peux te priver d'une certaine somme pour que je ne sois pas empêché de me rendre au moment voulu à Baden où je devrai séjourner un bon mois » -p. 1059-). Cela pourrait certes être imputé à un manque circonstanciel et passager, surtout que l'état de pharmacien de Johann lui a permis d'accumuler une certaine fortune.[4] Mais la demande va plus loin qu'un simple prêt. Beethoven l'engage en effet à s'occuper de ses affaires professionnelles. Et il le lui demande en termes à peine voilés (« En ta qualité de commerçant, tu as toujours été un bon conseiller. Steiner et d'autres cherchent à me pousser au pied du mur. Ils insistent pour que je promette par écrit de leur céder toutes mes œuvres » -p. 1059-). Un peu plus loin, il ajoute : « Si tu étais ici, l'affaire serait vite réglée » (p. 1060), Johann est ainsi invité à servir de secrétaire à son frère, comme jadis,... Carl !

Le rapprochement avec Johann semble donc reposer à la fois sur la fin des démêlés juridiques concernant la tutelle et sur la convocation simultanée du frère à une fonction occupée autrefois par l'autre frère, Carl. Il ne s'agit évidemment pas de deux affaires isolées ! D'un côté, Johann est enfin isolé de Johanna, la mère de Karl ; de l'autre, Carl, se retrouve à travers la fonction

---

[1] La première date de mai 1822 très exactement. On retrouvera la lettre en question (L 1078, p. 1045) plus loin.

[2] Comme le *Testament d'Heiligenstadt*, et comme la lettre à l'Immortelle bien-aimée.

[3] Il sera même question d'une cohabitation avec lui... (cf L 1107).

[4] Beethoven, maintes fois, le lui signifie dans les lettres, de façon le plus souvent sarcastique.

que Beethoven souhaite attribuer à Johann. En vérité, on comprend, dans cette proximité de prénoms (Carl-père / Karl-fils ; Johann-frère / Johanna-mère), que Beethoven soit amené à signer de son seul prénom. Johann sans Johanna, tout en occupant la place de Carl, a peut-être fourni au compositeur le moyen d'écrire son prénom sans qu'un double, *Maria*, vienne le hanter… Peut-être même est-il question d'une suspension graphique à l'endroit de ce dernier prénom. Et elle est de nature à rappeler un autre blanc, celui qui figurait en lieu et place de Johann, dans le *Testament d'Heiligenstadt*…

La couleur du linceul…

De la recherche du "*blanc*" dans la correspondance beethovénienne ressortent certains éléments particulièrement significatifs. C'est avant tout à l'adresse d'un proche que le compositeur s'autorise à signer avec de simples initiales ou à varier l'orthographe de son nom. Cela reste cependant de l'ordre de l'exception, sans adresse particulière, la signature la plus habituelle demeurant, même avec ses amis les plus intimes, le nom de famille entier "*Beethoven*". C'est voir que le blanc apparaît notamment en certaines occasions qui, quelle que soit leur nature, rappelle que le rapport à l'autre est chez lui foncièrement conflictuel. C'est ce qu'on a vu par exemple dans la lettre d'excuse à Stephan von Breuning, mais surtout dans celles qui trouvaient place dans le contexte précis des démarches réalisées pour la tutelle du neveu Karl. Dans les lettres à Bernard, dont deux se voyaient signées d'un « *votre* » sans suite, l'agitation était à son extrême, dans la mesure où cette affaire était encore indécise quant à son aboutissement. Beethoven se montrait prêt à considérer son interlocuteur, Bernard, comme son ennemi, à l'instar surtout de Johann tenu comme conspirateur aux côtés de Johanna.

Que ce soit dans le procès relatif à la tutelle ou dans la dispute avec Stephan von Breuning, la perte occupe l'avant-plan chez Beethoven. On ne saurait en être surpris, si on se rappelle l'ambivalence qui se présentait dans le *Testament d'Heiligenstadt* où l'isolement était pour lui à la fois insupportable et seul recours possible. Conflit… Toujours chez Beethoven !

Ces points d'observation essentiels (c'est à un proche qu'il s'adresse, dans un contexte de conflit où la thématique de perte occupe le premier plan) se sont retrouvés tandis qu'il était question de repérer dans ses lettres la présence du seul prénom "*Ludwig*", le blanc se présentant alors sur l'intégralité du nom de famille, particule comprise. Et c'est Johann, encore lui, qui s'est présenté comme le destinataire privilégié de telles lettres, et ce à une période où une accalmie se présentait dans l'affaire de la tutelle. Il s'agissait alors de retrouver le frère Carl, au-moins dans la fonction de secrétaire que celui-ci occupait à la période avoisinant celle de la rédaction du *Testament d'Heiligenstadt*, dans le transfert de celle-ci à l'autre frère, Johann. Surtout, il s'agissait en même temps de retrouver Johann radicalement disjoint de Johanna, la mère abhorrée de Karl. L'emploi du seul "*Ludwig*" prend alors tout son sens de se voir dépossédé d'un attribut, celui du "*Maria*" que possédait son frère mort peu avant sa naissance, au moment où Johann n'était plus confondu dans la même cause hostile que son homonyme féminin Johanna.

Il est donc question, à l'issue de cette investigation, d'un "*blanc*" inattendu, celui de "*Maria*", qui fait écho au blanc de "*Johann*" dans le *Testament* de 1802, à une période où il est question pour Beethoven de s'affirmer comme *père* de son neveu... Or, Johann était bien le prénom du frère, mais aussi celui du *père* de la famille Beethoven...

Le prénom semble en définitive occuper une place essentielle dans l'économie subjective du compositeur. Les similarités (Carl - Karl ; Johann - Johanna ; Johann le frère - Johann le père ; Ludwig Maria - Ludwig) se répètent trop pour ne pas inviter à poursuivre l'analyse au niveau de la constellation familiale dans laquelle ces prénoms prennent leur véritable portée. La question se pose en effet de savoir si le blanc qui se présente en lieu et place du prénom de Johann dans le *Testament d'Heiligenstadt* ne signe pas la présence insistante d'un "autre" qui hante Beethoven de toujours, et qui se montrera particulièrement vorace lors de l'affaire de la tutelle du neveu. Ludwig-Maria ? Sans doute. Mais pas seulement...

Le blanc renvoie à l'idée d'un vide, mais l'acte suspensif (qui n'est pas une omission) qui le détermine dans le *Testament* indique qu'il est des vides où se précipitent maintes choses qui ne peuvent être vues. Il est vrai aussi que le blanc est la couleur du linceul...

II) DU BLANC GRAPHIQUE AU TROU GÉNÉALOGIQUE

La suspension graphique aboutissant à un blanc en lieu et place du prénom d'un autre est donc unique dans les écrits beethovéniens. On a pu en trouver l'équivalent dans la correspondance au seul niveau de la signature dans certaines lettres ou, de façon plus indirecte et originale, dans les déformations infligées à son nom de famille. De façon plus significative encore, on a pu s'apercevoir que c'est auprès de Johann (exception faite de la lettre à l'*Immortelle bien-aimée*), celui-là même dont le nom manque dans le *Testament d'Heiligenstadt*, que Beethoven s'autorise à signer de son seul prénom "*Ludwig*". La question que pose le blanc dans le *Testament* est donc indissociable de l'emploi du prénom, et ce d'autant plus qu'au blanc du

Testament et à la signature limitée au seul prénom s'ajoute une succession de proximités particulièrement significatives qui ont jonché les analyses précédentes (Johann - Johanna ; Ludwig Maria – Ludwig ; Carl – Karl...). C'est pourquoi il convient à présent de s'arrêter sur les différents prénoms qui se présentent au sein de la famille Beethoven.

On sait combien le compositeur est resté attaché, toute sa vie durant, à sa terre d'origine, à *Vater Rhein*. Il faut là entendre bien plus qu'une simple nostalgie restée vivace chez un compositeur déraciné. Vouloir comprendre ce phénomène de suspension graphique concernant "*Johann*" dans le *Testament d'Heiligenstadt* revient forcément à interroger la place que Beethoven occupait vis-à-vis de ses frères mais aussi, voire avant tout, au regard de ce qui fit originellement choix de lui donner le prénom d'un autre, mort un an avant sa naissance...

Le poids du prénom

Le choix d'un prénom, chez les parents, possède une charge symbolique essentielle. Déjà, le nom signe l'appartenance primordiale au champ du langage. « *Mater certa sed pater semper incertus est !* ». La mère est toujours sûre, jamais le père ! Si, traditionnellement, c'est du côté du père que se voit déterminé le nom de famille, c'est que lui seul constitue l'enjeu d'une désignation fondamentale.[1] On peut savoir, sans contestation possible parce que vérifiable *de visu*, d'où vient l'enfant. Sa *mater* première[2], la mère, ne souffre d'aucune possible remise en question. Tout autrement il en va pour le père qui, dans le moment-même où il est désigné comme tel par la mère, signe l'entrée de l'*infans* dans la négativité inhérente au langage. On peut certes aujourd'hui *vérifier* cariotypiquement la paternité (réduite alors au seul sens de géniteur), mais cela reste bel et bien sur la base d'une question qui appelle à cette vérification... Un père n'est absolument pas réductible à une fonction de géniteur ! Ce n'est même pas un simple personnage localisé socialement. Il est avant tout une *fonction* qui assure l'entrée dans l'ordre symbolique de l'enfant qui, de là, ne sera jamais réduit à un bout de chair, mais se verra fondamentalement prénommé, c'est-à-dire inclus lui-même dans l'ordre du langage. Le nom que l'on porte n'est jamais ce que l'on est. Il est là pour nous *représenter* !

Le nom de famille ne relève pas d'un choix. D'entrée de jeu, il s'impose comme celui du père, entendu comme l'ordre symbolique qui fait qu'au-delà d'un simple ventre maternel, l'origine constitue une question sans réponse.

---

[1] N'en déplaise aux modifications juridiques à ce titre...

[2] *Mère* et *matière* ont la même racine étymologique : *Mater* !

Cette question peut remonter de génération en génération sans qu'il soit possible de demeurer dans le vérifiable, puisqu'il échappera toujours une donnée relative à l'un ou l'autre parent d'une génération précédente. Les passionnés de généalogie le savent bien ! Le nom fait d'une simple cause matérielle (maternelle) l'enjeu d'une histoire qui se construit et qui convoque l'ancêtre. À travers les siècles, le nom est le même (du côté paternel en tout cas) et une multitude de personnages se sont croisés pour l'entretenir à travers le temps. Tout autrement il en va pour le prénom, où le choix est de mise. Il n'est absolument pas quelque "*petit nom*" qui représenterait l'individu au sein d'un ensemble plus restreint qui serait celui de la famille. Dans ce "*même*", celui du nom de famille, qui demeure et fait demeure à travers les vicissitudes d'un temps devenu histoire, le prénom vient signifier la *différence*. C'est pour cela que les prénoms de rois d'une même lignée sont forcément numérotés (Louis X, Louis XI...). Parfois, l'épithète "*junior*" suffit à fonder cette différence générationnelle. En tout cas, il ne s'agit plus, avec le prénom, d'intégrer sur les coordonnées symboliques ce qui assure l'identité (qui signifie avant tout le *même* à travers le temps) mais de la forger, cette identité, à partir de ce que l'autre, dans son choix, y a nécessairement déposé de singulier. Et ce qui s'y trouve ainsi déposé est forcément tributaire de ce qui, inconsciemment, se trouve engagé lorsque, de fille, une femme devient mère, ou, de fils, un homme devient père. Prénommer son propre fils a inévitablement rapport au fils que le père a été et demeure, et à la fille (de) que la mère a été et demeure.

Certes, on peut toujours se rabattre derrière l'argument des modes (certains prénoms ont un succès énorme à certaines périodes et disparaissent). On peut également rappeler que le choix d'un prénom n'est jamais le fait d'un seul, mais de deux. Or, c'est précisément là que réside l'essentiel. Le prénom, qui fait nécessairement l'objet d'un choix, témoigne fondamentalement de ce point de butée où la rencontre entre un homme et une femme se conjugue avec celle d'un nouveau rôle à tenir vis-à-vis de l'enfant qui émane de cette rencontre. Il existe autrement dit une proximité étroite entre le choix d'un prénom et cet autre choix qui a conduit l'homme à se voir nommé père et la femme à devenir mère. Dans ce choix d'un prénom peut être lu ce qui, inconsciemment, répond de l'histoire dans laquelle les parents trouvaient leur place fondée sur ce passage d'homme à père ou de femme à mère.

L'enfant qui vient au monde est d'entrée de jeu doté de projections parentales, idéalisantes dans la plupart des cas mais pas seulement. Certains traumatismes (entendus ici dans un sens très général), plus généralement l'histoire de chacun des deux êtres qui deviennent parents, celle qui est liée à leur union mais aussi celle qui la précède, peuvent être compris dans ces projections. C'est là ce qui est identifié en psychopathologie, sous le nom de "*fantômes*". Quelque chose, inconsciemment, se *transmet* (littéralement, « se met à travers ou entre ») et participe plus ou moins à l'orientation que va prendre la vie à venir de l'individu, dans ses choix, plus largement dans ses positions subjectives face à l'autre. Ce n'est pas là phénomène pathologique. On en observe les effets avant tout dans la vie quotidienne et notamment dans l'ensemble des choix qui la composent. Dans certains cas seulement, elle peut prendre un visage autrement inquiétant. Il faut cependant être clair sur un point : en aucun cas, on ne peut établir, de quelque position d'extériorité qu'on occuperait, la trame inconsciente de ce qui serait supposé déterminer le destin d'un individu. La démarche est diamétralement opposée. Le point de départ est toujours ce qui se présente chez le sujet adulte, plus précisément dans son discours, qui pointe tel fait de son histoire dont l'insistance peut prendre un atour symptomatique et on interroge de là, de là seulement et donc dans le seul après-coup, ce qui dans l'histoire telle qu'énoncée permet de donner sens au présent du symptôme. C'est ce qu'il est possible de vivre lorsqu'on entreprend une psychanalyse.

Même si on n'est absolument pas sur les coordonnées d'une pratique où se déploie une parole en acte (il n'est pas sur le divan d'un analyste, et il serait de toute façon sourd aux interprétations de celui-ci), la question vaut d'être posée dans le cas de Beethoven. La rédaction d'un testament, ou présumé tel, à l'âge de 31 ans, le conflit perpétuel avec ses amis les plus proches, ses continuels échecs amoureux, son obsession d'une pseudo-paternité avec son neveu, constituent autant d'éléments qui posent question et amènent à interroger, ici par la voie privilégiée de ses écrits (et donc au-delà de toute biographie inévitablement orientée), ce qui peut en asseoir le sens.

Les obstacles méthodologiques sont redoutables lorsqu'on aborde un personnage historique avec la lorgnette psychanalytique. On n'a pas affaire à cet acte essentiel qu'est la parole subjective, mais à de simples traces, celles qui se présentent notamment, pour Beethoven, dans sa correspondance. De plus, le risque est grand de procéder à une objectivation réductrice du pire aloi en "*meublant*" ce qui serait tenu comme quelque inconscient localisé chez un individu particulier quand il n'a d'autre place que dans le déroulé d'une parole adressée. Et puis, on ne peut passer sous silence le désir de l'analyste, qui prend la forme ici de ce qui sous-tend le projet d'un savoir sur un autre. De là, le risque est forcément encouru de réduire Beethoven (ou tout autre personnage historique, d'ailleurs !) à un savoir purement projeté à son endroit.

C'est voir au final la prudence avec laquelle les analyses qui suivent doivent être abordées. Je me défendrai en tout cas contre l'idée qu'il puisse s'agir ici d'une espèce de "*psychanalyse appliquée*", dont on trouve la pire illustration dans l'ouvrage des Sterba.[1] Il ne s'agira absolument pas ici d'aboutir simplement à un *savoir plein* sur le compositeur, *a fortiori* sur ce qui serait tenu comme son inconscient (c'est un comble !). Il en va d'un chemin simplement possible qui mène à découvrir le géant sourd pour l'entendre *autrement*, avec un visage qui rappelle qu'il fut, au-delà du masque idéalisé qu'on lui fait habituellement porter, un homme, juste et avant tout un homme. Ce chemin-là, chacun peut le parcourir à la mesure de sa passion pour lui et sa musique.

Je procéderai donc ainsi dans cette analyse que je propose en quatre temps. Après avoir présenté le cercle familial de Beethoven afin d'y repérer certains traits significatifs, j'aborderai successivement les trois protagonistes impliqués dans le *Testament d'Heiligenstadt* : Johann tout d'abord, dont le prénom ne figure précisément pas, Carl ensuite qui s'y voit explicitement convoqué et Beethoven enfin, pour lequel, au vu des analyses produites, la question du fantôme sera posée en guise de conclusion.

Photo de famille

Je partirai donc de la configuration familiale dans laquelle Beethoven a pu grandir. La famille était composée de sept enfants, cinq garçons et deux filles. Trois seulement, Ludwig, Caspar-Anton-Carl et Nikolaüs-Johann, ont dépassé l'âge de l'enfance. Les deux filles sont mortes en bas âge, la première n'ayant vécu que quelques jours et la dernière étant décédée à un an et demi. Quant aux deux garçons, le premier, Ludwig-Maria, ne vécut que six jours tandis que le deuxième parvint à atteindre l'âge de deux ans et demi environ.

L'importance des décès en bas-âge ne saurait ici être tenu pour significatif. La mortalité infantile, à cette époque, était en effet fréquente. Perdre un frère ou une sœur n'était donc pas chose rare. Il convient cependant de distinguer deux formes de perte, celle d'un frère (ou d'une sœur) connu, c'est-à-dire né après soi, et celle d'un frère (ou d'une sœur) né avant soi, le mot "*perte*" devenant alors caduque, en tout cas pour l'intéressé. C'est le cas de Ludwig qui, seul dans la famille, occupa la place de successeur direct d'un frère mort. Lui seul est né après la disparition d'un frère. Il devient de surcroît, avec la mort de Ludwig-Maria, l'aîné de la famille. Cela, en soi, ne serait pas encore vraiment significatif s'il n'avait hérité en plus de son prénom, amputé de celui de Maria. Mais on abordera ce point essentiel plus loin…

[1] Op. cit.

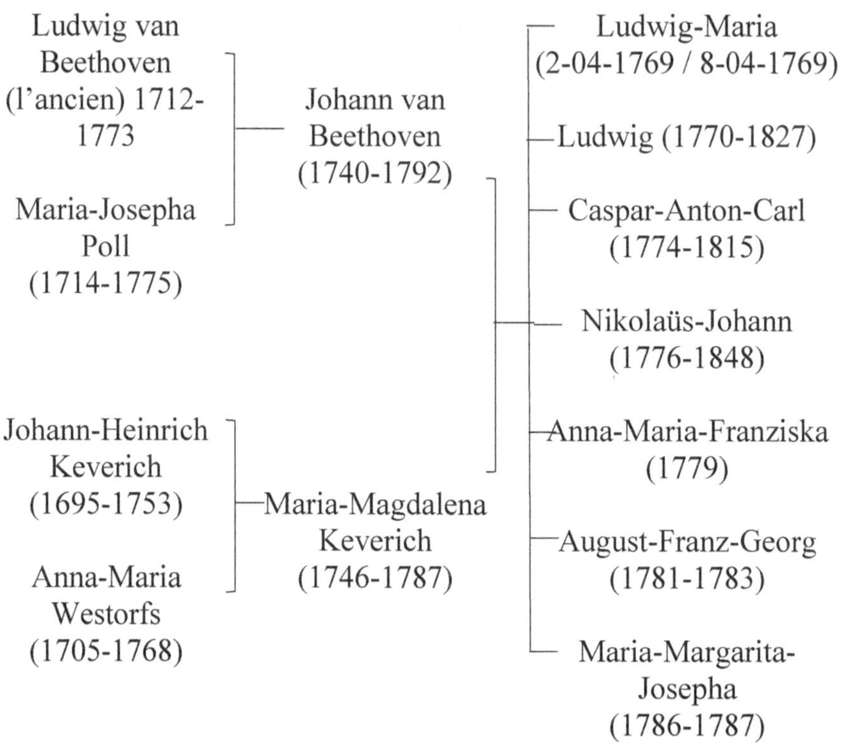

Je resterai pour le moment au seul relevé de données objectives concernant trois générations seulement. Deux prénoms se répètent dans la fratrie : celui de Ludwig, qui concerne les deux premiers enfants (Ludwig-Maria et Ludwig) mais aussi celui de Maria. Le premier convoque, en plus des deux ainés, le grand-père, souvent surnommé "*Ludwig l'ancien*". On verra plus loin qu'un quatrième a existé, très important, mais que je laisse "en blanc" pour le moment. Une proximité se présente entre le prénom de *Ludwig* et celui de *Johann*. S'il est bien un seul Johann dans la fratrie (Nikolaüs-Johann), on le retrouve à deux reprises : chez le père et chez le grand-père maternel Johann-Heinrich Keverich. Cela constitue un trait commun entre les deux frères Ludwig et Johann, contrairement à Carl (Caspar-Anton-Carl) pour lequel le prénom ainsi que ceux qui lui sont adjoints sont uniques et dans la fratrie et par rapport aux générations antérieures. *Quid* de Maria ? Un examen rapide du graphe généalogique ci-dessus montre que tous les individus de sexe féminin portent un tel prénom. On le trouve chez les deux sœurs (Anna-*Maria*-Franziska et *Maria*-Margarita-Josepha), chez la mère (*Maria*-Magdalena) et même chez chacune des deux grand-mères (*Maria*-Josepha et Anna-*Maria*).

Le cas de Beethoven (le compositeur) se présente donc comme unique dans la famille. Lui seul porte le prénom qu'un autre, décédé peu de temps avant lui, de la même génération a porté. Mais l'exception se redouble quand on constate qu'il est seul également à ne posséder aucun prénom adjoint au niveau de sa génération. Il est distingué par rapport à un premier trait qui concerne un frère mort dont il garde le prénom, amputé du prénom adjoint "*Maria*" qui apparaît chez tous les individus de sexe féminin. Mais aussi, avec cette amputation du *Maria*, il est le seul de la fratrie à entretenir une proximité avec les deux figures paternelles : Johann et Ludwig l'ancien, qui n'ont comme lui qu'un prénom.

Le prénom du mort...

On ne saurait cependant se précipiter dans quelque interprétation que ce soit sans être attentif aux usages de l'époque. Donner à un enfant le prénom d'un enfant décédé est aujourd'hui tenu comme une difficulté, chez le parent, d'accomplir un deuil du disparu. Ainsi ce patient, père d'une adolescente qui venait de mettre fin à ses jours, qui affirmait vouloir avoir un autre enfant pour lui donner le prénom de sa fille disparue. L'analyse révélera que ce transfert d'un enfant disparu à un autre projeté reposait sur une tentative de réparation soutenue par une culpabilité intenable chez lui.[1] Cependant, comme le rappelle Closson,[2] « il était de tradition, à cette époque [fin XVIIIème] en Flandres (et peut-être aussi en Allemagne),[3] de reporter le prénom d'un enfant décédé sur un des suivants. » La remarque est importante et va à l'encontre de toute lecture hâtive qui attribuerait, dans la famille Beethoven, le transfert, inconscient ou non, de l'investissement d'un enfant mort (Ludwig-Maria) sur le second (Ludwig). Cependant, trois éléments doivent ici être soulignés.

Le transfert est ici partiel. Le prénom est amputé du second prénom "*Maria*", qui prend d'ailleurs d'autant plus de poids, dans son absence, qu'aucun autre ne se présente. Un "*blanc*" prend ici sa place ! Je le répète, c'est précisément ce qui marque un trait identificatoire (ce ne sera pas le seul, comme on va le voir) qui rapproche Ludwig de son père (qui a pour seul prénom Johann) et surtout de son grand-père paternel (Ludwig l'ancien). L'usage n'enlève donc rien à la situation d'exception qui concerne le prénom du compositeur.

---

[1] L'idée que l'enfant projeté ne puisse être qu'une fille, en cela susceptible de porter sans problème le prénom de la fille disparue, renforçait évidemment l'idée d'un deuil où la réparation occupait l'avant-plan.

[2] Closson (Ernest), *L'élément flamand dans Beethoven*, Bruxelles, Monnom, 1928, p. 35.

[3] Ludwig l'ancien était originaire des Flandres.

Il est notoire d'autre part que le report du prénom, pour les filles de la famille Beethoven décédées, ne concerne que le "*Maria*" qui est celui attribué au frère aîné. Et encore ! Le "*Maria*" n'est pas situé à la même place : de *Anna-Maria-Franziska*, on passe à *Maria-Margarita-Josepha.* On verra cependant dans un instant qu'il est excessif de tenir le "*Maria*" ici présent comme simple projection du prénom de la mère.

Troisième remarque, et c'est de loin la plus importante : le prénom "*Ludwig*" qui se transfère de l'aîné (Ludwig-Maria) au second, n'est pas un fait isolé dans la généalogie des Beethoven. On le trouve en effet à l'identique à l'endroit d'un personnage essentiel, à savoir Ludwig l'ancien lui-même. C'est ce que montre le fragment généalogique ci-dessous :

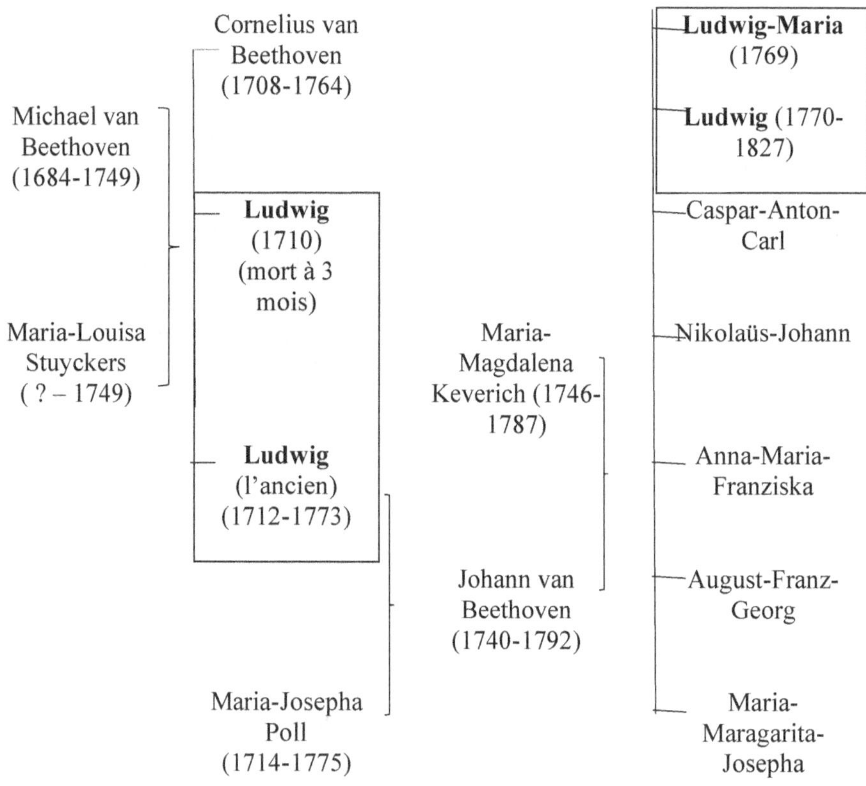

Ainsi, Ludwig l'ancien s'est vu porter, lui aussi, le prénom d'un frère mort deux ans avant sa naissance. Il en va donc d'une répétition qui se voit d'ailleurs prendre une portée d'autant plus grande qu'il s'agit du même prénom "*Ludwig*". Il est notoire, d'ailleurs, que Ludwig l'ancien était de surcroît le parrain de Ludwig-Maria *et* de Ludwig. C'est ce qui justifiait d'ailleurs le choix du prénom. Ainsi, Beethoven portait le prénom d'un frère mort, prénom qui était en même temps celui du même parrain. À cela, on peut ajouter que Ludwig l'ancien avait été auparavant le parrain des deux filles de son frère Cornelius. En secondes noces, celui-ci avait eu une première fille, Anna-Theresa-Josepha (née le 18-03-1755) qui décéda une semaine après sa naissance. La seconde fille naquit quatre ans plus tard, le 6-10-1759, mais décéda, elle aussi, peu de temps après, le 22-02-1760. Avec cette dernière se présentait déjà le transfert du prénom d'une morte, doublé du fait d'avoir le même parrain. La seconde fille de Cornelius s'appelait en effet : *Anna*-Maria-*Theresa*.

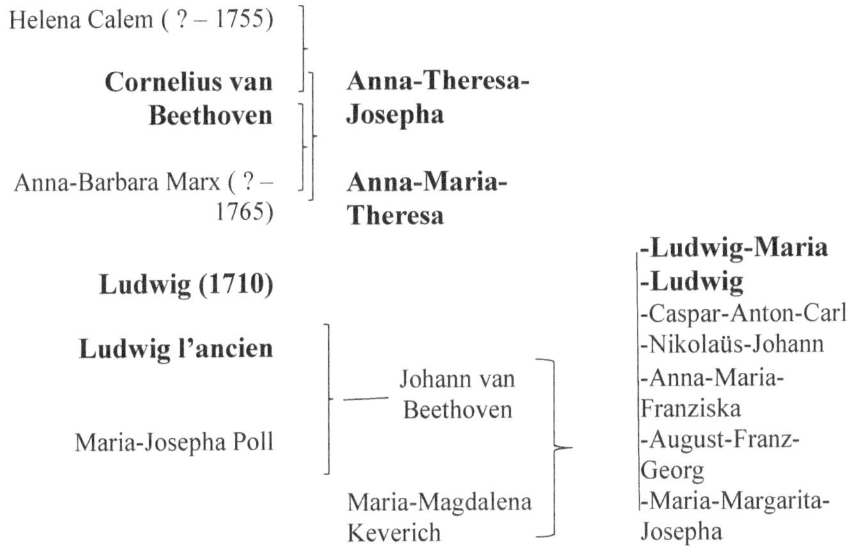

Il est notoire que les deux filles de Cornelius aient été dotées de deux prénoms identiques : *Anna* et *Theresa*. La répétition se posait donc déjà, en rappel du premier Ludwig dont le prénom fut transféré sur l'aïeul de Beethoven, et anticipant la seconde reprise du prénom Ludwig (Ludwig-Maria) pour un autre. On notera également que cette répétition ne semble pas avoir d'antécédents, de façon aussi nette en tout cas, dans la lignée Beethoven. La place de Ludwig l'ancien, en vérité, semble peser d'un poids considérable lorsque s'aménage l'espace dans lequel Beethoven va se développer…

Le poids des parrains et marraines...

L'usage qui voulait que le prénom d'un enfant mort soit transféré sur un autre se présente donc bien ici, mais présente ceci de particulier qu'il concerne avant tout une figure essentielle qui est Ludwig l'ancien, pour son compte personnel, pour les deux filles de son frère Cornelius et pour ses deux premiers petits-fils. Il est un autre usage relatif au choix du prénom qu'il est essentiel de mentionner, parce qu'il va éclairer de façon décisive la place que chacun occupait dans la fratrie du compositeur. Il s'agit du prénom du parrain et/ou de la marraine qui se retrouve explicitement dans celui de l'enfant.

Encore aujourd'hui, on donne habituellement en seconds prénoms ceux des parrain et marraine. Cependant, au XVIIIe siècle, ces prénoms pouvaient déterminer littéralement le prénom usuel, que celui-ci se trouve en premier prénom ou en prénom adjoint. La remarque a son importance, comme le montre l'examen attentif de chacun des membres de la fratrie de Beethoven.

Contrairement à ce à quoi on pouvait s'attendre, le prénom "*Maria*" adjoint au Ludwig né et mort en 1769 ne provient pas uniquement, ni même forcément, de la mère. Il est certes présent chez tous les individus féminins sur trois générations, mais il est avéré que la marraine de Ludwig-Maria était une certaine Anna-Maria Lohe, épouse d'un maître serrurier de la cour, au nom bien français de Jean Courtin. Il est difficile de savoir jusqu'à quel point le "*Maria*" de la marraine entre en résonnance avec tous les individus féminins de la famille. En revanche, côté parrain, les choses ne souffrent d'aucune ambiguïté : il s'agit de Ludwig l'ancien.

Un détail attire ici forcément l'attention. Le prénom usuel, à cette époque, ne correspondait pas forcément, comme aujourd'hui, à celui figurant comme premier lorsque plusieurs se présentaient. Nikolaüs-Johann, par exemple, se faisait appeler simplement "*Johann*". Or, l'originalité du prénom "*Ludwig-Maria*" est qu'il conserve un prénom féminin inchangé (contrairement, par exemple, à Johann qui avait pour marraine une femme qui, comme on va le voir, portait dans son prénom composé celui de "*Johanna*"). Ainsi, le prénom "*Ludwig*" est seul à rappeler le genre masculin de l'enfant. En soi, il n'est pas rare, encore aujourd'hui, d'observer pareil phénomène, notamment avec le prénom de "*Marie*", justement. Pierre-Marie, Marie-Jean, par exemple, sont sans problème identifiés comme masculins malgré la présence d'un prénom féminin. On notera cependant que le cas est isolé dans la famille Beethoven et surtout qu'il implique un prénom qui est sur-représenté sur trois générations au niveau des individus de sexe féminin. Cela n'est pas sans confirmer, une fois encore, le poids de Ludwig l'ancien dans la famille.

Ludwig hérite non seulement du prénom de son frère mort (amputé du "*Maria*") mais également du même parrain. Le "*Maria*" a disparu et avec lui toute possible ambiguïté de genre. Point de rappel du prénom de la marraine ici, qui était Anna-Gertrud Baum, née Müller, (l'épouse d'un caviste de la cour), une simple voisine. En tout cas, Ludwig-Maria et Ludwig ont en commun de posséder un prénom qui reste dans l'enceinte familiale. Cela est vrai pour Ludwig qui renvoie au parrain qui est en même temps le grand-père. Cela est également vrai pour "*Maria*", même si on considère le prénom comme celui de la marraine de l'aîné. Cela prend tout son sens lorsqu'on envisage les autres membres de la fratrie.

Le cas de Carl est en effet très particulier. Hormis le grand-père Ludwig, les marraines de Ludwig-Maria et de Ludwig étaient de simples voisines directes du logement familial. Tout autrement il en va ici. Pour le troisième enfant, né, il est important de le préciser, après la mort de Ludwig l'ancien, est choisi pour parrain Caspar-Anton-Freihen von der Heyden, comte von Belderbusch, ministre du Prince-Évêque. Pour la marraine, il s'agira de la comtesse Caroline von Satzenhofen, abbesse de Vilich et proche du ministre et du Prince. Le choix peut sembler curieux. Certes, Johann le père porte le nom du *Kappelmeister* van Beethoven, disparu un an plus tôt mais dont le souvenir reste vivace à la cour. Mais de là à choisir d'aussi illustres parrain et marraine pour le troisième de ses enfants !...

De fait, c'est un pan de l'activité de Johann qui s'entend dans un tel choix. Comme l'avait été son père, il passe déjà pour être espion à la solde du ministre, un rapporteur intéressé inspirant la méfiance. Selon Michel Rouch, cela « explique en partie son peu de popularité auprès de ceux qui le connaissent, et qu'on ait tendance à noircir son image sitôt qu'on parle de lui. Ce haut parrainage [concernant Carl] peut aussi bien n'être encore qu'en remerciements de services plus personnels demeurés secrets, début d'une longue collaboration. En janvier 1784, après la mort du ministre, un pamphlet vengeur circulera nommant ses informateurs. Parmi eux : "Beethoven, *Hofsänger*"[1] » Il s'agissait donc d'un choix calculé, intéressé. Ce choix, en tout cas, donne à Carl une place diamétralement opposée aux deux premiers de la fratrie. Autant, pour ceux-ci, l'attache familiale se manifestait avec le prénom de Ludwig l'ancien et celui de la mère, voire de toutes les femmes de la famille (Maria), autant ici les prénoms n'ont absolument plus rien à voir avec qui que ce soit dans la famille Beethoven.

À ma connaissance, d'ailleurs, aussi loin qu'on puisse remonter dans la généalogie, c'est la toute première fois que les prénoms "*Caspar*", "*Anton*" et "*Carl*" font leur apparition dans la lignée des Beethoven. Sans doute ce parrainage particulier, qui ne s'appuie que sur des figures extra-familiales,

---

[1] Rouch (Michel), « Ludwig van Beethoven, sa vie, son œuvre, 11, 1774-1778 », *Revue ABF, 13*, premier semestre 2012, p. 59.

appartenant à la cour de Bonn, permet de comprendre qu'usuellement, le prénom "*Carl*" ne soit pas le seul employé pour le désigner. Dans une lettre à Johann de 1796, Beethoven conclut en effet en chargeant ce dernier de transmettre ses salutations « à notre frère Caspar » (L 16, p. 27). Mais sans doute, comme le montre au demeurant le *Testament d'Heiligenstadt*, l'usage de "*Carl*" a-t-il été le plus souvent retenu, au-moins par le compositeur.

Avec Johann, les choses deviennent plus équivoques. Point d'ambiguïté pour les deux premiers qui portaient le prénom de l'aïeul ; point non plus pour Carl, comme on vient de le voir. Johann eut pour parrain Nikolaüs Lapostolle, jeune valet de chambre à la cour, et pour marraine Helena-Johanna Averdonck, une élève en chant de son père et membre des chœurs de la chapelle.[1] Évidemment, le prénom "*Johann*" (forme masculine du second prénom de sa marraine) rappelle immédiatement celui du père, et cela mènera certains auteurs (Solomon, notamment) à tenir cette proximité comme l'une des causes essentielles du blanc laissé en lieu et place de ce prénom dans le *Testament* de 1802 (on le verra plus loin).

De fait, de Johann le père il est encore une fois bien question, sinon dans le prénom, du moins dans le choix comme marraine d'une de ses élèves qui était, comme lui, une espionne à la solde du ministre Belderbusch. Peut-être même Nikolaüs Lapostolle, valet à la cour, l'était-il lui aussi, mais rien ne permet d'en être assuré. De nouveau un choix politique, donc ! On peut néanmoins raisonnablement penser que le prénom "*Johann*", en soi, même s'il provient de sa marraine, rappelait bel et bien le père, sinon pour l'intéressé, du moins pour Beethoven lui-même. Il y eut bien, également, un "*Johann-Baptist*" qui était l'un des oncles de Ludwig l'ancien (un frère de Michel van Beethoven, donc), et même un "*Johann*" six générations avant celle du compositeur (né en 1601 et mort en bas-âge[2]), mais il est peu probable que ces deux-là aient pu avoir quelque importance dans le prénom de Nikolaüs-Johann.

En revanche, le prénom de Johann est massivement présent dans la lignée maternelle. Le grand-père maternel avait pour prénom, on l'a vu, *Johann-Heinrich*. De plus, tous les frères de Maria-Magdalena, la mère, portaient le même prénom "*Johann*". C'est donc du côté maternel qu'un tel prénom résonnait avant tout, même si le "*Johanna*" de la marraine peut être tenu comme déterminant premier pour le choix. En tout cas, "*Johann*" sera le

[1] En 1778, elle jouera aux côtés du petit Ludwig (Closson, op. cit., p. 39).

[2] Ce Johann était le fils d'Arnold van Beethoven et de sa seconde épouse Pyerine Geerts. Pour l'anecdote, il s'agissait d'un second mariage d'Arnold, sa première épouse ayant été brûlée vive à Bruxelles pour sorcellerie, en septembre 1595.

prénom par lequel il sera nommé par Beethoven et par ses proches. L'intéressé le réclamait d'ailleurs, voulant se faire appeler ainsi dès son arrivée à Vienne.

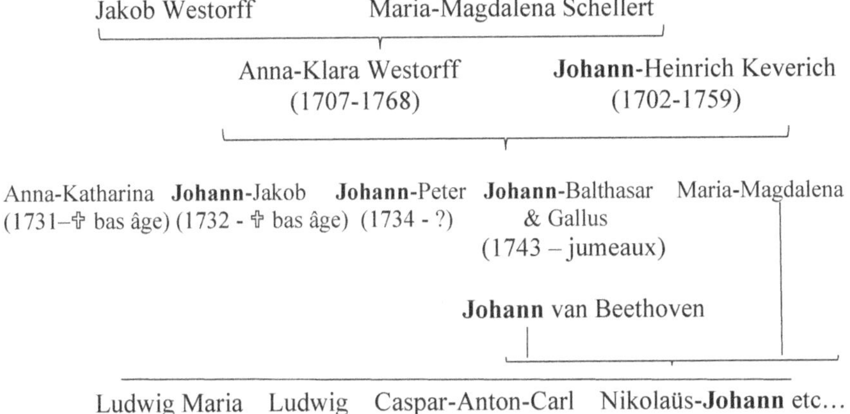

Je me contenterai d'évoquer brièvement les parrains et marraines des trois derniers enfants de la fratrie Beethoven. Née le 23-02-1779, Anna-Maria-Franziska eut pour parrain un cousin maternel, Franz-Georg Ravantini, et pour marraine Anna-Maria-Koch (née Klemer). Elle ne survivra que quelques jours, ce qui explique peut-être que le même parrain ait été choisi pour l'enfant lui succédant, August-Franz-Georg, né le 17-01-1781 et décédé en 1783. La marraine fut de nouveau Helena-Johanna Averdonck qui avait été choisie pour Johann. On notera que si on retrouve ici l'intégralité du prénom composé du parrain (Franz-Georg), rien ne renvoie cette fois au prénom de la marraine. Quant à la petite dernière, Maria-Margarita-Josepha, elle eut pour parrain un certain Joseph Karth et pour marraine Maria-Margarita-Guaita (ou Guaida) Dattings, une brave veuve du voisinage.[1] Ici, tous les prénoms, parrain et marraine confondus, sont contenus dans le prénom composé de la dernière fille Beethoven.

Quel enseignement peut-on tirer de cette enquête sur les parrains et marraines dans la fratrie Beethoven ? Plusieurs choses essentielles… Je passerai rapidement sur le cas des deux filles pour lesquelles le prénom "*Maria*" est présent, en référence directe aux marraines respectives, mais qui confirment l'omniprésence d'un tel prénom qui en viendrait presque à constituer, sur trois générations, le paradigme du genre féminin dans la famille Beethoven…

[1] Je remercie Michel Rouch de m'avoir fourni personnellement une telle information.

Beaucoup plus intéressante est l'identité des parrains et marraines dans le cas des garçons de la fratrie. On peut assez aisément distinguer deux sous-groupes. D'un côté se présentent les deux Ludwig qui entretiennent une référence privilégiée avec un membre central de la famille Beethoven, à savoir Ludwig l'ancien. Le prénom fait l'objet d'une répétition insistante. Il est attribué en tout premier lieu au premier-né, Ludwig-Maria, puis, après le décès de celui-ci, au second, Ludwig. Certes, on l'a vu, le transfert du prénom d'un enfant mort, à cette époque, est assez souvent observé sur l'enfant suivant. Cependant, on ne peut s'empêcher de penser ici à une volonté que le prénom de l'aïeul persiste dans la descendance, ce que confirme en effet le prénom isolé du second. "*Ludwig*" semble devoir faire trace dans la lignée Beethoven. Le prénom adjoint "*Maria*", pour le premier, provenait certes de sa marraine, Anna-Maria Lohe, mais rejoint le cercle féminin en ce que chaque femme de la famille, sur trois générations, porte ce prénom. Cela aurait pu conduire à une ambiguïté de genre, mais elle est précisément annulée par le prénom de l'aïeul qui se retrouve isolé pour le second, évacuant toute trace féminine. Les deux premiers, donc, semblent très nettement se réclamer de Ludwig l'ancien. Ils sont, avec leur prénom, comme les représentants du patriarche dont ils ont à maintenir la place centrale dans la famille.

Tout autrement il en va pour les trois autres garçons. À l'exception d'August-Franz-Georg, qui garde le prénom de Ravantini en mémoire peut-être de son premier parrainage avorté d'Anna-Maria-Franziska, les parrains et marraines retenus entretiennent un rapport étroit avec les agissements du père Johann au titre d'espion du comte von Belderbusch. Le Comte lui-même et la comtesse Caroline von Satzenhofen pour Carl, Helena-Johanna Averdonck, l'élève, mais aussi espionne à la solde du ministre, peut-être aussi Nikolaüs Lapostolle, valet à la cour, pour Nikolaüs-Johann, et la même Helena-Johanna Averdonck pour August-Franz-Georg, ont en commun d'être dans les intrigues et les calculs politiques du père Johann.

Dans ce qui sous-tend le choix des parrains et marraines semble donc se profiler un clivage au sein de la famille. D'un côté, la gloire de Ludwig l'ancien, *Kappelmeister* craint et respecté ; de l'autre, la caution des agissements de Johann, qui inspirait la méfiance chez tous ceux qui l'approchaient. De tout cela ressort la place très particulière de Ludwig. Non seulement il reste, après la mort de Ludwig-Maria, seul pour honorer Ludwig l'ancien, mais de surcroît, son prénom est le seul à ne pas supporter la moindre référence à un autre que lui. Seul à ne porter qu'un seul prénom, le voilà seul également à devoir supporter la charge symbolique d'un prénom essentiel dans la lignée Beethoven : Ludwig…

Les autres possèdent des prénoms qui ne ressortent plus du tout de la lignée Beethoven (c'est le cas de Carl) ou de façon seulement indirecte (c'est le cas de Johann dont le prénom renvoie au père ainsi qu'à chacun des frères de Maria-Magdalena, la mère). Quant à August-Franz-Georg, on retrouve l'intégralité du prénom du cousin de la mère, Ravantini, les agissements du père ne se rappelant qu'à travers le choix de la marraine qui, cette fois, ne laisse aucune trace au niveau du prénom. La gloire ouverte de Ludwig, contre les agissements secrets de Johann ! Voilà qui semble se présenter tel un clivage dans la fratrie des Beethoven…

Mais il convient de s'arrêter un instant sur le seul prénom de Johann. Il s'agit directement de celui du père, même s'il provient de sa marraine Helena-*Johanna*. Mais même à ce niveau-là se rappellent les agissements du père en ce que la marraine est son élève et, comme lui, espionne. Pourtant, les choses se compliquent lorsqu'on considère la généalogie du côté maternel. On a vu en effet que tous les frères, à l'exception d'un jumeau, portaient le prénom "*Johann*" qui devient en cela à la fois le représentant du père et de ce qui désigne tous les individus de sexe masculin dans la famille Keverich. "*Johann*", retenu pour le frère, se place donc au lieu de rencontre de deux orientations : celle du père mais aussi celle du référent masculin dans la famille de la mère. On pourrait même le tenir comme le symétrique, dans le masculin, de "*Maria*" dans le féminin. Tous les individus féminins, côté Beethoven, possèdent ce prénom de "*Maria*", tandis que tous les individus masculins, chez les Keverich, s'appellent "*Johann*". Jusqu'à quel point constitue-t-il l'envers du "*Maria*" présent chez le premier-né et laissé en blanc chez le second, voilà une question qui mérite attention quand on se rappelle que c'est celui-là même qui se vit amputé du prénom adjoint d'un frère mort qui laissera dans le *Testament d'Heiligenstadt* un blanc en lieu et place du prénom "*Johann*"…

III) LE BLANC DE JOHANN ET LE VIDE DE CARL…

Ces analyses concernant le choix des parrains et marraines vont être déterminantes pour comprendre la valeur exacte de l'énigme du *Testament d'Heiligenstadt*, au niveau en tout cas du blanc qui se présente au lieu où le prénom de Johann devait se présenter. Ce document, on l'a vu, ne peut être réduit à une analyse qui localiserait la cause de sa rédaction dans une proximité historique. Sans aucun doute la surdité y entre fondamentalement en jeu, et il en constitue incontestablement le motif principal. Cependant, elle ne justifie évidemment pas l'adresse amputée du prénom d'un des frères. Sans doute la proximité physique de Carl, matériellement (il aidait le compositeur comme secrétaire, et ce même après le *Testament*) justifie tout-à-fait qu'il soit dûment remercié dans le texte. En revanche, cela ne permet toujours pas de comprendre pourquoi "*Johann*" n'y figure pas, fût-ce au titre de simple adresse. Aucun conflit majeur avec lui, qui daterait de cette époque, n'est connu. Sans doute est-il loin du compositeur, physiquement autant qu'affectivement, mais alors il aurait suffi pour ce dernier de ne pas le citer. Le blanc ici présent répond, je le rappelle, d'un acte *suspensif* dans la graphie. Johann n'est pas absent ou oublié dans le *Testament*, l'expression « *Für meine Bruder* », qui est un pluriel, l'atteste formellement. Beethoven veut signifier au lecteur de ce document qu'il n'entre pas dans son désir d'écrire son prénom. Il veut, autrement dit, signifier à l'autre qu'il tient Johann comme absent. Cette intention signifiante, inscrite dans la suspension graphique, est on ne peut plus présente…

C'est pour cela qu'il est important de situer le *Testament d'Heiligenstadt* comme révélateur, non de quelque problème rencontré à une période donnée avec son frère mais avant tout de la difficulté à ce qu'il y ait trace, voire traçabilité, d'un tel prénom ! Et c'est pourquoi les analyses qui suivent vont bien au-delà de la localisation d'une simple cause dans la période de l'été ou de l'automne 1802. À travers le *Testament d'Heiligenstadt*, c'est tout un pan de la structure subjective du compositeur qui se fait entendre, dont on peut trouver les expressions essentielles avant autant qu'après cette année-là. Le rapport en amitié, la tutelle du neveu Karl, sur lesquels on s'est plus haut arrêté, en constituent deux exemples frappants par leur violence.

En toute légitimité, les analyses du *Testament d'Heiligenstadt* s'arrêtent sur la présence de ce blanc en lieu et place de "*Johann*". Ce blanc, en effet, présente un caractère de foncier inattendu. Il amène forcément le lecteur à soupçonner quelque secret. Tandis que la présence du seul "*Carl*" se pose comme ce qui s'attend d'une adresse indiquée dans l'explicite. On *sait* que Carl est impliqué dans le document. Il suffit de lire le texte : il le remercie pour avoir été proche de lui. En revanche, *on ne sait pas* pourquoi Johann n'est pas mentionné tout en se voyant indexé dans l'implicite d'un blanc qui attendait que son prénom s'inscrive. Cela semble donc comme une évidence de s'arrêter sur ce blanc qui force la question ou l'étonnement. Et pourtant, l'approche peut être inversée. Il serait en effet tout aussi justifié de s'arrêter sur la présence du seul prénom de Carl pour tenter de comprendre le *Testament*. La question ne serait plus "*pourquoi y a-t-il un blanc en lieu et place de Johann*" mais "*pourquoi Beethoven a-t-il écrit ce document à l'adresse du seul Carl*". Deux approches opposées, donc, se présentent. C'est de là que je partirai en abordant à présent de façon approfondie le type de rapport que le compositeur entretenait avec chacun de ses deux frères.

Le secret du blanc…

Solomon est de ceux qui s'arrêtent sur la valeur signifiante du blanc qu'on trouve à trois reprises dans le *Testament*. Il note avec pertinence que, dans la correspondance du compositeur, le prénom "*Johann*" ne se présente jamais (à une exception près qu'on verra dans un instant). On a vu plus haut que, lorsqu'il écrivait à son frère, Beethoven ne l'appelait jamais par son prénom. Le « Cher frère » et le « Mon frère », parfois agrémentés de formules sarcastiques, étaient les seules dénominations repérées. On a vu également qu'à une période précise (1822) se présentait une tentative de rapprochement avec lui, alors qu'il était tenu deux ans auparavant, à l'époque du procès relatif à la tutelle, comme l'associé de la vipérine Johanna. Tout autrement il en va lorsque Beethoven l'évoque dans ses lettres adressées à un tiers. On trouvera dans le tableau ci-dessous l'ensemble des qualificatifs qui accompagnent les allusions à son frère Johann dans sa correspondance, ici volontairement présentée selon un ordre strictement chronologique :

	Lettre	Page	Destinataire	Date
Mon frère le pharmacien	L 93	126	Ries	20-07-1804
Mon frère le pharmacien	L 164	190	Gleichenstein	23-06-1807
Mon frère le pharmacien	L 538	563	?	Printemps 1815
Mon digne frère pharmacien à Linz	L 700	702	Von Turckheim	1816
Mon digne frère	L 901	944-945	Comte Moritz Lichnowsky	19-05-1818
Mon pseudo-frère	L 954	909	Bernard	20-07-1819
Mon coriace de frère	L 1256	1221	Bernard	Janvier 1824
Mon Caïn de frère	L 1315	1272	Haslinger	6-10-1824
Ce bouffe-cervelle	L 1334	1285	Schindler	1824
Ce grippe-sou	L 1346	1298	Schott	26-01-1825
Mon maudit frère / Notre frère antifraternel	L 1379	1333	Karl	31-05-1825
Mon frère Asinaccio[1]	L 1390	1343	Karl	15-06-1825
Mon signor fratello	L 1396	1349	Karl	11-07-1825
Mon pseudo-frère	L 1397	1349	Karl	13-07-1825
Mon frère Asinaccio	L 1441	1395	Karl	15-10-1825

[1] « *Gros âne* » (lourdaud, stupide).

La progression est très nette. Jusqu'à 1818, la façon dont Beethoven parle de son frère admet une dénomination fondée sur son activité d'apothicaire et le seul qualificatif employé est « digne ». À partir de 1819, le ton est radicalement différent. On n'en sera pas surpris puisqu'il s'agit de cette période vue plus haut où Johann est soupçonné vouloir s'associer à la mère de Karl pour l'empêcher d'assurer la tutelle du neveu. De plus, le ton séducteur qu'il employait en 1822, dans les lettres qu'il signait de son seul prénom, disparaît totalement peu après, les qualificatifs étant de facture nettement agressive (*Caïn*, *grippe-sou*, *bouffe-cervelle*, *pseudo*).

Dans ces lettres en tout cas, jamais le prénom "*Johann*" n'apparaît. Serait-ce parce qu'il rappelle trop explicitement celui du père ? C'est la thèse de Solomon qui souligne en renfort, que, dans la seule lettre de Beethoven où il est explicitement question de son père, le prénom ne figure pas non plus.[1] Il s'agit d'une lettre adressée à l'Électeur Maximilien-Franz, où il demande que le traitement de son père, décédé quelques mois plus tôt (le 18 décembre 1792), lui soit reversé (L 3, p. 6). L'argument est plausible, et Solomon aurait pu trouver confirmation de sa thèse dans une autre lettre (du 6 mars 1823), la seule justement, dans la correspondance beethovénienne, où le prénom "*Johann*" apparaît. Il y est question justement… de testament…

Document étonnant que cette lettre du 6 mars 1823 que Beethoven écrit à l'adresse de Johann-Baptist Bach, l'avocat qui l'a conseillé dans le procès relatif à la tutelle. Par endroits, cette lettre pourrait même rappeler quelques aspects du *Testament* de 1802 : « La mort peut survenir sans crier gare, et c'est alors que le temps nous manque pour rédiger un testament en bonne et due forme » (L 1151, p. 1120). Dans la lettre, Beethoven institue son neveu Karl héritier universel de tous ses biens : « Tous les biens, sans exception, qui peuvent être dits en ma possession, lui appartiendront comme seul propriétaire. » On sent le style juridique beaucoup plus présent que dans le *Testament d'Heiligenstadt*. Mais l'essentiel est à venir… Après avoir nommé Bach curateur de son neveu, il ajoute ceci d'essentiel : « C'est vous qui êtes autorisé et prié de choisir pour mon cher neveu K[arl] v. Beethoven un tuteur et de confier mon neveu à ce tuteur conformément aux lois en vigueur. » Mais il ajoute en bas de la page, avec un signe inséré dans la phrase après le mot « tuteur » : « À l'exclusion de mon frère Johann van Beethoven. » C'est la seule fois où le prénom "*Johann*" apparaît sous la plume de Beethoven…

On notera la double exclusion qui se présente ici. Une première, de fond, signifie que le frère ne peut être nommé tuteur. Une seconde, formelle cette fois, situe la phrase en dehors du texte de la lettre.[2] Surtout, il est question de

---

[1] Solomon (Maynard), op. cit., p. 175-176.

[2] Ce procédé était bien présent déjà dans le *Testament d'Heiligenstadt*.

se voir chargé de la fonction de tuteur auprès de Karl, fonction que Beethoven assimile à une place de père. Régulièrement, il le signifie dans ses lettres, en se déclarant par exemple « père réel et véritable du fils de son défunt frère » (L 654, p. 663, lettre du 6-09-1816 à Kanka), ou en appelant le plus souvent Karl, à partir de 1819 en tout cas, « *Cher fils* » tout en signant presque toujours « Ton père fidèle.[1] » Assurément, le frère Johann ne saurait, aux yeux de Beethoven, occuper cette place paternelle auprès de Karl, et on en comprendra plus loin les raisons. Il le confirmera d'ailleurs sur son lit de mort, en nommant Bach curateur et Stephan von Breuning tuteur, leur demandant de « tenir lieu de père auprès du neveu » (L 1547, p. 1477).

Voilà donc, avec "*Johann*", un prénom qui ne s'écrit pas (dans le *Testament d'Heiligenstadt* autant que dans l'ensemble de la correspondance), ou alors seulement lorsqu'il s'agit d'évincer son porteur d'une place de père. Assurément, la proximité entre Johann le frère et Johann le père se renforce ! Et la thèse de Solomon en viendrait presque à se voir confirmée. De plus, ne vient-on pas de voir que le prénom "*Johann*" a été précisément choisi par le père, en nommant son espionne d'élève comme marraine ? Une donnée inattendue vient cependant, sinon la contredire, du moins en relativiser la portée.

Il est notoire en effet que le prénom de Carl est tout aussi absent de la correspondance beethovénienne. Plus encore ! Là où on trouve un blanc à l'endroit qui devait comprendre "*Johann*" dans le *Testament*, c'est un vide total qui se présente pour Carl, dans la mesure où il n'existe aucune lettre connue qui lui a été envoyée.[2] Le seul document écrit de Beethoven qui comporte ce prénom est le *Testament d'Heiligenstadt*. L'argument qui peut être immédiatement avancé est que le compositeur n'avait pas à lui écrire parce que Carl était tout dévoué à sa charge de secrétaire et qu'ils se voyaient en cela régulièrement, sinon quotidiennement. Ils ont par ailleurs un temps logé ensemble, au *Theater an der Wien* (1803-1804). Mais l'argument ne tient pas si d'une part, on prend en considération le nombre incalculable de billets que Beethoven avait l'habitude d'écrire, à la hâte, à ceux qui, physiquement, étaient à proximité de lui (le cas de Zmeskall est ici évidemment exemplaire), et si on considère d'autre part que, même lorsqu'ils logeaient dans deux

[1] Pour être précis, dans les lettres et billets qu'il adresse à son neveu, Beethoven signe 24 fois « Ton père fidèle » (ou « Ton fidèle père »). Plus rarement, on trouvera des expressions qui restent assez proches : « Ton bon papa fidèle » (L 1372), « Ton fidèle papa » (L 1373), « Ton père qui t'aime bien » (L 1233), « Ton vrai père » (L 1423), « Ton père » (L 1445), « Ton fidèle » (L 1376), « Ton père affectueux » (L 1416), « Votre *pere sincere* » (en français) (L 1404). *A contrario*, en période de crise, des expressions terribles peuvent apparaître : « Ton oncle » (L 1447), « B. » (L 1465 & L 1493), la plus cruelle étant : « Par malheur ton père ou, plutôt, celui qui n'est pas ton père » (L 1379).

[2] Il n'existe pas non plus de portrait de Carl van Beethoven.

maisons voisines,[1] Beethoven envoyait à son autre frère Johann des billets écrits (cf L 1107, p. 1080 : « Ton intention était bonne et c'était aussi mon désir que nous habitions plus près l'un de l'autre »). La proximité physique ne peut donc suffire pour expliquer l'absence totale de lettres à Carl. On sait d'ailleurs qu'une distance s'est établie entre les deux frères vers 1805, et pour cause : Carl vient de rencontrer une certaine Johanna Reiβ, la future mère de Karl...[2]

Il faut donc admettre qu'un semblable "*blanc*" réside à propos du frère Carl, dont le prénom ne figure qu'une seule fois,[3] et de façon particulièrement insistante : dans un document où justement le prénom de Johann est présenté comme ne devant pas figurer autrement que sous la forme d'un blanc… Ainsi, la lecture du *Testament d'Heiligenstadt* peut-elle prendre une tout autre direction, ne reposant plus sur ce blanc qui se trouve en lieu et place de "*Johann*" mais sur la paradoxale présence, insistante, de celui dont le prénom laisse un semblable blanc partout ailleurs que dans ce document qui devient alors l'enjeu de ce qui fait exception.

L'analyse du *Testament d'Heiligenstadt* a révélé la difficulté centrale d'identifier clairement son adresse. Beethoven adresse explicitement son écrit à ses frères, en laissant en blanc le prénom de Johann, mais c'est à un Autre indéfini qu'il entame son texte (« *Ô Ihr Menschen* »). Un découpage grossier du texte, on s'en souvient, montre d'ailleurs que deux parties s'y succèdent, avec une transition qui concerne l'incident de la flûte du berger que le compositeur, aux côtés de Ries, n'entendait pas. Il s'adresse tout d'abord à l'Autre, évoquant à demi-mots le drame de sa surdité croissante et ses conséquences sur le plan social, puis (*Testament*, 37 et s.) vient l'incident qui le renvoie à son incapacité de maintenir plus longtemps le secret de sa surdité, et il finit (*Testament*, 61 et s.) en s'adressant à ses frères. Que leur demande-t-il ? De décrire, avec l'aide du Pr Schmidt, sa maladie afin que le monde puisse après sa mort se réconcilier avec lui.

Un contraste saisissant se présente donc entre une adresse particulière (Carl et .....) et un texte qui semble avoir pour destinataire un universel (*Menschen*). Au particulier, il demande de participer à une réconciliation entre lui et l'universel. Carl devient alors tel un ambassadeur de la grandeur de l'artiste (membre de la « digne lignée des artistes », comme il l'écrit dans le

---

[1] En novembre 1822, Beethoven logeait au n° 60 de la Kothgasse, Johann au n° 61.

[2] Le jour de leur mariage, Johanna était enceinte de cinq mois, ce qui conduit à penser qu'il la connaissait intimement au-moins depuis 1805.

[3] Il arrive que Beethoven évoque son frère dans la correspondance mais jamais en employant le prénom "*Carl*". À Johann, il le nomme « *Caspar* » (L 16, p. 27) ou « Notre autre frère » (L 205, p. 245). À Joséphine Deym à qui il demande une lettre de recommandation pour lui, il parle seulement de « *mon frère* » (L 103, p. 137).

Testament), dont la vie a pu ternir l'image à cause d'une surdité qui doit précisément, par l'intermédiaire du frère, être révélée au vu et au su de tous, après sa mort. Carl, autrement dit, se voit chargé de la tâche délicate de dire ce qu'il a tu, afin que le nom de Beethoven ne reste pas dans les mémoires celui d'un « ennemi, d'un opiniâtre ou d'un misanthrope » (*Testament*, 2). C'est une charge toute symbolique qui se présente là, qui n'est pas sans aller dans le sens du maintien de l'intégrité d'un nom aux yeux de la postérité. Pareille attente n'est pas sans avoir le relent de celle qui caractérise un père vis-à-vis de son fils : c'est à lui de maintenir et de transmettre le nom à travers les temps à venir, car le nom est justement ce qui ne disparaît pas avec la mort !

Voilà peut-être la véritable portée testamentaire du document de 1802. Certes, il y est question de biens matériels, de sa petite fortune (« *...si on peut lui donner ce nom !* » -*Testament*, 66-), ainsi que des instruments que le prince Lichnowsky lui a offerts. Mais on a pu voir aussi que la descendance était également mentionnée : « Recommandez à vos enfants la vertu. Elle seule peut rendre heureux ! » -*Testament*, 72-74-). Et l'héritage qu'il confie au seul Carl est celui de se montrer tel un fils qui lave le nom Beethoven des taches que les vicissitudes de la vie ont infligées, et de le maintenir dans la concorde avec le monde qui restera après sa mort. On l'aura remarqué, ce n'est rien d'autre qui a été évoqué plus haut à propos de l'aïeul, Ludwig l'ancien, qui voulait que son prénom soit maintenu à travers ses descendants, Ludwig-Maria et Ludwig lui-même !

Ainsi, le *Testament d'Heiligenstadt* se présente-t-il au final comme la désignation de l'héritier d'un nom que le compositeur situe dans la « digne lignée des artistes ». Cet héritier qu'il désigne comme pour lui succéder au nom des Beethoven, c'est Carl, lui seul. À lui de faire entendre aux hommes (*Menschen*) qu'il ne pouvait plus les entendre et ne plus s'entendre avec eux. La question, cependant, reste intacte. Pourquoi cet héritage de facture essentiellement symbolique ne peut-il pas concerner l'autre frère, Johann ? De plus, la désignation de Carl à ce titre suffit-elle pour justifier que le prénom de celui-ci reste en blanc ?

À ces questions, on pourrait répondre simplement que Carl était, dans la fratrie, celui qui lui succédait directement. Il était tout désigné en ce qu'après la mort du compositeur, c'est lui qui devenait automatiquement l'aîné qu'il avait été de son vivant, après la mort, justement, d'un autre. La thèse est plausible ! Mais peut-être ira-t-on un peu plus loin vers la vérité si on se rappelle que seul Carl possédait un prénom composé (Caspar-Anton-Carl) totalement dégagé de ceux qui existaient, à quelque génération que ce soit, dans la famille Beethoven. Son parrain était, on s'en souvient, Caspar-Anton-Freiher von der Heyden, et sa marraine Caroline von Satzenhofen. Aucun de ces prénoms ne figure dans la lignée Beethoven (ni du côté des Keverich), ni même le prénom "*Carl*" lui-même, qui est la forme masculine de "*Caroline*". Aucune trace de quelque précédent chez les ancêtres donc, contrairement à "*Johann*" qui résonne comme celui du père et de surcroît comme représentant du masculin dans la famille Keverich.

Cela pourrait suffire pour comprendre pourquoi seul Carl est nommé dans le *Testament*. Mais à ces données propres à la généalogie, il faut ajouter le poids d'un secret lié à un événement. Et ce secret ne saurait être levé sans qu'un détour soit préalablement effectué au niveau précis de ce qui permet à un homme de devenir père. Car les deux frères de Beethoven ont commis une faute terrible à ses yeux : ils se sont mariés. Et il convient à présent de voir en quoi cette faute ne pouvait être pardonnée, notamment pour l'un d'eux...

Illegitimus...

Concernant la façon dont réagit Beethoven aux relations de ses frères avec les femmes, on s'arrête le plus souvent sur le cas de Johanna, l'épouse de Carl. Il est vrai que c'est à son endroit qu'il fait montre de la plus extrême violence, allant jusqu'à la faire passer pour une prostituée (L 611, p. 623). On se dit, de là, que c'est avec elle qu'il devient possible de voir au plus net la façon dont il s'entendait à écarter ses frères des femmes qui faisaient obstacle à son exclusivisme jaloux, voire la place que la femme occupait dans son économie subjective. On a pourtant grand tort de tenir la relation à Johanna comme la plus significative, et ce pour une raison très simple.

On ne constate en effet aucune violence de la part de Beethoven à son égard avant la mort de Carl. La toute première fois où il est question d'elle dans la correspondance correspond à la date du 22-11-1815 (L 572, p. 592, lettre à Ries). Il y écrit que son pauvre frère qui vient de mourir « avait une méchante femme ». La violence, qui prendra la forme d'insultes, de propos orduriers, voire de calomnies, se présente essentiellement dans les lettres que Beethoven adresse en 1816 à Giannatasio del Rio, le directeur de l'établissement où Karl est placé après la mort de son père. On la retrouve quelques années plus tard, en 1822, dans les lettres à Bernard dont il a été question plus haut. Il s'agit toujours de périodes où l'affaire de la tutelle est traitée par les tribunaux, tandis que l'issue des démarches engagées en ce sens est encore incertaine. En aucun cas, donc, ne se présente une position, de quelque nature qu'elle soit, face à la liaison de Carl et de Johanna, ni même face à leur mariage.

Ce n'est pas une *femme* qu'il attaque avec tant de force, mais la *mère* qui risque de compromettre la paternité fantasmée qu'il compte assumer auprès de son neveu. Ainsi se présente un trait essentiel : ce n'est pas l'homme, ni le frère qui fait objection à la femme de Carl. C'est celui qui investit massivement une place fantasmatique de père. Cela est criant quand on voit la violence avec laquelle il lutte pour la tutelle de Karl. Et la question se pose de savoir si un tel acharnement ne doit pas être entendu dans la continuité directe de la relation au frère dont le *Testament d'Heiligenstadt* montre, comme on vient de le voir, qu'un héritage "*au nom du père*" le concernait au premier chef.

Beaucoup plus parlante est la façon dont Beethoven entend intervenir dans la liaison que Johann entretient avec une femme qui avait pour nom Thérèse Obermayr. Il est essentiel de s'y arrêter plus longuement.

Nous sommes en 1812. Beethoven vient de passer une partie de l'été à Teplitz (il y écrira la célèbre lettre à l'Immortelle bien-aimée), avant de partir faire une cure. Il y revient et engage un flirt avec la cantatrice Amalia Sebald, alors qu'il est malade et alité (cf L 382, L 384 à L 390). Il se rend soudain, fin septembre, à Linz où Nikolaüs-Johann possède une pharmacie. L'urgence du départ est clairement attestée dans une lettre au style très peu habituel qu'il envoie à Gleichenstein : « Comment peut-on aller à Linz le *plus rapidement* et avec un minimum de frais ? Je te prie d'*épuiser* cette question. N'as-tu donc en perspective aucun autre logement ? Je t'inviterai peut-être à Helms samedi ou samedi (sic). Porte-toi bien et aime-moi » (L 391, p. 434, souligné dans le texte). Le ton est saccadé, presque télégraphié. Beethoven pose la question d'un voyage (à Linz) tout en interrogeant Gleichenstein sur un logement qu'il doit lui trouver. Il se trompe de jour, en écrivant deux fois « *samedi* ». Assurément, la précipitation est ici palpable. Le voyage pour Linz semble une priorité absolue. De fait, ce voyage a un motif : Johann entretient une relation coupable avec une femme. Objectif de Beethoven : y mettre un terme coûte que coûte...

Beethoven vient-il d'apprendre la liaison de son frère avec Thérèse Obermayr ? Ou alors, la connaissait-il depuis un certain temps et a-t-il décidé d'intervenir en fonction de motifs internes surgis à cette période de la fin de l'été 1812 ? Solomon[1] estime que Beethoven était au courant de cette liaison, sa soudaine réaction étant due à ce qui ressortait de l'épisode de l'*Immortelle bien aimée* à qui il avait écrit quelques semaines plus tôt (en juillet). Les Massin[2] semblent aller dans un sens similaire quoique de façon implicite, en insistant sur l'impossibilité chez le compositeur d'accepter l'idée que son frère puisse entretenir une telle liaison tandis que ses lettres à l'*Immortelle bien-aimée* le renvoyaient à l'échec d'une liaison durable avec Joséphine von

[1] Op. cit., p. 302.
[2] Op. cit., p. 260.

Brunswick.[1] Quelle que soit l'hypothèse retenue, il me semble avant tout hautement significatif que cette réaction s'affiche, comme on va le voir dans un instant, de façon si démonstrative lorsqu'il s'agit de Nikolaüs-Johann tandis que le mariage de Caspar-Carl n'admettait pas un tel fracas.

En tout cas, dès son arrivée à Linz, Beethoven met tout en œuvre pour mettre fin à la liaison qu'il tient pour coupable. Il insiste tout d'abord auprès de son frère pour qu'il cesse immédiatement de voir Thérèse. Devant son refus, il contacte l'évêque et les autorités civiles, et obtient un ordre de police contraignant Thérèse à quitter la ville si la liaison illicite devait se poursuivre. L'effet d'une telle démarche sera opposé aux attentes de Beethoven : Nikolaüs-Johann finit par épouser précipitamment Thérèse, le 8 novembre. Bref, en voulant interrompre la liaison de son frère, il n'a fait que la rendre légale. Cela était-il son but ? Se satisfit-il de l'officialisation d'une relation qu'il tenait pour scandaleuse ? Absolument pas, comme on va le voir…

Pour la liaison de Carl avec Johanna, le mariage semble avoir eu pour effet de calmer les esprits. Certes, Johanna était déjà enceinte, mais l'officialisation de leur union semble avoir suffi pour que Beethoven ne s'immisce pas davantage dans le couple. Rien en tout cas, dans sa correspondance ou dans le témoignage de contemporains, ne permet de le croire. Si disputes il y eut, elles concernaient seulement son activité de compositeur, tel cet incident raconté par le neveu Karl montrant le compositeur faire irruption chez son frère pour réclamer violemment des partitions que celui-ci lui aurait volés.[2] En ressortira juste un éloignement physique et sans doute affectif entre les deux hommes. Ce n'est que lorsque la question de la tutelle se posera, engageant le fantasme de paternité, que la haine farouche pour Johanna se présentera. On l'a vu, c'est une *mère* que Beethoven, alors, attaque, et non la femme de son frère. Et les accusations, sans doute calomnieuses, qu'il lancera à son égard, ne se présentent que dans le contexte de la tutelle. Tant que celle-ci, avant la mort de Carl donc, n'est pas à l'ordre du jour, il ne s'immisce pas. Tout autrement il en va avec Johann où au contraire, il n'aura de cesse de vouloir détruire son mariage.

Après la célébration de celui-ci se présente d'abord un long silence. Aucune lettre ne lui est écrite et il n'est pas une seule fois question de Johann ou de son mariage dans celles qu'il écrit à d'autres. C'est seulement trois ans plus tard qu'il réapparaît dans la correspondance, mais toujours pas le moindre mot sur son mariage. Il est question d'une invitation à un concert (L 538, p. 567, printemps 1815), d'une affaire à traiter avec le baron von Turkheim (L

---

[1] Je rappelle que c'est elle qui est, pour les Massin, la candidate privilégiée au titre d'*Immortelle bien aimée*.

[2] Cit. in Sterba, op. cit., p. 39-40.

700, p. 702, 1816), et même d'une avance financière de sa part (L 727, p. 717, 1816). Viennent ensuite les lettres de 1819 à Bernard qu'on a abordées plus haut (L 951, L 954, L 957, L 974) où Johann est soupçonné d'être de mèche avec Johanna pour s'opposer à son projet de tutelle. Puis se présente une période, déjà abordée elle aussi, où le compositeur tente de ramener son frère auprès de lui. La position vis-à-vis de Thérèse n'est pas encore franchement hostile, mais on sent qu'il reste à son égard un rejet difficilement dissimulé. Ainsi, en mai 1822, écrit-il à Johann : « Je t'en prie, au lieu d'aller faire un tour au Prater, prends le chemin de ma maison avec ta femme et ta fille (...) Je n'ai rien contre ta femme, je souhaite uniquement qu'elle voie combien pour toi-même il pourrait être avantageux de vivre avec moi (...) Je te répète encore une fois que je n'ai rien contre ta femme » (L 1078, p. 1045-1046). Une telle insistance ne dupera personne ! On ne répète une négation à l'endroit d'un propos que pour mieux la faire entendre sans pouvoir être accusé de l'avoir formulée !

Les lettres qui suivent ne montrent rien de particulier, sinon la formule de politesse conventionnelle adressée à la femme et à la fille de Johann : « *Tous* mes vœux à toute ta famille » (L 1088, p. 1061), « Que Dieu soit avec toi. Salue pour moi les tiens » (L 1094, p. 1066), « Je te salue cordialement, toi et les tiens » (L 1101, p. 1075).[1] Ici ou là, pourtant, toujours dans cette période de 1822, certaines expressions surgissent qui laissent supposer un rejet de Thérèse. Ainsi, le 31 juillet, il écrit ce propos qui, dans l'humour, l'évince totalement : « Mon fiston[2] et moi comptons établir notre quartier général chez toi et nous avons conçu le noble projet de te grignoter complètement » (L 1087, p. 1060). En tout cas, le rapport avec Thérèse ne semble pas doté d'une violence explicite. Se présente tout juste une indifférence polie à son égard. Rien ne laisse supposer en tout cas une objection persistante au mariage de Johann. Pas encore !

En 1823, en effet, rien ne va plus ! Beethoven attaque le couple, et il s'en donne les moyens. En mai, il contacte la police pour dénoncer l'inconduite de Thérèse qui serait infidèle à son mari.[3] Quelques semaines plus tard, le 19 août, il écrit à Johann une lettre très éloquente : « Si peu que tu le mérites en ce qui me regarde, je n'oublierai quand même jamais que tu es mon frère et avec le temps un bon esprit pénétrera ton âme et ton cœur » (L 1231, p. 1199). Surtout, il ajoute ceci qu'une main étrangère a insuffisamment effacé, de sorte que le texte reste visible : « ...un bon esprit qui te séparera de ces deux

---

[1] On notera que, dans ces deux lettres, la bénédiction (« Que Dieu soit avec toi ») et le salut (« Je te salue cordialement ») sont isolés et semblent adressés au seul Johann. Ce n'est qu'en ajout secondaire qu'il implique dans les formules Thérèse et sa fille.

[2] Karl.

[3] Anderson, op. cit., p. 1154, n. 3.

canailles, la putain de jadis encore en service actif avec laquelle son vaurien d'homme n'a pas couché moins de trois fois pendant ta maladie et qui, par surcroît, exerce un contrôle absolu sur tout ton argent. Ô honte abominable, n'y a-t-il pas en toi une seule étincelle de virilité ?!!! » Un peu plus haut, la même main étrangère avait déjà tenté d'effacer ce propos on ne peut plus explicite : « ...quoi que ces deux canailles, cette vulgaire grosse femme et son bâtard, puissent te faire. »

On ne peut clairement distinguer ici ce qui relève des faits (la tromperie effective de Thérèse) des excès du compositeur, qui sont fréquents chez lui. La violence, en tout cas, se déchaîne clairement ici, et elle ressemble à s'y méprendre à celle qui concerne Johanna à un moment où la tutelle de Karl n'était pas encore assurée. Surtout, il est explicitement question, dans la lettre, de ne pas abandonner son frère (« Tu ne seras pas entièrement négligé (...) Je n'oublierai quand même jamais que tu es mon frère »). Cela n'est pas sans rappeler le Testament d'Heiligenstadt où la fidélité était située entièrement du côté de Carl. En tout cas, désormais et jusqu'à la fin, Thérèse sera tenue comme une ennemie, et Beethoven s'efforcera à la moindre occasion de convaincre son frère de la quitter. Il ne veut, quant à lui, plus avoir le moindre rapport avec cette « grosse putain et sa bâtarde ! » (L 1387, p. 1338).[1]

On ne saurait donc tenir pour équivalentes la relation que Beethoven entretient avec le couple *Carl-Johanna* et celle avec le couple *Johann-Thérèse*. Pour le premier, il n'a jamais tenté de rompre le mariage et il n'attaquera Johanna qu'au nom d'un enjeu qui concerne la tutelle de Karl et le fantasme de paternité qui s'y rattache. Rien de tel pour le second ! Il se précipite à Linz pour empêcher le mariage en allant jusqu'à contacter les autorités et, après une période d'accalmie, justifiée sans doute par le rapprochement physique du frère à Vienne, l'attaquera avec la plus grande violence. Pourquoi donc un tel acharnement pour ce second mariage ? Plusieurs pistes peuvent ici être empruntées pour tenter de le comprendre.

La première prend acte d'une différence établie avec les deux frères. Carl, une fois installé à Vienne, peut-être même avant, a toujours été proche de Beethoven. Il l'assiste auprès des éditeurs, et s'il y eut parfois de violentes disputes entre eux (dont l'une, comme on l'a vu, se déroula à Heiligenstadt à propos de l'édition des *Sonates op. 31*), elles ne mirent jamais un terme à leur relation. Il semble que le compositeur ait voulu retrouver une telle proximité avec Johann beaucoup plus tard, une fois la tutelle assurée pour l'amener à se sentir authentiquement père du fils de son frère, en faisant tout pour qu'il vienne s'installer près de lui. En mai 1822, il lui écrit : « En fait de logements,

[1] Curieux hasard ! Ce sera elle, Thérèse, qui l'assistera dans ses derniers jours, à la Schwarzspanierhaus.

je me suis informé ; il y en a autant que vous en voudrez qui feraient votre affaire, et tu n'as même pas besoin de payer beaucoup plus qu'en ce moment » (L 1078, p. 1045).[1] Aussi longtemps qu'il restera, comme Carl, auprès de lui, rien ne surgira contre le mariage. Mais part-il pour son domaine à Gneixendorf qu'il se sent abandonné et tient la pouffiasse Thérèse pour responsable. Assurément, il faut que Johann la quitte !

Il existe donc une différence que Beethoven établit entre ses deux frères, et elle est attestée de façon très claire, jusqu'au *Testament d'Heiligenstadt* d'ailleurs. Elle ne permet pas de comprendre, toutefois, un tel acharnement qui s'est présenté dès 1812, et non lorsque Johann le quitte en 1823.

En 1823, justement, Karl a dix-sept ans, et il habite avec son oncle. Le fantasme de paternité a trouvé réponse dans le réel, pour le meilleur et surtout pour le pire. La correspondance révèle en effet très clairement, notamment celle entre le compositeur et son neveu, que cette cohabitation est jonchée de crises qui témoignent d'une très nette ambivalence chez Beethoven. Car, lorsque le fantasme rejoint le réel, on ne peut que s'attendre au pire ! Et l'oncle le montre très bien en exigeant de son neveu ce qu'il ne peut lui donner. Jamais le bonheur ne dure, dans la mesure où le réel parle une autre langue que celle du fantasme… Aussi, le départ de Johann a-t-il pu résonner comme la perte de ce qui pouvait avoir pour fonction celle d'une espèce de "*garde-fou*" pour la relation forcément ambiguë avec le neveu-fils. Père sans l'être, il pouvait au-moins, lorsque Johann était près de lui, se raccrocher à ce frère qui en était bien un. L'hypothèse est plausible, mais reste encore insuffisante…

En tout cas, quelle que soit l'hypothèse retenue, on sent poindre la dimension essentielle de la paternité et de la descendance qui s'y associe au cœur de ce rapport violent à Johann et à son mariage. Et à ce titre, on retrouve forcément la place particulière que Johann occupe dans la fratrie et, plus largement, dans la généalogie des Beethoven. On va voir, dans ce retour nécessaire aux racines familiales, qu'il est même possible de trouver bien plus !

Cette différence que Beethoven établit entre ses deux frères n'a pas pour seul fondement les aléas de la vie, en l'espèce par exemple de leur proximité ou leur éloignement physique ou affectif motivé par les événements. Elle repose également, voire avant tout, sur une différence qu'on a pu repérer au niveau précis de leur inclusion symbolique dans la famille, c'est-à-dire au niveau de leurs prénoms. Ceux du premier frère (Caspar-Anton-Carl) n'ont absolument rien à voir avec qui que ce soit des ascendants, tandis que le

[1] Il est piquant à ce propos de voir que les logements que Beethoven et la famille de Johann occuperont à Vienne avaient pour propriétaire le frère de Thérèse : Leopold Obermayr.

prénom du second, Johann, renvoie à celui du père autant qu'à ceux de tous les frères de la mère, Maria-Magdalena, et même à son père. Les deux, on l'a vu, renvoient au désir du père d'honorer celles et ceux qui agissent de concert avec lui dans son activité d'espion à la solde du ministre. Cependant, avec Johann seulement, se retrouve à l'identique le prénom du père lui-même. C'est ici l'occasion de s'arrêter un instant sur celui-ci.

Il est en effet un point généalogique le concernant qui n'a délibérément pas été encore évoqué : Johann, le père, n'a pas été un fils unique. Deux enfants sont nés avant lui.

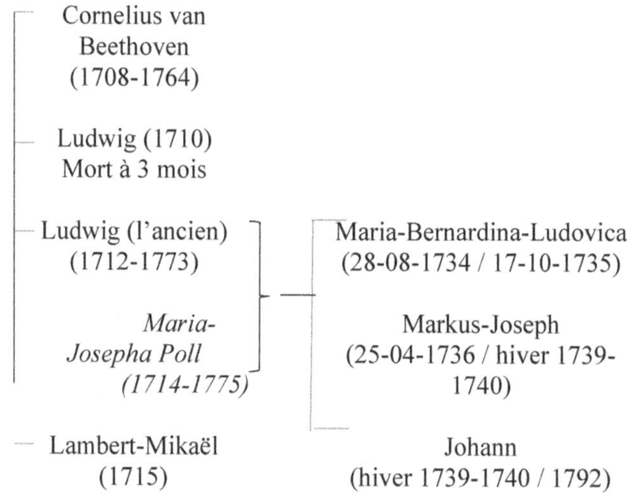

Décidément, l'histoire se répète ! Ludwig l'ancien avait hérité du prénom de son frère mort. Johann naît lui aussi après un frère mort en bas-âge, Markus-Joseph, mais il n'hérite pas de son prénom. Et pour cause !

On notera que le premier enfant de Ludwig l'ancien a hérité de son prénom féminisé "*Ludovica*". Cela est particulièrement significatif, car son parrain était Cornelius, son frère aîné. Se confirme là, incontestablement, cette volonté de l'aïeul de laisser trace de son prénom à travers les générations. Il est assez intéressant cependant de voir qu'après la mort de l'aînée, Maria-Bernardina-Ludovica, il n'ait pas repris son prénom pour le faire porter au second. Comme pour Ludwig-Maria, pour lequel on le trouve dans le second prénom, le féminin semble prévaloir pour admettre le "*Ludwig*" de l'ancêtre. Markus-Joseph, en effet, porte quant à lui le prénom de son parrain Joseph

Zudoli, prêtre et conseiller aulique, musicien de chambre du Prince et même futur *Kapellmeister*. Mais l'essentiel reste à venir…

Il est notoire en effet qu'il est rigoureusement impossible de savoir quand et où, exactement, Markus-Joseph est mort, contrairement à sa sœur Maria-Bernardina-Ludovica. Concomitamment, il est tout aussi impossible de savoir quand et où Johann lui-même est né. Pour le décès du premier autant que pour la naissance du second, aucun document officiel n'existe ! On ne connaît même pas le nom de ses parrain et marraine. Cela, forcément interroge ! Pour le comprendre, il faut se rappeler que, pour compléter son salaire, Ludwig l'ancien avait ouvert un négoce de vin. Hélas, sa femme Maria-Josepha devint sa principale cliente et se mit à boire au-delà du discernement. Or, affirme Michel Rouch[1] : « Sur la boisson met-on qu'un jour d'égarement elle aurait été infidèle et commis l'irréparable. Son mari l'aurait abritée des regards hors de Bonn, dans un couvent, à Cologne peut-être,[2] où elle aurait attendu la naissance de son petit dernier, Johann, illégitime mais reconnu. Et là serait décédé Markus-Joseph, qui avait évidemment suivi sa maman. D'où la double absence de documents. Johann van Beethoven a sûrement été baptisé, mais on ne sait encore ni le lieu, ni la date, ni les personnes présentes. »

L'affaire est tout-à-fait vraisemblable. On voit difficilement, au demeurant, quelle autre explication pourrait permettre de comprendre l'absence d'acte de baptême pour Johann, d'autant que c'est dans un couvent qu'il a vu le jour. Surtout, on commence à comprendre pourquoi Beethoven s'acharnait avec tant de violence sur le mariage de son frère avec Thérèse Obermayr. En soi, Johanna ne remettait absolument pas en question quoi que ce soit qui concerne la question de la paternité et de la filiation. Carl était bel et bien le père de Karl. Thérèse, quant à elle, était déjà mère d'une petite fille, Amalia, issue d'une union antérieure. *Avec elle seulement, donc, la paternité se voyait fondamentalement remise en question, surtout qu'elle concernait celui qui portait le prénom... du père*. De Johann-père, issu d'une infidélité de l'aïeule, on passe à Johann-frère qui cautionne, en se mariant avec une mère, l'illégitimité de la place du père…

C'est un véritable secret familial, dont la psychopathologie sait l'importance qu'il peut avoir dans certaines configurations cliniques, qui se présente ici. Et son efficace est loin de se limiter au mariage de Johann avec Thérèse Obermayr. La toute première lettre que Beethoven écrivit à son frère met déjà, comme on dit, *la puce à l'oreille*. Johann venait de le rejoindre à Vienne, en 1796, et le compositeur lui souhaite la bienvenue dans la capitale :

---

[1] « Ludwig van Beethoven, sa vie, son œuvre. 1735-1749 », *Revue ABF, 7*, 1er semestre 2007, p. 8.

[2] Il est possible qu'il s'agisse du couvent situé *rue de Cologne*, dans la ville de Bonn.

« J'espère que ton séjour à Vienne te plaira de plus en plus. *Prends garde seulement à toute la tribu de ces coquines de femmes* » (L 16, p. 26-27. C'est moi qui souligne). Jamais, Beethoven n'interpelle son autre frère, Carl, sur le danger que constitue la gent féminine. Ainsi, d'entrée de jeu, semble-t-il, le statut de bâtard lié au prénom qu'il porte, "*Johann*" résonne dans son for intérieur...

Mais aussi, on comprend d'autant mieux l'acharnement franchement symptomatique chez Beethoven à vouloir s'instituer tuteur et surtout *père* de son neveu Karl. Le fantasme de paternité y est on ne peut plus clairement exprimé. Fallait-il de surcroît que la mère de son neveu ait pour prénom l'équivalent féminin de celui de son père (et de son frère fautif) ! En tout cas, de toutes ses forces, il voudra poser une place de père qui soit légitime dans la filiation, reproduisant inconsciemment ce que fit jadis Ludwig l'ancien à son propre endroit (après la mort de Ludwig-Maria) en lui faisant porter son propre prénom. Fils d'un père bâtard, il ne pouvait trouver d'autre filiation légitime qu'à l'endroit de cet aïeul, victime d'une infidélité dont on retrouve trace dans la plupart des insultes qu'il proférera à l'égard de Thérèse autant qu'à l'égard de Johanna. Avec Karl, son neveu, il reprend enfin la place du solide patriarche, Ludwig l'ancien. Il devient père sans l'être, comme celui-ci l'était pour lui.

Comment s'étonner finalement que, dans le *Testament d'Heiligenstadt* où il est question, bien au-delà de quelque héritage matériel, de la préservation après sa mort de son nom et de son statut d'artiste, le prénom de Johann, celui d'un père qui fut fils illégitime, ne puisse être écrit ? En vérité, dans la généalogie des Beethoven, ce prénom "*Johann*" constituait comme un trou dans la lignée, un trou ou... un *blanc* avec lequel il fallait vaille que vaille tenir. Car ne l'oublions pas ! Il n'y eut nulle trace officielle de Johann, le père illégitime. Son acte de naissance constituait déjà un blanc...

IV) L'ININSCRIPTIBLE PATERNEL, LA VEUVE NOIRE ET...

Avec le blanc qui figure en lieu et place du prénom "*Johann*", le *Testament d'Heiligenstadt* se présente assurément comme un véritable révélateur des fantômes de Beethoven. Loin de quelque circonstance ponctuelle (telle une dispute avec son frère, par exemple), le blanc qui y figure à l'endroit du frère Johann doit être entendu dans la continuité directe du trou généalogique que générait le secret rattaché à la naissance du père, issu d'une infidélité de l'aïeule Maria-Josepha. Sans doute l'alcoolisme dans lequel sombra Johann le père constitue-t-il déjà une réponse symptomatique étroitement liée à une identification au trait qui caractérisait Maria-Josepha, sa mère. Peut-être même, n'en déplaise à Schindler qui le conteste fermement,[1] le penchant de Beethoven lui-même pour la dive bouteille, qui se trouve attesté par maints contemporains, peut-il être entendu également selon la même dynamique identificatoire. Mais c'est avant tout le prénom du grand-père, qu'il portait, qui lui a permis de tenir, quoiqu'au prix d'une volonté exacerbée d'assurer une filiation imaginaire tant dans son œuvre (il fait partie de la digne lignée des artistes, érivait-il dans le *Testament*) qu'avec ses frères et, *a fortiori*, avec son neveu Karl, suite au décès de l'un d'eux.

En tout cas, pour se limiter au *Testament* de 1802, on constate un investissement massif de la *trace*. Il est question explicitement, dans le texte, de ce qui restera de lui après sa mort. L'espoir qu'il y énonce que le monde soit réconcilié avec lui une fois qu'il aura appris de quoi il souffrait, témoigne très clairement de sa volonté de laisser une trace qui puisse effacer les insuffisances et les excès que les autres auront pu constater à son endroit de son vivant. C'est là ce qui figure dans le textuel du document : la trace est indissociable d'un horizon de réconciliation. Mais elle est loin de se limiter à cela ! Elle prend toute sa valeur, en effet, lorsqu'elle devient justement l'enjeu d'une suspension graphique, à trois reprises, quand il s'agit d'écrire le prénom "*Johann*". Ce qu'il espère laisser après sa mort trouve dans le blanc qui résulte de cette suspension graphique son motif essentiel. Il ne s'agit pas seulement de ce que les autres pourront enfin savoir de lui après sa mort, mais de ce qui s'écrit au cœur d'un enjeu essentiel : celui de la descendance (« Enseignez à vos enfants la vertu. Elle seule peut rendre heureux ! », y écrivait-il). Il en va, autrement dit, de la question centrale de la filiation qui, dans la généalogie, a été marquée d'un trou, d'un blanc plutôt, à l'endroit précis d'un prénom, celui du père né illégitimement quoique reconnu par son propre père, Ludwig l'ancien.

Solomon n'avait donc pas tout-à-fait tort lorsqu'il interprétait le blanc dans le *Testament* comme l'impossibilité pour Beethoven d'écrire le prénom de son père. Mais il faut préciser : ce n'est pas tant le père que le secret de sa naissance qui rend cette écriture impossible. Un "*blanc*" vaut idéalement pour éviter de s'arrêter sur les taches qu'il ne faut surtout pas voir ! Essayez donc de raturer ce qu'il ne faut pas voir ou lire : il restera la tache de votre rature ! Le blanc, ici, prend valeur de voile immaculé recouvrant le secret de la naissance illégitime du père. C'est en cela qu'il renvoie à l'idée d'un fantôme, c'est-à-dire d'un indicible relatif à sa propre place de sujet désirant…

---

[1] Op. cit., p. 363.

Ce fantôme est-il lié pour Beethoven uniquement à Johann, le "*père voilé de blanc*" ? Ce serait oublier les observations qui ont été formulées plus haut à propos de l'importance du frère mort avant lui, dont il hérita du prénom amputé de celui adjoint "*Maria*". C'est à cet autre volet fantomatique que sera consacré ce dernier chapitre, après qu'il soit procédé à une synthèse récapitulative concernant le secret paternel et ses effets sur le compositeur.

Sur le voile du père reste à écrire...

Deux lettres font état d'une préoccupation chez Beethoven relativement à son origine : une première déjà abordée où il demande à Wegeler de lui envoyer son extrait de naissance et une seconde où il est question d'une filiation inventée par certains, le situant dans la lignée du roi de Prusse.

On se rappelle qu'en demandant à Wegeler son extrait de naissance, le compositeur s'embrouillait en évoquant l'existence d'un frère mort « *qui s'appelait aussi Ludwig, avec l'adjonction du prénom de "Maria"* » (L 256, p. 297). On l'a cru plus âgé qu'il n'était. « Malheureusement, j'ai vécu un certain temps sans savoir moi-même quel était mon âge » (L 256, p. 298). Cette confusion est lourde de sens ! Confondre un *Ludwig* avec un autre *Ludwig* né avant lui est déjà particulièrement significatif. Surtout, comme on a pu le voir, il s'agissait en l'occurrence d'une répétition à l'identique de ce qui avait caractérisé celui dont il se voit justement porter le prénom : Ludwig l'ancien. Au-delà de Ludwig-Maria, le frère mort, se profile d'évidence l'ombre du grand-père qui, en tant que parrain pour la seconde fois (ce qui souligne en soi sa volonté que son prénom fasse trace),[1] portait le prénom "*Ludwig*" et, surtout, avait eu lui aussi un frère mort, toujours un *Ludwig*, avant lui... C'est voir le poids qu'aura Ludwig l'ancien au titre de repère identificatoire pour Beethoven. Et ce poids prend d'autant plus d'importance, dans la lettre, qu'il est question d'un livret de famille qui ne peut être trouvé. L'extrait de baptême dont il est ici question n'est évidemment pas sans rappeler celui, inexistant, de Johann le père, et peut-être aussi l'acte de décès de Markus-Joseph, le frère mort de ce dernier. Wegeler le souligne sans ambiguïté : « Le petit Ludwig s'attacha avec la plus vive tendresse à cet aïeul (...) et, bien qu'il l'ait perdu de bonne heure, l'impression précoce qu'il en avait reçue fut toujours vivante chez lui. Il parlait volontiers à ses amis d'enfance de son grand-père, et sa pieuse et douce mère qu'il aimait beaucoup

[1] On peut se rappeler qu'il donna son prénom, féminisé, à sa première fille, Maria-Bernardina-Ludovica, quand bien même le parrain de celle-ci était son frère aîné, Cornelius.

mieux que son père, lequel n'était que sévère, avait dû lui parler beaucoup de son aïeul. »[1]

Maints éléments, biographiques autant que dans la correspondance, témoignent de l'attachement de Beethoven à Ludwig l'ancien. Romain Rolland, dans le premier volume de son *Jean-Christophe*[2], établira à son propos un tableau idyllique dont on ne peut cependant que supposer qu'il se rapproche de la réalité historique. Mais la correspondance, comme toujours, constitue une référence autrement fiable ! Dans la fameuse lettre qu'il écrit à Wegeler le 29 juin 1801, où il annonce pour la première fois le drame de sa surdité, on trouve déjà cette demande assez significative : « En échange du portrait de mon grand-père, que je te prie de m'envoyer le plus tôt possible par la poste, je t'envoie celui de son petit-fils, de ton Beethoven toujours bon et cordial » (L 51, p. 69).[3] Ce portrait fut « le seul objet que Beethoven ait fait venir de Bonn à Vienne et qui lui ait causé de la satisfaction jusqu'à la mort.[4] » C'est à Vienne que doit venir l'aïeul, « le dieu lare de la maison, l'homme illustre de la famille.[5] » tandis qu'au pays de *Vater Rhein* doit retourner, *à sa place*, le bon et cordial petit-fils.[6] Échange significatif s'il en est, qui témoigne d'évidence d'une identification opérante chez le compositeur à l'endroit de son aïeul. Beaucoup plus tard, le 1er août 1824, l'identification imaginaire au grand-père se confirme dans une lettre à Bach, avec qui il venait d'établir un testament désignant Karl, son neveu, comme héritier universel : « Je dois vous rappeler mon testament qui concerne Karl. Je crois que je serai un jour frappé d'un coup d'apoplexie, comme le fut mon digne grand-père, avec lequel j'ai des traits de ressemblance » (L 1302, p. 1259). Évidemment la ressemblance ici évoquée prend tout son sens dans le contexte du fantasme de paternité concernant Karl...

Justement ! De Johann le père, il n'est jamais question dans la correspondance. On l'a vu, la seule exception qui se présente est une lettre qu'il écrit à l'Électeur Maximilien-Franz pour lui demander que son salaire lui revienne. Ainsi, il ne peut nommer son père Johann, tandis qu'il veut conserver le portrait (contre le sien) de Ludwig l'ancien pour le garder avec lui à Vienne toute sa vie auprès de lui.[7] Dans son miroir identificatoire, qu'on

---

[1] *Notices*, op. cit., p. 20.
[2] Rolland (Romain), *Jean-Christophe I. L'aube*, Paris, Albin Michel, 1927.
[3] Il s'agit d'un dessin de Gandolf Stainhauser, gravé par J. J. Neidl.
[4] Wegeler, *Notices*, ibidem.
[5] d'Indy (Vincent), *Beethoven*, op. cit., p. 9.
[6] Schlösser, dans ses souvenirs, écrivait : « Comme seul ornement qui me frappa dans son appartement, je me souviens d'un tableau encadré, le portrait de son grand-père, auquel il tenait avec une piété d'enfant » (cit. in Closson (Ernest), op. cit., p. 208).
[7] Les témoignages ne le démentent pas. À chacun de ses déménagements (et ils étaient incessants), Beethoven ne se séparait jamais du portrait de Ludwig l'ancien.

peut repérer ici dans cet échange de portraits, c'est l'aïeul qu'il trouve, *Ludwig* et non *Johann…*

Assurément, on aurait du mal à ne pas reconnaître que c'est du côté de Ludwig l'ancien que Beethoven parvient à trouver ses assises identificatoires premières. Mais celui-ci n'est pas son père ! Il n'entre donc pas dans cette triangulation qu'en psychanalyse, depuis Freud, on appelle le complexe d'Œdipe, qui doit être entendu, au-delà de cette réduction imbécile qu'on peut lire à son propos dans les journaux de vulgarisation, comme un moment de structuration essentiel qui rappelle pour le garçon qu'un père est aussi et avant tout un homme. L'identification fondamentale à Ludwig l'ancien permet de comprendre que *la fonction paternelle, chez Beethoven, prévaudra toujours sur sa place d'homme*, voire tendra à écraser celle-ci. Cela n'est pas sans fournir un éclairage possible sur ses perpétuels échecs amoureux, peut-être aussi sur les relations équivoques qu'il a pu entretenir avec certains de ses proches, tels Amenda et peut-être Zmeskall.[1]

Mais surtout, cette prévalence de la fonction paternelle s'atteste dans l'acharnement symptomatique à vouloir envers et contre tout occuper cette place auprès de son neveu Karl. Je ne m'attarderai pas sur ce point qui exigerait un travail aussi volumineux que celui-ci pour faire le tour de la question, et j'ai eu l'occasion d'évoquer plus haut un certain nombre de points concernant la tutelle. Je rappellerai seulement que le conflit concernant celle-ci, qui montre le plus souvent le visage de la plus extrême violence, a en effet toujours rapport avec l'idée d'une paternité illégitime ! Avec Johanna tout d'abord, qu'il traite régulièrement, surtout lorsque la tutelle n'est pas encore assurée, de "*putain*" (« La nuit dernière, cette Reine de la nuit a été au Bal des artistes jusqu'à trois heures du matin, où non seulement d'esprit mais de corps elle s'est montrée à nu. Pour 20 Gulden, s'est-on chuchoté à l'oreille, on pouvait l'avoir ! Quelle horreur, einh ? Et c'est aux mains de cette femme que nous devrions, fût-ce un seul instant, confier notre cher trésor ? Non, pour rien au monde » -L 611, p. 623, lettre à Giannatasio del Rio, 20 février 1816-). La fin de la phrase rappelle étrangement, sur un plan stylistique, celle du *Testament* de 1802 (« Jamais ? Non, ce serait trop dur ! »). Mais il est possible également de repérer un véritable fantasme concernant la paternité-même de Karl !

Dans les *Cahiers de Conversation*, on trouve déjà l'idée que Johanna avait trompé son mari de son vivant. Plus encore, Karl lui-même l'aurait su ! C'est

---

[1] Reniers (Dominique), « Beethoven et Zmeskall von Domanovecz », *Beethoven, sa vie, son œuvre, 17*, 1er semestre 2015 ; « Beethoven et Karl Amenda », *Beethoven, sa vie, son œuvre, op. cit.*

en tout cas ce qu'écrit Peters, vers décembre 1819 (*CC*, p. 53) : « La mère [de Karl] est une infâme canaille / N'est-il pas vrai que Karl savait que, tandis que votre frère était à la maison, elle couchait avec son amant ? » Il est clair que l'entourage du compositeur, à cette époque, abondait forcément dans le sens de celui-ci pour tout ce qui concernait la tutelle. Voie obligée pour éviter la crise du maître et son bannissement auprès de lui. D'ailleurs, le propos de Peters, ici, est identique à celui que Beethoven lui-même tiendra plus tard à propos de Johann dans la lettre vue plus haut du 19 août 1823 (L 1231, p. 1199), en affirmant que sa canaille de femme (Thérèse) n'avait pas couché moins de trois fois avec son vaurien d'amant. L'entourage devait de toute évidence entendre Beethoven évoquer régulièrement ce genre d'accusations… Beethoven reprendra la même idée dans le long mémoire qu'il écrira à la cour d'appel, en février 1820, alors que Johanna, à l'issue d'un second procès, avait gagné le droit de récupérer son fils : « Immédiatement après la mort de mon frère, elle eut des relations intimes avec un amant ; et par son comportement en arriva à choquer les sentiments de pudeur de son enfant innocent.[1] » Mais il y a plus étonnant encore !

Peu après son ultime défaite auprès des tribunaux (après le recours en appel de Beethoven conseillé par Bach), le 8 avril 1820, Johanna tomba enceinte. Le père de l'enfant qu'elle porte est Johann Hofbauer, un conseiller financier assez fortuné. À deux reprises, dans sa correspondance, Beethoven y fait mention. À Bernard (dans une lettre de 1820 non datée), il dit qu'il a trouvé quelqu'un qui connaît bien ce Hofbauer. Avec cela, « Nous arriverons donc à obtenir quelque résultat dans cette affaire.[2] » De façon sans doute assez significative, il affirme juste après se sentir mal, tout en affirmant avoir *oublié* le nom de son médecin (L 1045, p. 1005). En janvier 1824, il écrira au même Bernard que Johanna touche une pension annuelle de 480 Gulden de la part de Hofbauer. La tension, à cette période, semble alors nettement apaisée vis-à-vis de Johanna, à qui il vient d'écrire quelques jours plus tôt (le 8 janvier) une lettre très cordiale où il lui envoie ses meilleurs vœux pour la nouvelle année (L 1257). Il se dit même prêt, dans la lettre à Bernard (L 1259, p. 1224), à l'aider autant que possible. Or, il y écrit également ceci de remarquable : « D'après ce que j'ai ouï dire, ce dernier [Hofbauer] considère Karl comme son fils et qu'il serait bien de lui, *c'est chose probable* »(L 1259, p. 1223, c'est moi qui souligne). Le propos est sidérant ! Beethoven n'était évidemment pas sans savoir que, si tel avait été le cas, Hofbauer se serait manifesté lors du procès concernant la tutelle, peut-être aussi violemment que lui-même, et de surcroît de bon droit (même s'il s'était agi d'adultère !). Le tenir comme père

[1] Anderson, op. cit., Appendice C, p. 1546.
[2] Cette phrase permet de situer la lettre à Bernard entre la remise aux tribunaux du mémoire et le 8 avril 1820.

de Karl, dans ce climat d'apaisement avec Johanna, souligne la charge fantasmatique qui sous-tend une telle affirmation. Si Hofbauer peut avoir été le père de Karl, c'est que Carl, le frère, ne l'est probablement pas ! De là, lui seul, Beethoven, possède le droit de l'être : le premier, en effet, n'a pas été déclaré tel, l'autre est mort… Envers et contre l'ordre des choses, la paternité s'affirme dans le seul champ qu'occupe Beethoven, et on va en voir dans un instant la nature. Tout se met alors à concorder pour le compositeur ! Johanna a effectivement trompé son mari, comme il l'a toujours pensé et crié, Karl est donc un enfant illégitime ! Rappel évident du statut du père Johann !

Il n'y a qu'un père, et il ne peut s'appeler que *Ludwig* ! Ce fut Ludwig l'ancien pour lui, Johann étant illégitime à ce titre. C'est à présent lui-même pour Karl. Bref, Beethoven se pose à la seule place de père possible : celle que fut pour lui Ludwig l'ancien.[1] La convocation du grand-père paternel au titre de père a évidemment pour effet inconscient de combler le blanc rattaché au père qui fut conçu en toute illégitimité. Sur ce voile blanc qui recouvre le père, il faut lire… *Ludwig*.

Une ascendance mythique…

C'est ainsi que prend son authentique portée la seconde lettre que j'évoquais plus haut, celle où il est question d'une filiation inventée de toutes pièces à son propos. En 1810, Beethoven a acquis une célébrité mondiale qui le rend digne de figurer dans le *Dictionnaire historique des musiciens, Artistes, Amateurs, morts ou vivants* d'Alexandre-Etienne Charon & François-Joseph Fayolle, de Paris. Dans cet ouvrage, il serait né en 1772 et on dit (sic) qu'il serait fils naturel de Frédéric-Guillaume II, roi de Prusse. Comme le souligne Michel Rouch[2], Charon & Fayolle n'inventent rien. Ils répètent et propagent ce qui se dit. Et avec succès ! Pourtant, Frédéric-Guillaume II (1744-1797) n'est jamais venu à Bonn à cette période (1770). « Qu'importe, il y a mieux. Pourquoi pas son oncle, qui le précéda sur le trône, Frédéric II le Grand (1712-1783). Ou mieux encore, son grand-père Frédéric-Guillaume Ier dit "le roi sergent" (1648-1740 !), comme s'en amuse, en 1823, la revue The Harmonicon ?[3] »

---

[1] Beethoven a sans doute appris que la fille résultant de l'union de Johanna avec Hofbauer se verra attribuer comme prénom *Ludovica*. L'empreinte du grand-père Ludwig allait jusque-là, lui qui avait déjà donné ce prénom à sa première fille Maria-Bernardina-*Ludovica* avant de le donner aux deux aînés de son fils illégitime.

[2] « Ludwig van Beethoven, sa vie, son œuvre. 1768-1770 », *Revue ABF, 10*, second semestre 2008, p. 10.

[3] D'autres légendes concernant l'origine de Beethoven sont rapportées par Wegeler (*Notices*, op. cit., p. 16-17).

Il est significatif que ce soit précisément en cette même année 1810, l'année de publication du *Dictionnaire* de Charon & Fayolle, que Beethoven écrit à Wegeler pour lui demander l'envoi de son extrait de baptême. On se rappellera qu'il y affirme avoir vécu un certain temps sans savoir son âge. Le *Dictionnaire* indique 1772, et le rajeunit donc de deux ans, peut-être à partir des affirmations de Johann le père, qui agissait ainsi, lors des premiers concerts du petit Ludwig, pour qu'on puisse croire à l'apparition d'un nouveau petit Mozart. Il lui faut savoir, peut-être se rassurer ! Avant lui a existé un Ludwig-Maria. Et si celui-ci était né le 16 décembre 1770 et lui en 1772 ? On y reviendra...

En tout cas, la rumeur suivit bon train. Des années plus tard, en 1819, on trouve dans les *Cahiers de Conversation* une intervention de Peters qui *l'exhorte à apporter un démenti formel à cette fable : « J'ai demandé à Bernard si on n'avait pas encore rectifié dans les Konversations Lexikon que vous êtes fils naturel du feu Roi de Prusse / Que vous seriez un fils naturel du feu Roi de Prusse / De telles choses doivent être corrigées, car il ne vous est pas nécessaire d'emprunter au roi de son lustre, c'est le contraire qui est le cas » (CC, p. 61). L'échange est intéressant ! À la question de Peters,* Beethoven doit probablement demander de quoi il s'agit. Or, au lieu de souligner simplement ce qu'il vient d'écrire, Peters réécrit à l'identique la phrase qu'il vient de produire sur le carnet. Fallait-il que cela soit, pour Beethoven, écrit et répété ! Celui-ci connaît la légende, puisque ses proches la lui rapportent. Il la connaissait mais n'en dit rien. Comme le souligne l'adage : qui ne dit mot consent !

Le 29 décembre 1825, *six ans plus tard* donc, c'est Wegeler cette fois qui lui écrit à ce sujet. « Il te faut défendre l'honneur de ta mère ! » Il se propose même, si tel est le souhait de son ami, d'écrire lui-même la vérité à ce sujet.[1] Beethoven lui répondra, *un an plus tard*, le 7 décembre 1826 : « Tu écris que je passe en quelque lieu pour être le fils naturel du défunt Roi de Prusse ; on m'a déjà parlé de cela depuis longtemps. Mais je me suis fait un principe de ne jamais parler de moi-même et de ne pas répondre non plus à ce qui est écrit sur moi. Par conséquent, je te laisse volontiers le soin de faire connaître au monde la droiture de mes parents et en particulier de ma mère » (L 1542, p. 1469). Étrange "*principe*" qui ne trompe personne ! Le temps qu'il met à répondre à Wegeler constitue déjà en soi un aveu. Il faut laisser la légende suivre son cours et surtout ne pas rappeler quoi que ce soit concernant son père. Le contenu de la lettre le révèle à demi-mots sur le mode d'un mi-dire qui n'est pas sans rappeler, d'ailleurs, le *Testament d'Heiligenstadt* : il laisse

---

[1] Thayer (Alexandre Wheelock), *The life of Ludwig van Beethoven III*, Cambridge University Press, 1921, p. 214.

à son vieil ami de Bonn la charge de faire connaître la droiture de ses parents, *et en particulier celle de sa mère* ! Assurément, le doute doit demeurer, partiellement en tout cas, pour Johann le père. Et on sait pourquoi !

Pour couronner le tout, Beethoven oubliera d'envoyer la lettre à Wegeler ! En réponse à une seconde lettre de ce dernier, il lui répond en effet, le 17 février 1827 (il est sur son lit de mort), qu'il est surpris qu'il n'ait pas reçu la précédente, et s'embrouille en s'efforçant vaille que vaille de donner des gages de bonne foi : « D'après la lettre que tu reçois en ce moment, tu peux voir que je t'ai écrit dès le 10 décembre de l'année passée.[1] Le cas est le même en ce qui concerne mon portrait : quand tu le recevras, tu pourras le vérifier d'après la date qu'il porte (…) Il est plutôt difficile d'adresser une réclamation jusqu'à ce jour ! » (L 1551, p. 1482).

De toute évidence, la légende lui servait, en ce que la filiation du Roi de Prusse, en soi totalement aberrante objectivement, se trouvait située sur des coordonnées strictement et seulement symboliques. Il en va du Roi de Prusse comme il en allait de Ludwig l'ancien précédemment. Le père "officiel", entendez le géniteur, n'est rien ! Seule compte la paternité qui repose sur le modèle de l'aïeul Ludwig l'ancien. Hofbauer peut être le géniteur de Karl, le roi de Prusse peut être considéré dans la populace comme le sien, qu'importe ! La paternité ne peut être reconnue à l'endroit de ce qui est issu d'une union illégitime. Johann est un trou généalogique. Il ne peut être son père parce qu'on ne peut savoir qui fut son propre père à lui, Johann. Un seul père permet de combler ce trou, et il porte le même prénom que lui : *Ludwig* l'ancien.

Tout prend sens, alors ! Avec une fille issue d'une union antérieure de Thérèse Obermayr, Johann, le frère, ne pouvait que réveiller l'illégitimité du père dont il porte de surcroît le même prénom. À ce titre, point question, évidemment, qu'il puisse prétendre à la fonction de tuteur pour Karl ! Beethoven l'écrit "*noir sur blanc*" sur le testament qu'il établit avec l'aide de Bach (L 1151, p. 1120). Carl n'est pas, toujours dans le fantasme du compositeur, le père de Karl. Ce peut être Hofbauer ou un autre, qu'importe. Le vrai, le seul, c'est *lui*, Ludwig van Beethoven, comme son père fut (d')un autre Ludwig van Beethoven, l'ancien. La dimension franchement pathologique qui se présente à l'occasion de la tutelle de Karl, répond donc du rétablissement de la vérité de ce qu'est pour lui, fondamentalement, un père. Il doit donner réponse à l'énigme de son origine où la faute de Maria-Josepha signa l'illégitimité de son fils Johann. Être fils d'un père lui-même fils illégitime, était pour Beethoven proprement insupportable. Et la seule voie qui

[1] Erreur sans doute significative ! La lettre en question date du 7 décembre, non du 10 !

s'offrit à lui fut d'être père sans l'être réellement : de ses frères tout d'abord, puis du fils de l'un d'eux, comme Ludwig l'ancien…

Le blanc qui se trouve dans le *Testament d'Heiligenstadt* correspond à l'indicible secret qui se rattache à la naissance illégitime du père Johann. Au titre de père, seul aurait pu y figurer le nom de "*Ludwig*", et il se trouvait en même temps bien là, ce Ludwig, en train justement de coucher sur papier la trace de ce qui devait être lu et su un jour, après sa mort. Ces traces, qui soutiennent le texte du *Testament* de 1802, n'ont eu, semble-t-il, d'autre intention que de biffer ce blanc, de le raturer. Je veux dire par là que Beethoven, en écrivant ce document, ne se posait en aucune autre place que celle qui voulait que son nom fasse trace après sa mort. Il ne fit rien d'autre, au final, que reproduire à l'identique ce que voulait avant lui Ludwig l'ancien, en transmettant son prénom (celui d'un frère mort nommé Ludwig !) à sa première fille, puis à Beethoven (né après un frère mort nommé Ludwig).

Cependant, à ce blanc lié à l'illégitimité filiale de son père se combine un autre qui concerne toujours le prénom paradigmatique "*Ludwig*". Beethoven a eu un frère mort un an avant qu'il ne vienne au monde et qui portait, adjoint à celui de l'aïeul, un prénom qui faisait en miroir office de paradigme pour signifier la femme dans la famille Beethoven. Comme son grand-père et même comme le frère mort de celui-ci, il portera le prénom de Ludwig à l'exclusion de tout autre. *Ludwig ou rien !* Il est donc question d'un blanc, là aussi. Cependant, comme on va le voir à présent, il se trouve quant à lui à proximité d'une mère veuve qui porte la couleur d'un deuil qui n'en finit pas… Le voile blanc qui recouvrait l'illégitimité du père porte peut-être le nom de Ludwig. Mais il se voit en même temps taché de la couleur de la mort…

L'ombre maternel

Les analyses qui précèdent ont pu montrer l'importance du prénom dans l'économie subjective de Beethoven. Répétition de ce qui s'était déjà présenté chez l'aïeul, amputation du prénom d'un frère mort avant sa naissance, prénom entaché d'une filiation illégitime du côté du père, autant d'éléments qui, dans leur coexistence, semblent établir comme une toile de fond sur laquelle a pu s'écrire le destin d'un homme. Il faut cependant se départir d'un sentiment qui pourrait se dégager de cette analyse. En aucune façon, le prénom que l'on porte ou que les proches familiaux portent ne peut déterminer isolément les choix destinaux d'un sujet. Porter un prénom ne signifie rien en soi si on ne prend pas en compte le désir qui a sous-tendu son élection chez l'Autre parental. On a pu voir à ce titre la place considérable qu'occupait le grand-père Ludwig, place qui, pour Beethoven, est devenue d'autant plus importante qu'elle permettait de colmater la brèche, ou le blanc, du père compte tenu de l'illégitimité de sa naissance. Mais la question, en soi naïve, doit être posée : cette illégitimité était-elle connue de Beethoven ?

À l'instar d'un blanc, tel celui qui figure à trois reprises dans le *Testament d'Heiligenstadt*, qui signifie qu'on ne doit pas savoir, je dirai oui, mais sur le mode de l'impossibilité de l'établir précisément comme un savoir. Telle est la logique du secret sur lequel, il fut un temps, se sont arrêtés certains auteurs psychanalystes qui ont justement forgé à propos de son efficace les concepts de "*crypte*" et de "*fantôme*".[1] Il ne s'agit évidemment pas de quelque entité spectrale ou immatérielle qui hanterait, comme dans un film d'épouvante, le sujet ! Le fantôme dont il est question ici émane d'un non-dit qui se fait entendre au niveau de l'ensemble des paroles, des silences, de certains actes significatifs, qui ne donnent aucun savoir plein mais font entendre en même temps, tel un blanc qui se trouve à la place d'un prénom, que quelque chose est bien là, qui reste et qui ne doit surtout pas se savoir. Le secret "*sécrète*" un savoir qui ne se sait pas provenant de l'Autre parental.

On s'est arrêté longuement sur la part que pouvait prendre le prénom chez Beethoven. L'analyse serait évidemment incomplète si elle n'abordait pas, pour finir, l'importance qu'a pu prendre le prénom "*Maria*" qui se retrouve chez tous les individus de sexe féminin dans la famille et qui s'est vu adjoint au prénom du premier-né, pour laisser chez le deuxième, Ludwig, un prénom amputé que devait hanter ce qui précisément lui manquait… Mais "*Maria*" est avant tout le prénom de la mère. Et il faut nécessairement l'interroger à présent, dans son histoire, pour saisir à sa juste valeur le poids que ce prénom a pu avoir lorsqu'il fut attribué au premier de ses enfants.

Mater certa est, sed pater incertus ! La mère est incontestable en tant qu'elle est "*mater première*", contrairement au père qui ne peut être qu'incertain aussi longtemps que la mère ne l'a pas désigné à ce titre. C'est par elle essentiellement qu'un fantôme peut se *transmettre* (étymologiquement "*se mettre à travers*"). Et cela prend toute son importance quand on découvre que Maria-Magdalena, en tant que femme et en tant que mère, fut avant tout une veuve et une mère endeuillée… Il n'y eut pas que Ludwig l'ancien à combler le blanc de Johann le père. La souffrance de femme et de mère, chez Maria-Magdalena, a, elle aussi, sécrété un fantôme. Et il a l'étrange qualité d'adjoindre un blanc à la couleur noire du deuil.

Il semble que Maria-Magdalena, la mère de Beethoven, n'ait pas été un modèle de joie de vivre. Sa santé était délicate, et sa vie de femme semble avoir été placée sous le chef de la solitude. Dernière d'une fratrie de six enfants, elle est seule, avec son frère Johann-Peter, son aîné de douze ans, à

---

[1] Abraham (Nicolas) & Torok (Maria), *L'écorce et le noyau*, Paris, Aubier.

avoir survécu. Tous les autres enfants de sa fratrie sont morts en bas-âge.[1] Son père meurt alors qu'elle n'a que treize ans, la laissant seule avec sa mère Anna-Maria, son frère Johann-Peter ayant alors embrassé une carrière monastique. Pour sûr, le mariage pourra la sauver ! Et pourtant, bien plus tard, à sa voisine et amie Caecilia Fischer, elle donnera à ce propos ce conseil qui en dit long : « Si vous voulez accepter mon conseil, restez célibataire, et vous aurez la vie la plus tranquille, la plus belle et la plus agréable. Qu'est-ce que le mariage ? Un peu de joie, mais ensuite une chaîne de souffrances… »[2]

C'est Madame van Beethoven qui s'exprime ainsi. Immédiatement se présente à l'esprit, pour comprendre un tel conseil, la personne de son mari, Johann, qui n'aurait pas su la rendre heureuse. N'a-t-il pas, comme sa mère Maria-Josepha, sombré dans l'alcoolisme ? Celui-ci ne l'a-t-il pas rendu violent, justement, avec son épouse ? Ne l'était-il pas, d'ailleurs, avec son fils Ludwig, en l'obligeant à travailler le piano en pleine nuit lorsqu'il revenait de ses beuveries nocturnes ? C'est évidemment là une lecture superficielle et orientée que la très grande majorité des biographies ont déterminée en faisant de Johann un père tyrannique et un simple alcoolique chronique. Dans les faits, l'alcoolisme du père Beethoven a atteint un seuil critique seulement après la mort de sa mère, Maria-Josepha. Fait sans doute significatif, il empirera d'autant plus lors du décès de son épouse. Quant à sa place de mari, rien ne permet de dire qu'il ait été un époux violent. Le propos de Maria-Magdalena à Caecilia Fischer, concernant le mariage, détient sa source d'une histoire beaucoup plus complexe.

Mi-orpheline à l'âge de treize ans, elle se marie à l'âge de seize avec Johann Leym, un valet de chambre de l'Électeur de Trèves. Le passé de cet homme a toute son importance ici. Il se maria une première fois, à l'âge de vingt-cinq ans, avec Maria-Ernestine-Josepha Kelsinger, le 28 août 1758, qui lui donnera trois enfants. Un fils tout d'abord, Johann-Philipp, né le 4 février 1760, qui meurt cependant en bas-âge. Une fille ensuite, Maria-Friederike, le 27 juin 1761 : morte très jeune elle aussi. L'annonce du troisième enfant dut résonner pour Joseph Leym comme l'espoir de pouvoir enfin assurer sa descendance. Éclair de bonheur ! Ce sera un fils : Johann-Franz-Ludwig (né le 30 septembre 1762). Il vivra, celui-là, mais on ne sait pas vraiment jusqu'à quel âge, l'acte de décès étant introuvable. Il vivra mais, en naissant, occasionnera la mort de sa mère, dix jours plus tard, le 10 octobre. Voilà donc Johann Leym veuf avec un nourrisson dont il doit s'occuper. Cela

[1] On peut être quasiment sûr que ce fut le cas des jumeaux Johann-Balthasar & Gallus, nés juste avant elle, dont on ne sait absolument rien.
[2] *Manuscrit Fischer*, cit. in Massin (Jean & Brigitte), *Ludwig van Beethoven*, op. cit., p. 23.

expliquerait, selon Michel Rouch[1], pourquoi, en cherchant une mère de substitution, il se remaria si vite, dès le 30 janvier 1763, avec Maria-Magdalena Keverich.

Il semble bien, donc, que ce soit avant tout en tant que *mère* que la future Madame van Beethoven ait été élue par Johann Leym. Cela n'exclut évidemment pas les sentiments que celui-ci a pu avoir pour elle en tant que femme, mais la précipitation de son second mariage, ainsi que la succession des grossesses de sa première épouse décédée, montre la place essentielle qu'occupaient pour lui les enfants à naître. Sans doute, donc, Maria-Magdalena vécut une grande partie de son premier mariage en ayant à s'occuper, comme une mère, du fils de son mari. Étrangement, on retrouve ici, et ce n'est peut-être pas un hasard, le schéma inversé de ce qu'on a pu voir à propos d'un autre Johann, le frère du compositeur, qui se maria avec une femme, Thérèse Obermayr, déjà mère d'une petite Amalia.

Johann, partout ! Tous les frères de Maria-Magdalena portaient ce prénom, même son père et son premier mari, ainsi que le fils de celui-ci. Ce sera également, on le sait, celui de son second mari, Johann van Beethoven. Mais pour l'heure, elle s'appelle Madame Leym, et elle s'occupe, sans doute avec tendresse, de Johann-Franz-Ludwig. Celui-ci décédera quelques mois plus tard, sans qu'il soit possible d'en savoir davantage. On peut être certain, en revanche, qu'un enfant, le quatrième pour Johann Leym, le premier pour Maria-Magdalena, fut conçu en février 1764. Il s'appellera sans surprise Johann, avec pour prénoms adjoints "*Peter-Anton*" (né le 25 octobre). Mais le bonheur sera encore une fois de courte durée : l'enfant ne vivra qu'un mois (l'acte de décès indique le 27 novembre). Nouvel espoir déçu pour Johann Leym, peut-être la fois de trop, comme on va le voir dans un instant. Ses quatre enfants, trois d'une première union, et celui-ci décèdent l'un après l'autre…

« Qu'est-ce que le mariage ? Un peu de joie… », disait Maria-Magdalena à Caecilia Fischer… Très peu, même ! Un mois seulement, elle aura pu occuper cette place de mère auprès de son premier fils, après s'être occupé des mois durant de celui de son mari. Mère endeuillée, de toute évidence. Et l'épouse ? Le réel est sans fard : le 28 novembre 1764, le lendemain-même de la disparition de Johann-Peter-Anton, c'est Johann Leym, le mari, qui meurt. En deux jours, Maria-Magdalena perd successivement son fils et son mari… « À moitié orpheline, veuve et maman éplorée, on conçoit qu'elle ait perdu l'habitude de rire. »[2]

---

[1] « Ludwig van Beethoven, sa vie, son œuvre. 1761-1767 », *Revue ABF, 9*, 1er semestre 2008, p. 8.

[2] Rouch (Michel), idem, p. 9.

Répétition et double...

La situation de femme libre, à l'époque, était difficilement soutenable. Il fallait à Maria-Magdalena rapidement retrouver une place socialement admissible, de femme peut-être, de mère sans doute... C'est alors qu'apparaît Johann van Beethoven qui deviendra, le 12 novembre 1767, son second mari. Sans doute l'espoir d'un mariage enfin heureux s'est-il présenté chez elle. Mais il fallait en première instance vaincre un obstacle majeur, à savoir l'objection de Ludwig l'ancien à cette union. « Lorsque M. le Hofkapellmeister se fut renseigné et eut appris qu'elle avait été servante, il s'y opposa et lui dit [à son fils Johann] : "Je n'aurais jamais cru ni attendu que tu te serais ainsi rabaissé".[1] » Son titre de *Kapellmeister* est-il la raison d'un tel refus ? Peut-être. Mais aussi, il fallait un mariage, pour son fils, susceptible d'effacer les taches liées à la naissance de celui-ci. Mais Johann tiendra bon et finira par épouser Maria-Magdalena. Ludwig l'ancien s'incline, ronge son frein et emménage dans un autre logement.

Le mariage eut lieu à Bonn, et non dans la ville natale (Ehrenbreitstein) de la fiancée, comme le voulait la tradition, et la jeune mariée en conçut déjà quelque déception. « Madame van Beethoven disait que, de son côté, ils auraient pu faire une plus belle noce, mais que son beau-père n'y ayant pas assisté par caprice, la chose s'était faite rapidement.[2] » Elle saura cependant montrer les qualités de maîtresse de maison qui la feront rapidement accepter par Ludwig l'ancien. « Un peu de joie », enfin ? Elle sera encore une fois de courte durée... Le 2 avril 1769[3] vient le fils qui, elle en est sûre, saura désormais la rendre heureuse en réparant la perte, cinq ans plus tôt, de Johann-Peter-Anton et de son premier mari. Hélas, il décède six jours plus tard, le 8 avril. Il s'appelait Ludwig-Maria...

Il est évident que la mort de cet enfant eut un effet psychologique considérable. Elle a dix-sept ans lorsque son premier enfant meurt, la veille de son mari. Elle en a vingt-quatre à la mort de Ludwig-Maria. Même si un tel âge, à cette époque, ne correspond absolument pas à ce qui caractérise une jeune femme de cet âge aujourd'hui, il reste que l'avenir pour Maria-Magdalena fut fortement entaché des pertes successives de son passé proche, en tant que mère et épouse. Sans aucun doute, elle transféra sur le deuxième enfant de Johann van Beethoven, Ludwig, une large part non seulement de son amour maternel perdu, mais une tout aussi grande de sa douleur, peut-être sous

---

[1] *Manuscrit Fischer*, cit. in Rouch, ibidem, p. 15.

[2] Ibidem.

[3] Je rappelle qu'à cette époque, la date de naissance correspond systématiquement à la date du baptême, qui avait lieu le lendemain ou le surlendemain de la naissance.

la forme d'une angoisse tenace de le perdre également. Sur la base d'une répétition de pertes attestée, on est inévitablement réduit, sur ce terrain psychologique, à de simples conjectures. On ne peut tenir ce transfert qu'en l'espèce d'une réaction légitimée par les faits. L'anticipation d'une nouvelle perte me semble cependant avoir été inévitable, surtout dans la mesure où la perte antérieure de Johann-Peter-Anton, son premier fils, fut étroitement liée à celle brutale de son premier mari. Il est possible, cependant, d'interroger plus avant la réaction de Maria-Magdalena à la naissance de Ludwig. Deuil il y eut, d'évidence, chez elle. Mais il est important de voir à quelle place se voit assigner le second fils Beethoven. Là encore, à l'instar des développements qui précèdent, la dimension du prénom fournit un éclairage essentiel…

Je partirai de la plus stricte officialité civile, c'est-à-dire de l'extrait de baptême de Beethoven. Il y est indiqué très précisément ceci :[1]

Parentes	*Proles*	*Patrini*
D : Joannes van = *Beethoven & Helena* *Keverichs conjuges.*	*17ma X^{bris}* *Ludovicus*	*D: Ludovicus* *van Beethoven &* *gertrudis müllers* *dicta Baums.*

Maria-Magdalena est prénommée Helena. Il ne s'agit pas d'une erreur. Wegeler souligne en effet que « les personnes qui portent les noms de Madeleine ou d'Hélène sont communément appelés Lenchen ou Lench ; cela explique ce qui précède et comment la mère a été inscrite sous le nom d'Hélène au lieu de Madeleine.[2] » Il est possible toutefois de tirer de cette apparente erreur un élément décisif : le prénom usuel de la mère de Beethoven était Magdalena, et non Maria. On l'a vu à propos des frères du compositeur, le prénom utilisé couramment est le plus souvent celui placé en seconde ou en troisième position (Caspar-Anton-Carl : Carl ; Nikolaüs-Johann : Johann).

Cela remet-il fondamentalement en question le poids du prénom "*Maria*" à propos de Ludwig-Maria ? Faut-il se résigner à n'y trouver que la trace du prénom de la marraine (Anna-*Maria* Lohe) ? Ce serait oublier, comme l'a montré le *Testament d'Heiligenstadt*, l'importance du blanc chez Beethoven, qui n'eut justement aucun prénom adjoint, comme l'indique clairement l'extrait de baptême. Le blanc qui suit "*Ludovicus*" garde un rapport d'autant plus fort avec celui qui se trouve en lieu et place du "*Maria*" attendu, dans ce

---

[1] L'orthographe et la disposition sont respectées.

[2] *Notices*, op. cit., p. 15. C'est à partir de ce prénom d'*Helena* que furent échafaudées les fables que nous avons vues plus haut concernant l'ascendance de Beethoven.

document… J'ajouterai qu'il est assez surprenant de voir une telle ambiguïté dans cet extrait de baptême qui n'est pas sans rappeler l'inexistence-même de tout document concernant la naissance de Johann van Beethoven, et de tout acte de décès relatif à la mort du fils de Johann Leym qu'elle eut très vraisemblablement en charge avant de mettre au monde Johann-Peter-Anton. Décidément, l'histoire, encore une fois, se répète ! Et cette répétition prend une place d'autant plus grande que justement, aucun prénom adjoint n'est indiqué pour Ludwig, à l'instar de son aïeul et parrain qui eut, lui aussi, un frère mort portant le même prénom…

Comment entendre, justement, cette soudaine absence de prénoms adjoints ? Assurément, elle marque un changement radical vis-à-vis des enfants antérieurs de Maria-Magdalena (Johann-Peter-Anton ; Ludwig-Maria), et même vis-à-vis de ceux qu'elle aura par la suite. Elle-même, ainsi que tous, dans la famille Keverich, avaient un prénom composé.[1] C'est du seul côté du mari qu'il est possible de trouver des prénoms isolés : Johann Leym (sans doute) et Johann van Beethoven. Il faut ajouter, évidemment, Ludwig l'ancien !... En tout cas, le choix du prénom isolé "*Ludwig*" pour le second enfant Beethoven semble marquer un véritable coup d'arrêt. Superstition ? On ne saurait dire, mais il est clair que le prénom isole l'enfant des précédents (autant que des suivants), de sorte qu'il est permis de penser qu'un tel choix a pu viser inconsciemment la fin d'une répétition placée sous l'égide de la mort… On peut y saisir en tout cas l'expression première d'un *désir de mettre fin à une série d'enfants morts trop tôt…* C'est là que la transmission opère, là aussi qu'il devient possible de parler de fantôme.

Dès sa naissance, Beethoven s'est vu assigner à une place imaginaire de nécessaire survivant, en quoi son entrée dans la ronde des prénoms devait-elle signifier la négation d'un passé de pertes chez Maria-Magdalena. On comprend d'autant mieux, à présent, pourquoi certaines proximités à ce titre généraient chez lui une réaction extrémiste. Je pense à l'homophonie de Carl, son frère et père de Karl, mais aussi à celle qui rapproche le frère Johann du père, voire, dans l'affaire de la tutelle, de sa forme féminine Johanna… Le blanc qui suit son prénom "*Ludwig*" est ainsi chargé au titre de signifiant. Semble s'y dire (ou s'y mi-dire, plutôt) le rappel d'un frère mort qui lui-même rappelait un autre enfant mort de Maria-Magdalena, frère mort qu'il n'a en même temps pas le droit d'être… Le prénom "*Ludwig*" l'inscrit au chapitre de la vie et de la filiation où, comme on l'a vu, l'aïeul Ludwig l'ancien occupe une place centrale, tandis que le blanc, qui procède du refus de poursuivre une série de morts, lui signifie dans le vide et dans le silence qu'il n'a pas le droit

[1] À l'exception peut-être de Gallus, le frère jumeau de Johann-Balthasar. Mais il est possible que son prénom ait été "*Johann-Gallus*"…

de mourir. Cela donne à penser, et permet de relire le *Testament d'Heiligenstadt* autrement, notamment à propos de la façon dont la mort doit y être entendue !...

La trame destinale de Beethoven semble donc contenir à la fois le message de l'Autre maternel d'une vie qu'il doit conquérir pour faire objection avant tout à la mort qui se répète. C'est là le premier visage du fantôme qui porte l'empreinte d'une mère dont le deuil n'en finit pas... Ce n'est pas l'*événement* qui compte ici, celui de la mort d'un frère aîné ! Le fantôme prend corps à partir du désir maternel qui rappelle la perte de ce dernier au moment précis où, dans le blanc qui signifie la fin d'une série d'enfants morts, l'enfant est appelé à vivre en rappel incessant d'une perte qui n'a pas le droit de se répéter. J'insiste ! Ce n'est pas le frère Ludwig-Maria qui importe ici, mais le désir de la mère concernant ce dernier. C'est pour cela qu'à la mort de Maria-Magdalena, Beethoven se croyait atteint de la phtisie qui venait de l'emporter dans la tombe (L 1). C'est la part du désir maternel qui logeait inconsciemment en lui qui *sécrétait* une telle angoisse...

Mais la charge associée à son prénom, qui allie vie nécessaire et mort impossible, redouble quand on se souvient que la naissance du père était elle-même illégitime. Ce n'est plus ici la vie et la mort, mais l'ordre symbolique, au nom du père, qui s'énonce. Cette illégitimité de Johann le père, on l'a vu, était signifiée notamment dans le choix du prénom Ludwig en tant qu'il renvoyait à l'aïeul, qui était pour lui un père sans l'être, et pourtant garant de l'inscription dans la lignée des Beethoven. Le blanc devient celui d'une place vacante, celle du père qui, enfant illégitime, ne peut aussi simplement occuper une telle place. On a vu précédemment combien cette lignée symbolique, supportée par la paternité "*réparatrice*" de Ludwig l'ancien, était opérante chez le compositeur. Je pense ici au rapport très particulier qu'il entretenait avec chacun de ses deux frères (l'un d'eux, qui portait justement le prénom du père voilé de blanc, ne pourra être nommé dans le *Testament* de 1802) mais surtout à cet acharnement symptomatique à assurer seul la tutelle de son neveu qu'il tenait, en le lui répétant maintes fois, comme son fils...

Se présente donc le croisement de deux messages essentiels : celui d'une mère qui lui rappelle le fils qu'elle a encore une fois perdu, Ludwig-Maria, et qu'il n'a pas le droit d'être, et celui d'une place unique qu'il a à occuper, celle d'un père qui n'a pas le statut d'homme pour la mère, et qui prend la seule valeur d'emprunt symbolique : Ludwig l'ancien. À cela s'ajoute enfin le trait identificatoire à ce dernier qui, comme lui, occupait la place très particulière de succéder à un frère mort en bas-âge. S'appeler "*Ludwig*" revient donc forcément à devoir vivre avant tout pour faire objection à la perte d'un autre qui, le mot parlera si on se souvient des développements qui concernent son rapport à ses amis, peut être tenu comme un *double*.

Le couple mythique

Loin, à l'opposé même, des discours ambiants positivistes qui parsèment notre monde contemporain, la psychanalyse, seule, rappelle cette chose essentielle qu'une famille ne se limite absolument pas aux acteurs qui la composent objectivement. Les nouvelles configurations familiales récemment observées, telles l'homoparentalité ou l'adoparentalité par exemple, semblent avoir eu pour effet de mobiliser défensivement le rappel officiel de sa configuration essentiellement triangulaire de base, admettant les parents et le ou les enfants. C'est là discours purement naturaliste auquel s'oppose la plus rudimentaire et la plus honnête des pratiques cliniques. La mère est évidemment, en première approximation en tout cas, du côté du naturel. C'est pour cela qu'elle est, comme le dit l'adage, *certissima.* Le savoir, à son endroit, ne souffre d'aucune ambiguïté, d'aucune question, aussi longtemps en tout cas qu'on n'entre pas encore dans la dynamique de sa dénomination par l'enfant. Tout autrement il en va pour le père qui est, je le rappelle, l'enjeu d'une nomination primordiale. Rien de naturel chez lui. C'est la mère qui le désigne ainsi.[1] Une mère et un père appartiennent donc à deux registres logiques totalement différents, et c'est bien en cela que la construction subjective d'une identité d'homme ou de femme n'est absolument pas affaire d'apprentissage, cette identité n'étant pas tant tributaire d'une réalité anatomique que d'enjeux identificatoires forcément très complexes. Il me fallait le rappeler pour aborder le point dont il va être question à présent.

À quoi renvoie précisément le prénom du premier-né de la famille Beethoven, *Ludwig-Maria* ? Il est incontestable qu'on y trouve avant tout la signature de l'aïeul, Ludwig l'ancien. On a vu plus haut combien sa volonté était grande de laisser trace de son nom à travers les générations suivantes. La première fille qu'il eut avec Maria-Josepha avait pour parrain Cornelius, son oncle, mais se vit attribuer le prénom féminisé de son père : "Maria-Bernardina-*Ludovica*". Ici, avec son premier petit-fils, c'est son nom qui s'impose. Il est le parrain et cela le justifie. Mais il marque aussi, on ne saurait en douter, son autorité de patriarche, faisant fi de ce qui aurait pu, chez son fils Johann, faire objection à ce qui s'imposait comme une évidence, voire un diktat. Il faudra attendre la naissance de Caspar-Anton-Carl, juste après Ludwig, pour voir Johann imposer son choix. Et on a vu la portée exacte de celui-ci : un choix stratégique lié à son activité d'espion auprès du ministre. Cependant, à la naissance de Carl, Ludwig l'ancien était mort depuis quatre

[1] Je le répète, la possibilité aujourd'hui de vérifier, à l'aide d'un caryotype, l'identité réelle d'un géniteur ne change rien à l'affaire. Il n'y a vérification que sur la base d'une question, c'est-à-dire d'un savoir qui n'est pas plein.

mois, et on peut se demander si Johann aurait su imposer quoi que ce soit s'il en avait été autrement. De façon assez claire donc, pour Ludwig-Maria (ainsi que pour Ludwig), la loi du patriarche s'est imposée pour le choix du prénom…

Mais il y a plus qu'un prénom qui se transmet ! On se rappelle en effet que Ludwig l'ancien est venu au monde après un premier Ludwig né et mort en 1710. Ce frère mort était-il présent à son esprit lorsqu'il imposa le prénom "*Ludwig*" pour le premier fils de Johann ? On ne saurait dire… En revanche, il est très probable qu'en persistant dans le choix de son propre prénom pour le deuxième, le message ait été clair : « un premier Ludwig est mort, comme mon frère. Le deuxième survivra *comme moi* ! » À l'instar du diktat inconscient d'une Maria-Magdalena veuve et mère éplorée, l'aïeul fournissait, dans le choix persistant de "*Ludwig*", une assise identificatoire à son second petit-fils. Il ne voulait pas seulement imposer son prénom. Il transmettait également une partie de son histoire, en doublure de celle qui se présentait chez ses deux premiers petits-fils : le second Ludwig doit survivre…

Il rejoignait là le vœu inconscient de Maria-Magdalena qui, dans la suppression d'une partie de son prénom (*Maria*) pour le second, voulait mettre fin à la série des enfants morts qui avaient été les siens : Johann-Peter-Anton, qu'elle avait eu avec Johann Leym, et Ludwig-Maria. Le prénom isolé "*Ludwig*" devenait donc proprement signifiant du point de convergence de deux désirs impérieux que l'enfant survive sur fond de morts du passé. Avantage à l'aïeul ! En donnant une seconde fois son prénom, il s'instituait *doublement en double*, par le choix lui-même de celui-ci, mais aussi dans la mesure où il était lui-même un second Ludwig. Quant à la mère, Maria-Magdalena, il fallait que son nom s'efface pour laisser place à un blanc, "*Ludwig*" devenant isolé et renforçant de là la puissance du grand-père Ludwig l'ancien.

Tout se joue, on le voit bien, entre Ludwig l'ancien et Maria-Magdalena, c'est-à-dire entre le grand-père et la mère de Beethoven. Johann ne prendra place de père qu'à la mort du sien, comme le confirme celle qu'il parvient à prendre alors dans le choix des prénoms pour les enfants suivants. Cela n'est pas sans constituer une configuration où, aux côtés de la mère règne en maître l'aïeul. Exit, pour Beethoven, Johann… Il est difficile de se prononcer sur la place que prit, dans cette configuration, l'illégitimité propre à la naissance de ce dernier. Il est vraisemblable que l'autorité de Ludwig l'ancien eut un effet proprement écrasant sur lui qui n'avait d'autre latitude que celle d'agir par intérêt, usant si nécessaire du mensonge calculé.[1] Je serais tout prêt à penser que c'est justement un tel poids de Ludwig l'ancien sur Johann qui cimenta et révéla tout à la fois (c'est le propre de tout secret) le secret mi-dit concernant cette illégitimité.

Alain de Mijolla[2] parle du couple mythique, pour Beethoven, du grand-père et de la mère, cautionnant l'éviction de Johann. Un extrait du Manuscrit Fischer[3] n'est pas sans l'illustrer. Tous les ans, le jour de la sainte Madeleine, on célébrait avec solennité l'anniversaire et la fête de Mme van Beethoven. « On dressait un baldaquin dans la chambre où était suspendu le portrait du grand-père Ludwig van Beethoven. » Les voisins le voyaient bien, ne pouvant évoquer une fête sans indiquer sous le patronage de qui elle se déroulait. Dans la famille Beethoven, on peut célébrer la mère, mais sous le regard de l'aïeul. C'est ce même portrait d'ailleurs, on l'a vu, que Beethoven réclamera à Wegeler (L 51, p. 69) contre le sien. De sa mère, il s'était convaincu d'avoir contracté sa phtisie. De son grand-père, il vivra, où qu'il aille, sous son regard qui retrouvait le sien, tel un miroir… De Johann, le père "officiel", rien… Tout juste un blanc… comme dans le Testament d'Heiligenstadt…

La femme travestie

Avec un père dont l'illégitimité crée un trou dans la généalogie, avec le poids d'un frère mort auquel sa naissance doit faire objection dans le désir maternel, avec surtout l'héritage d'une paternité d'emprunt avec le grand-père qui lui lègue son prénom en même temps qu'un fragment de son histoire ayant déterminé celui-ci (un *Ludwig* survivant), bon nombre d'éléments qui ont caractérisé le sujet-Beethoven trouvent un éclairage essentiel. Impossible pour lui d'avoir un père qui puisse se prévaloir d'avoir été le fils de qui de droit, perdant de là la référence d'un homme écrasé par la figure du patriarche. Ne subsistait alors pour lui que la voie d'une paternité imaginaire qui faisait nécessairement écho à celle de Ludwig l'ancien à son propre endroit. La tutelle du neveu Karl, avec la portée symptomatique qui lui est propre, me semble détenir là une clef de compréhension primordiale, tant au niveau de sa revendication acharnée qu'à celui de pouvoir l'assumer réellement. On l'a maintes fois vu dans les analyses de ce travail. Je n'y reviendrai donc pas…

---

[1] Il était espion du ministre… Mais aussi, on sait qu'il mentit en rajeunissant le petit Ludwig de deux ans lorsqu'il le présentait au concert. Il lui fallait montrer qu'il était le père d'un nouveau petit Mozart…

[2] Op. cit., p. 159.

[3] Cit. in Massin (Jean & Brigitte), op. cit., p. 13.

Mais cette faille paternelle a eu pour corollaire l'impossibilité de tenir sa mère, Maria-Magdalena, pour avoir été *femme*. Ses larmes de veuve et de mère deux fois meurtrie n'étaient pas seules en cause. Elle ne pouvait être femme aux yeux de son fils car elle n'avait point d'époux légitime dans la filiation. Le couple mythique, pour Beethoven, avait pour repères l'aïeul, Ludwig l'ancien, et elle, la mère Maria-Magdalena. Et on peut deviner, dès lors qu'il occupait une place de doublure du premier jusqu'à porter son prénom qui lui-même renvoyait à celui auquel il avait survécu (le frère mort), la difficulté qui se présentait pour lui quant à se poser comme homme. Et il le montre on ne peut plus clairement dans ses difficultés régulières auprès des femmes qui ne pouvaient, à ses yeux, que signifier l'impossible d'un lien autre qu'idéalisé, c'est-à-dire relégué dans le lointain et l'inatteignable. Il l'exprime peut-être dans les légendaires déboires amoureux, mais aussi dans ses œuvres…

Cette isolation dans le lointain me semble trouver place dans bon nombre de ses lieder qui avaient pour but de signifier un amour qui ne pouvait trouver d'autre voie pour s'exprimer. Ainsi, par exemple, les *Variations pour piano à quatre mains WoO 34* sur « *Ich denke sein* » dont le texte est une véritable déclaration d'amour, et que Beethoven composa en 1799 pour Thérèse ou Joséphine von Brunswick. Mais je pense surtout au beaucoup plus célèbre cycle de lieder où le lointain s'affiche dans son titre-même : *An die ferne Geliebte*[1] (*op. 98*). Leur composition, en l'année terrible de 1816, semble coïncider avec l'évocation d'une femme aimée cinq ans plus tôt, ainsi qu'il le confiait aux Giannatasio de Rio.[2] La portée autobiographique de ces lieder ne fait, pour Elisabeth Brisson, aucun doute. Il est frappant, au demeurant, que le compositeur ait modifié le titre du poème de Jeitteles (*An die entfernte Geliebte*) en remplaçant le qualificatif *entfernte* par *ferne*, marquant de là un éloignement plus géographique qu'affectif.[3] Par ce changement, Beethoven voulait peut-être affirmer « que la femme qu'il aimait ne s'était pas éloignée de lui mais qu'elle se trouvait seulement loin de lui.[4] » On pense évidemment à cette femme qui a fait couler tant d'encre et pour laquelle le lointain va jusqu'à se conjuguer avec l'énigme de son identité : *l'Immortelle bien-aimée…*[5] En amour comme en amitié, on l'a vu, seul le lointain permet que la relation tienne dans le temps. Et il est quasiment sûr qu'en examinant

[1] « À la bien-aimée lointaine »

[2] Brisson (Elisabeth), *Guide de la musique de Beethoven*, op. cit., p. 649.

[3] *Entfernte* souligne un éloignement qui se corrèle à l'absence de ce qui en constitue l'objet ; *ferne* insiste quant à lui sur la distance physique, purement objective donc, comme dans « *der ferne Ostern* » (l'extrême orient), sans donc qu'un sentiment soit nécessairement rattaché à cette distance.

[4] Brisson, ibidem.

[5] Les dates concordent ! La lettre à *l'Immortelle bien-aimée* écrite en 1812, semble concerner celle dont il est question, en 1816, avec les Giannatasio.

l'ensemble des lieder de Beethoven, on en trouverait un nombre important correspondant à une déclaration détournée auprès d'une aimée qui ne pouvait que demeurer dans le lointain...

Mais il est un autre genre musical beethovénien qui apporte un éclairage bien plus intéressant à la réflexion : la musique pour scène. « Beethoven a eu deux amours malheureuses : les femmes et l'opéra », écrivait Emile Ludwig.[1] L'art du théâtre et de ses intrigues qui convoquent nécessairement les personnages qui jouent leur rôle n'est pas pour lui. Contrairement à Mozart qui parvenait à se retrouver sous les traits de Chérubin, Beethoven était incapable de se retrouver en quelque personnage inventé qui porterait sous son masque ses traits propres. Il ne peut se retrouver en l'autre parce qu'il est fondamentalement assujetti au conflit de toujours entre lui et lui-même. Et on a vu pourquoi ! En revanche, c'est un personnage très précis et très particulier qui vient faire écho, sur scène, à son drame intérieur. Il suffit de considérer quelques-unes de ses compositions pour la scène (d'autant plus significatives qu'elles sont quasiment les seules dans ce genre de composition) pour en prendre la mesure. Que trouve-t-on en personnage central dans son unique opéra ? Une femme qui se travestit en homme pour délivrer son mari, Florestan, injustement emprisonné. Entre la première version de cet opéra, *Leonore* (1804) et la seconde, *Fidelio* (1814), se présente la musique de scène pour la tragédie de Goethe *Egmont* (*op. 84*). Qu'y entend-on ? Le chant d'une folle amoureuse qui ne rêve que de partir au combat tel un homme : « Bonheur sans pareil d'être un homme » (dernier couplet du premier lied de Clärchen - *Die Trommel gerühret*- dans le premier acte). Ce personnage de Clärchen, d'ailleurs, n'est pas sans rappeler celui de Mignon, qu'on trouve dans le lied « *Kennst du das Land* », premier de l'*Op. 75* composé au même moment qu'*Egmont*, qui refusait de s'habiller en fille et désirait être considéré comme un garçon. Même thème encore qui se présente dans la musique de scène pour *Leonore Prohaska* (*WoO 96*), que Beethoven n'acheva pas, mais qu'il entreprit juste après la reprise de *Fidelio* en 1814. Il s'agit de l'héroïsme d'une jeune fille de Postdam qui, déguisée en homme, s'enrôla dans les Francs-Tireurs pour prendre part aux combats de la guerre de libération contre les troupes napoléoniennes.[2]

---

[1] *Beethoven*, op. cit., p. 153.

[2] L'histoire est inspirée d'un fait historique. Eleonore Prohaska a réellement existé (née en 1785 et mortellement blessée en 1813). Il y eut à Vienne un concert à sa mémoire organisé par Ludwig Spohr le 23 février 1814. De même, l'intrigue de *Fidelio* transcrit un fait historique vécu par Bouilly (l'auteur des paroles de l'opéra) qui, pendant la Terreur, était administrateur du département d'Indre-et-Loire et accusateur public de 1793 à 1797, et eut affaire à une jeune femme qui risqua sa vie pour sauver son mari injustement incarcéré pendant la Convention montagnarde.

Assurément, la musique de scène de Beethoven, à défaut de révéler la plasticité identificatoire d'un Mozart, n'est pas sans se répéter à l'endroit de l'image de la femme qui semble y prendre place tel un paradigme. Elle ne peut se présenter que sous les atours du masculin, au-moins en intention, au plus dans l'apparence elle-même (Comme Leonore, dans *Fidelio*). En sera-t-on surpris ? Point de femme parce que nulle assise identificatoire d'homme pour lui, a-t-on vu plus haut. Le père Johann était voilé de blanc. De là, seuls la mère (et non la femme) et le père (qui prend les traits de Ludwig l'ancien) sont viables. La femme, elle, ne peut être que voilée sous les atours du masculin.

Avec de telles figures au genre ambigu, on n'est pas sans retrouver celle du fantôme du compositeur qui, à défaut de traits identifiables, portait le prénom du référentiel paternel (Ludwig l'ancien) et celui de la mère : *Ludwig-Maria*. Enlevez le "*Maria*", comme cela se fit pour le prénom de Beethoven, et vous comprendrez qu'il ne reste que le masculin. Point de femme sans ce voile-là, qui fait évidemment écho, quoique dans un tout autre sens, à celui du père…

Encore reste-t-on jusqu'à présent dans le registre de la musique à programme, où un scénario préprogrammé commande l'apparition de tel ou tel personnage aux caractéristiques précises. Il est évidemment bien plus difficile et bien plus délicat de s'appuyer, au chapitre du rapport à l'autre féminin dans ce qu'il impose au chapitre de la différence, sur la musique strictement instrumentale. Le conflit y est pourtant incontestable. « Beethoven, de son côté, qui échoua à la scène, se révélera comme le plus dramatique des musiciens ; presque chacune de ses sonates, symphonies ou musiques de chambre présentent une lutte dramatique soit entre deux principes, soit entre deux hommes, soit entre l'homme et son destin, soit entre l'homme et lui-même.[1] » Au sein de l'unité, celle de l'œuvre, se retrouve donc le conflit entre deux pôles opposés, comme cela s'observait au sein d'un même personnage dans le cas de la musique de scène. Est-ce là l'indice d'un féminin qui s'inscrirait au cœur de la création beethovénienne ? Cela pourrait constituer l'enjeu d'un travail qui ferait suite à celui-ci…

La culture de la différence

Il est un mode compositionnel, essentiel chez lui au point de se retrouver dans la plupart de ses compositions, qui traite justement (et avec quel génie !) de cette "*différence dans l'unité*" qui vient d'être repérée dans la musique de scène : la *Variation*. C'est elle qui surgit, d'ailleurs, lors de la crise d'Heiligenstadt, avec les *Variations op. 34* et *op. 35*. Il ne s'agit pas pour

[1] Ludwig (Emile), ibidem.

Beethoven, à partir de 1802 en tout cas, de varier simplement un thème de départ, mais de produire une *différence* sans cesse renouvelée qui, telle une succession d'univers distincts, ne cesse de reprendre l'unité de départ pour en élaborer ce qui fait justement objection à son statut d'unité. Boucourechliev[1] le disait fort justement des *Variations Diabelli op. 120* : « Chaque "variation" incarne une vision singulière, obéit à des règles du jeu propres, toujours différentes, à des hiérarchies trente-trois fois redistribuées. Ce ne sont pas des variations ; mais des œuvres autonomes. » Rien de linéaire dans les "*variations*" beethovéniennes, comme par exemple dans les *Variations Goldberg* de Bach. Entre l'une et l'autre variation, c'est l'unité elle-même du thème et de l'ensemble, chez Beethoven, qui est touché. « C'est le mouvement qui compte dans l'incertitude qu'il se trouve d'en être à la fin ou à l'origine.[2] »

La plupart de ses œuvres majeures en portent la signature. Je pense, entre une multitude d'exemples, au quatrième mouvement de la *Symphonie Héroïque* qui s'inspire explicitement des *Variations op. 35*. Mais même le terrible début de la *Cinquième symphonie* en témoigne. « Trois notes identiques suivies de celle qui nous permet de remarquer la différence, le triplet "un est un" marquant l'insistance du même, cette identité vouée à une suite où l'intervalle ouvre le différent.[3] »

Le "*différent dans le même*"... C'est Leonore travestie en homme, c'est Clärchen et l'autre Leonore (Prohaska) qui rêvent d'être un homme pour aller au combat. C'est la femme beethovénienne donc, qui ne peut l'être faute de référence masculine du côté d'un père qui fut un fils illégitime : Johann. Mais c'est aussi, peut-être surtout, le destin que Beethoven réserve toujours à l'unité. D'un thème qu'il griffonnait sur son carnet d'esquisses, il était capable de produire des dizaines d'œuvres ; d'une cellule musicale, banale comme pouvait l'être celle que proposait publiquement Diabelli, il en fit trente-trois variations. Il fallait bien qu'il achève pour passer à autre chose !... L'Histoire de la musique ne le démentira certainement pas. Il ne détruisit absolument pas les modèles anciens. Il ne "*libéra*" pas la musique, comme le disait Schaüffler.[4] De quoi était-elle prisonnière, du reste ? Il en réalisa une géniale reprise pour la varier et ouvrir, au sein de cette unité prônée par le classicisme des Lumières, la voie de la différence.

Ses premiers enseignements, à Vienne, portent d'ailleurs la trace de cette culture de la différence. Haydn lui conseillait de ne pas éditer le *Trio avec piano op. 1 en ut mineur*, le trouvant trop audacieux. Mieux, un autre de ses

[1] Boucourechliev (André), « Transmutations », *L'ARC, 40*, 1970, p. 53.
[2] Kern (Alfred), « Je suis le tout... », *L'ARC, 40*, 1970, p. 24.
[3] Idem, p. 23.
[4] *Beethoven, the man who freed Music*, op. cit.

professeurs, Albrechtsberger, conseillait à son ami Doleczalek de ne pas fréquenter ce jeune rhénan qu'il avait pour élève : « Il n'a rien appris et ne fera jamais rien de bien. » Il voyait en lui un « exalté libre-penseur musical.[1] » Bien plus tard, au soir de sa vie, Beethoven écrira de son maître Albrechtsberger qu'il excellait « à fabriquer des squelettes musicaux » (L 1345, p. 1296, lettre à Schotts Söhne du 22 janvier 1825).[2] Mais il est d'autres squelettes, absolument pas musicaux ceux-là, qui étaient à l'origine de cette écriture de la différence. Et il l'écrivait dans le *Testament d'Heiligenstadt* : la lignée des dignes artistes constituait pour lui une référence nécessaire pour qu'il tienne en tant qu'homme... Derrière cette quête de la différence s'exprime en effet, on l'aura deviné, la difficulté à tenir sur l'assise fragile d'une paternité vacante (celle liée à l'illégitimité de Johann). Avec grande perspicacité, Solomon[3] note qu'une des premières compositions de Beethoven (il avait quatorze ans) portait sur la question de pouvoir identifier ce qu'est son père. Il s'agit du *lied WoO 108* intitulé « *An einen Säugling* » (« *À un nourrisson* »).[4] Le début du texte est éloquent : « *Nach wisst du nicht, wes Kind du bist* ». (« Enfant, tu ne sais pas encore de qui tu es »).

Mater certa, sed pater incertus, derechef... Beethoven ne cesse de le signifier dans son œuvre, mais pas seulement. Comme pour s'adresser à lui-même, dans le dialogue intérieur qu'il entretenait avec les grands auteurs de l'antiquité, il soulignait certains vers de l'un de ses préférés, Homère, qui expriment également ce que son œuvre signifiait dans cette différence soutenue par sa fragilité identitaire. Ainsi Télémaque, le fils d'Ulysse, dit à Athéna déguisée (en homme, encore une fois !) : « Nul homme n'a pu vérifier qui l'a engendré » (*Odyssée*, I, 216)[5]. Plus loin dans l'ouvrage, il souligne également : « Peu d'enfants sont pareils à leur père : la plupart sont pires. Il en est peu qui aient plus de mérite » (*Odyssée*, II, 277-278). Sans doute cette seconde référence s'adresse-t-elle implicitement à son neveu Karl, celui dont il n'était pas le père tout en ne cessant de le revendiquer. C'est ce que semble confirmer cet autre vers également souligné : « Et veuillent les dieux t'accorder tout ce que ton cœur désire, un nom, une maison, et faire régner en ton ménage la concorde, ce bien précieux » (*Odyssée*, VI, 180-181)[6]. En tout

---

[1] Cit. in Goldron (Romain), *Beethoven*, op. cit., p. 90.

[2] Pour autant, les relations entre le maître et l'élève durent être cordiales et respectueuses. Beethoven envoya à Albrechstberger le jeune Ries qui venait d'arriver de Bonn, et il conseilla à Karl Czerny de travailler ses écrits théoriques.

[3] Op. cit., p. 51-52.

[4] Poème de Johann von Döring de 1778.

[5] Homère, *L'odyssée*, Paris, Gallimard, NRF, 1955, p. 567.

[6] Pour creuser la question de ces références de Beethoven à Homère, voir Brisson (Elisabeth), *Le sacre du musicien. La référence à l'antiquité chez Beethoven*, CNRS éditions, 2000, p. 238-245.

cas, la paternité est ici référence majeure, au titre d'origine (*Comment savoir de quel père l'on vient*) ou au titre de projet concernant la tutelle du neveu.

Il est évident toutefois que le dernier mot, chez Beethoven, reviendra à la musique. C'est avec elle, plus qu'avec le descriptif de sa surdité après sa mort par le Pr Schmidt, qu'il sait pouvoir se réconcilier avec le monde. C'est pour cela que le "*blanc*" qui se présente dans le *Testament d'Heiligenstadt*, doit être entendu également au-delà de la dynamique graphique qui le sous-tend. Ce "*blanc*" doit s'entendre comme un *silence*, celui de l'indicible relatif au père illégitime, mais aussi celui qui reste là, comme *fond*, surgissant paradoxalement comme fond dès que prennent *forme* les quatre notes du destin qui ouvrent la *Cinquième symphonie* (ou quelque autre de ses chefs-d'œuvre). C'est dans ce silence que « Ça se met à parler », au-delà de toute intention expressive.

C'est dans ce silence qui *fonde* sa musique qu'on peut sans doute se sentir au plus près de celui qui fut sourd et qui ne cessait de vouloir faire entendre ce que lui murmurait intérieurement la nécessité de faire entendre son nom par-delà les siècles, au-delà, donc, de la mort d'un simple individu, aussi opiniâtre, insupportable et misanthropique a-t-il pu être de son vivant.

Il s'appelle Beethoven…

CONCLUSION :
LE GÉNIE DANS LE QUELCONQUE

Conformément à ce que Beethoven souhaitait, le *Testament d'Heiligenstadt* a été trouvé et donc connu seulement après sa mort, en 1827. Un quart de siècle sépare le moment de son écriture de celui de sa lecture. En soi, il ne pouvait être lu qu'après son décès, dans l'après-coup donc, mais il est évident qu'un tel intervalle de temps a orienté sa lecture dans le sens d'une idéalisation que ces vingt-cinq années ont façonnée à partir de ses œuvres immortelles…

Assurément, le *Testament* marque un temps de transition entre deux périodes de sa vie. Il est difficile en effet de le dissocier du style qui caractérisa ses compositions après 1802. Sur le plan personnel déjà, il ne semble y avoir eu aucune trace durable et visible de cette crise qui justifia sa rédaction. Après la tempête de douleur, le calme soudain. Rien, dans ce qu'on sait de sa vie peu après l'automne 1802, ne permet de saisir quoi que ce soit qui fasse témoignage de la crise qu'il vient de vivre. C'est sa création qui s'en charge, en s'engageant sur des voies nouvelles et proprement révolutionnaires. C'est la *Symphonie Héroïque op. 55*, dont Romain Rolland est convaincu qu'il en entendait intérieurement le thème principal du premier mouvement déjà à Heiligenstadt. Ce sera aussi bientôt la *Sonate à Kreutzer op. 47* et bien d'autres chefs-d'œuvre dans les années suivantes... Sa création semble avoir eu le dernier mot. Non qu'elle lui ait permis de sortir simplement de la crise qu'il vient de traverser, mais elle semble avoir réalisé ce qui se trouvait affirmé dans le *Testament*. C'est avec elle, en effet, que la réconciliation avec le monde sera avant tout possible. Il ne fallait pas simplement que le monde sache, par l'intermédiaire de la description de sa surdité, ce qui justifiait son apparente misanthropie. Il fallait que le monde *entende* ! Parole de sourd…

On aurait grand tort de lire le *Testament d'Heiligenstadt* comme le texte d'un homme simplement désespéré, de le considérer, autrement dit, sur les seules coordonnées d'une période précise de sa vie. Bien entendu, certains ont voulu y lire ce qu'ils voulaient y trouver ! L'idée d'une déception amoureuse, avec Giulietta Guicciardi, a été posée comme cause probable chez quelques-uns. Oublions vite, car la thèse ne tient absolument pas ; pire, elle fait violence à ce qui se lit explicitement dans le texte et fait montre en cela de la plus évidente malhonnêteté intellectuelle. Car la surdité est bel et bien là comme motif principal de l'écriture du *Testament*. Elle se dit à travers tout le texte. C'est donc un point incontestable à rappeler à ceux qui doivent réapprendre à lire... Mais on a vu qu'il convenait d'être plus précis ! C'est *l'effet* de cette surdité qui se présente ici, car elle était déjà présente depuis plusieurs années et Beethoven l'avait même avouée dans le plus grand secret à deux de ses proches amis, Wegeler et Amenda. Cette surdité le forçait au repli social, et en cela à être traité d'ennemi au moment-même où il en voyait lui-même partout autour de lui. C'est à ce niveau-là, manifestement, qu'il attendait le pardon des autres (*Menschen*), une fois la lumière faite sur son infirmité. Évidemment, le musicien ne pouvait qu'être aussi meurtri que l'homme dans sa relation aux autres. Mais sur ce terrain-là, je le répète, la réconciliation n'attendra pas l'heure de sa mort...

Cette surdité, Beethoven voulait la placer, aussi longtemps que possible, sous le sceau du plus grand *secret*. L'Autre ne doit pas la savoir. C'est la raison pour laquelle la fameuse scène avec Ries prend dans le *Testament* une valeur centrale. Le voile tombe ! L'autre *peut* savoir qu'il n'est plus capable d'entendre quelque mélodie lointaine provenant de la flûte d'un berger. Cette dimension du savoir de l'Autre a été chez lui aussi importante que la surdité elle-même, celle-ci ne l'empêchant jamais de composer.

Cela pourrait suffire pour prétendre avoir compris le message véritable du *Testament d'Heiligenstadt*. Il serait à entendre comme le cri de désespoir d'un homme qui se voit touché sur les deux plans de sa relation aux autres et de son art musical. J'espère avoir montré qu'il était possible d'y lire bien plus... Si en effet, le secret de sa surdité ne pouvait tenir plus longtemps, il en est d'autres qui s'y mi-disent et qui font véritable énigme...

À l'instar de la lettre à l'*Immortelle bien-aimée* qui sera écrite dix ans plus tard, et dans des proportions bien plus vastes encore concernant son mystère, on ne peut savoir exactement à qui est adressé le *Testament* de 1802. Dans le texte, il *s'adresse* explicitement à un Autre indéfini tandis qu'il *l'adresse* de façon tout aussi explicite à ses frères (*Fur meine Brüder...*), en laissant de surcroît un blanc en lieu et place du prénom de l'un d'eux. Force est de constater que le document *sécrète* bien plus qu'une douleur liée à sa surdité et à ses conséquences ! Un autre secret s'y mi-dit, dont la source excède de très loin ce qui relève du simple registre de l'événement, fût-il présent dans l'évidence, telle la surdité. Il a fallu en vérité effectuer plus d'un détour pour en approcher la valeur précise...

Le prénom "*Johann*" occupe évidemment une place centrale. C'est celui du frère, bel et bien présent dans le document, malgré le blanc qui se trouve à sa place, grâce au « *Meine Bruder* » et au prénom de Carl qui est écrit juste après celui-ci. Mais c'est aussi le prénom du père, Johann van Beethoven. Pour comprendre une telle suspension graphique, il a fallu revenir aux sources généalogiques pour voir combien précaire était la place de ce dernier. L'autorité de son propre père, Ludwig l'ancien, maintes fois soulignée dans la plupart des biographies, est confirmée dans la "*ronde des prénoms*" se présentant dans la famille Beethoven. Car de Johann, il était question avec le premier mari (Johann Leym) de la mère, Maria-Magdalena, qui s'inscrivait elle-même dans une famille (Keverich) où tous les individus masculins portaient ce prénom. Des "*Johann*", si j'ose dire, on en trouve partout dans la famille Beethoven-Keverich ! Mais un événement, secret justement, est à mettre en rapport avec le poids que prend justement Ludwig l'ancien : Johann est le fils d'un autre homme, suite à une infidélité de sa mère, Maria-Josepha. Peut-on le prouver ? Évidemment non, puisqu'il s'agit précisément d'un secret ! On ne peut que le deviner, sur la base de l'ambiguïté liée à la naissance de Johann et de la mort de son frère aîné, au même lieu et à la même période, Markus-Joseph. Que cela soit vérifiable importe peu, finalement, l'essentiel revenant, comme toujours dans la démarche clinique, à l'ensemble des indices qui, chez Beethoven le premier, attestent d'un tel secret dans son effet saisissable dans le seul après-coup.

Ce secret lié à la naissance de Johann a eu en tout cas celui de renforcer la place de Ludwig l'ancien dans une filiation symbolique où l'aïeul prenait la place du père, Johann étant l'enfant d'un autre tout en étant, cela est essentiel, reconnu par son propre père. Pourquoi celui-ci l'a-t-il reconnu ? Tenait-il à ce que son titre de *Kapellmeister* reste immaculé ? Quoi qu'il en soit, le nom de Johann, tache dans la lignée des Beethoven par l'infidélité de Maria-Josepha, sera tel un blanc, comme dans le *Testament*...

On comprend, de là, maints éléments de la vie du compositeur. En plus du blanc significatif, qui se trouve à trois reprises dans le *Testament*, prend tout son sens la violence dont il fit preuve lors de l'union, proprement illégitime à ses yeux, de son frère Johann avec Thérèse Obermayr.[1] Le scandale, pour Beethoven, avait le visage d'une petite fille, Amalia, née d'une précédente union avec un autre homme, forçant en cela Johann à usurper la place de père à l'endroit de l'enfant d'un autre. Là où Ludwig l'ancien avait réussi à maintenir l'honneur grâce au secret, Johann le frère rendit publique l'illégitimité de Johann le père. C'en était trop pour le compositeur qui portait

[1] Violence bien plus grande, je le rappelle, que dans le cas de son autre frère Carl. Ce n'est, on l'a vu, que lorsque la question de la tutelle sera posée que Beethoven se déchaînera contre Johanna !...

de surcroît le prénom de l'aïeul à l'honneur bafoué avec la naissance de Johann…

Prend tout son sens également cet acharnement chez Beethoven à assurer la paternité de son neveu Karl. Le père de celui-ci était son frère. Point d'illégitimité ici, donc, au-moins sur la scène publique car on a vu que Beethoven allait sur le tard jusqu'à émettre l'idée qu'un certain Hofbauer, le père du deuxième enfant de Johanna, aurait pu être le père de son neveu. En tout cas, auprès de son neveu, il jouit d'une assise fondée sur le modèle de Ludwig l'ancien : *être père sans l'être* ! C'est ce qu'il fut avec Karl, à la nuance près qu'il n'avait justement pas à cacher sa place de père (au contraire, il la revendiquait constamment, publiquement autant qu'auprès de son neveu lui-même !) ni l'origine de l'enfant qui portait bel et bien, officiellement, le nom Beethoven.

Assurément, le prénom "*Johann*" et la fonction de père ont pesé de tout leur poids dans le destin de Beethoven. Mais le secret lié au père, dont on voit le visage vide, *blanc*, dans le *Testament* ainsi que dans certaines orientations significatives dans la vie du compositeur, a trouvé à s'alimenter à travers les deux figures essentielles qui se retrouvent au cœur de son prénom et qui firent, pour lui, couple de référence : Ludwig l'ancien, son grand-père, et Maria-Magdalena, sa mère. C'est là que s'entend le fantôme qui justifiera ces positions extrémistes à l'endroit de ses frères et de certains de ses amis proches. Parce que de frère, il est précisément question ici ! Je veux parler de celui qui mourut avant sa naissance. Et il portait de surcroît le même prénom que lui, auquel se trouvait adjoint celui de la mère qui était en même temps celui de tous les individus de sexe féminin dans la famille : "*Maria*".

De ce frère aîné mort, Beethoven reçut deux choses : le prénom "*Ludwig*" et un "*blanc*" en lieu et place, encore une fois, d'un prénom, mais cette fois celui de la mère et plus largement du féminin. Dans le "*Ludwig*" ainsi isolé se trouvaient combinées deux histoires qui constituèrent ses assises identificatoires premières : celle du grand-père Ludwig l'ancien qui, lui aussi, avait eu un frère mort qui portait le même prénom, et celle de Maria-Magdalena qui voulait, dans ce blanc, mettre fin à la série des enfants morts, sur le fond paradoxal, celui du "*blanc*" justement, d'un inévitable rappel incessant qu'ils le furent bel et bien, au diapason d'un deuil qui concernait également un premier mari défunt. *Un frère aîné mort, dont il hérite du prénom qui est en même temps celui d'un grand-père qui eut un frère aîné mort de même prénom, tout en subissant le rappel de ce qu'il ne peut pas ne pas être dans la détresse d'une mère éplorée.* Voilà en condensé ce qui semble constituer la trame inconsciente de Beethoven ! Cela agissait tel un fantôme, dans un silence de mort(s) que Beethoven, même sourd, ne pouvait pas ne pas entendre…

Le *Testament* de 1802 n'exprimait finalement rien d'autre que ce fantôme qui, peut-être, avait la couleur du blanc laissé en lieu et place du prénom du père. Ce blanc, qui sait, peut voiler également ce couple mythique de l'aïeul et de sa mère... De même, la mort qui justifiait le terme même de "*testament*" et qu'on lit à travers ses idées de suicide, doit être entendue avant tout comme ce qui se rappelait de ce *blanc* lié à son prénom à lui, Ludwig... « Ô Hommes, vous qui lirez ceci après ma mort... » Beethoven interroge fondamentalement, dans le *Testament d'Heiligenstadt*, ce qui restera de lui dans la réconciliation une fois qu'il ne sera plus. Ludwig l'ancien n'avait rien fait d'autre en lui donnant, contre le père blanc, son propre prénom à la suite d'un frère mort qui le portait déjà. Sa musique en répondra. N'écrivait-il pas, comme il le disait à Schuppanzigh, « pour les auditeurs d'un autre temps » ? Entendez, quand il ne sera plus... tel un testament qui se lira après sa mort...

Le mystère du *Testament d'Heiligenstadt* est-il donc levé ? Je serai le premier à revendiquer, haut et fort, que non. C'est un sacré tour du savoir de nous donner l'illusion d'avoir fait le tour d'un sujet ! Et j'espère qu'à l'issue de ce travail, on partagera cette impression mienne que les questions restent plus nombreuses que ce qui pourrait être tenu comme une réponse. Je ne veux pas dire qu'il y ait à regretter que ce travail soit inachevé, qu'il y manque tel ou tel point d'importance. En soi, il ne peut être que manquant, et cela me semble déjà l'indice précieux qu'à propos de Beethoven, il restera encore et toujours la possibilité de dire davantage. Mais je veux surtout souligner qu'au-delà des développements qui précèdent, quelles que soient leur force, leur faiblesse voire leur pertinence, au-delà du *savoir* donc, reste ce qui aura pu parler au point de motiver un tel travail. Pour ma part, à tout jamais je crois, je garderai cet effet de surprise en entendant l'*écart* qui se présente entre ce qui s'entend dans sa musique et ce que je *sais* de son auteur.

Rien n'est plus étranger à l'œuvre beethovénienne que l'idée d'une expression ou d'un programme. La *Symphonie Pastorale*[1] a pu générer à ce titre les pires malentendus chez ceux qui se limitaient à y voir quelque tableau sonore de la campagne que Beethoven aimait tant. Il n'y a pas *correspondance* entre sa musique et sa vie. Il n'y a qu'*écart*, et c'est celui-ci qui me semble pouvoir être entendu à l'issue de ce travail, si son objectif est atteint. Écoutez la *Missa solemnis* et pensez un instant, juste un instant, tandis que résonne par exemple la fugue finale du *Credo*, que son auteur était, lorsqu'il la composait, dans les affres de la douleur et des tourments domestiques et juridiques

[1] Et bien d'autres œuvres de Beethoven, même si certains surnoms ne sont pas de lui. Je pense ici notamment, entre autres, à la *Sonate op. 27,2* dont le surnom « clair de lune » est une invention de Rellstab.

concernant son neveu Karl. Là où certains refuseront de prendre en considération cette part personnelle qui est loin de faire gloire à Beethoven, j'y trouve au contraire matière à l'entendre autrement. J'y trouve même l'une de ces multiples occasions de mon quotidien où il m'arrive de croiser un vieil homme inconnu, bourru et seul, tandis que la musique qui résonne en mon intérieur m'invite à *entendre* plus qu'à *voir* ce qu'il est… Son génie, ses œuvres auraient-ils été inexistants que Beethoven, on peut en être sûr, n'aurait pas eu grand poids et on se serait sans doute contenté, comme avec ce vieil inconnu que je rencontre, de le regarder avec hauteur, mépris ou pire, avec indifférence… Mais sa musique est là ! C'est même elle qui constitue l'assise sur laquelle ce travail a pu prendre forme. C'est là, je crois, entre le "*génial*" d'un sourd qui résonne et le "*quelconque*", qui regarde chacun de nous, que Beethoven peut être entendu véritablement.

Pour sûr, il aurait toute sa place aujourd'hui, surtout chez ceux qui, dans le savoir qui peut parfois prendre des allures d'intégrisme (pas seulement celui auquel on pense immédiatement !), n'entendent rien de l'autre malgré un organe auditif intact. Entre sa musique immortelle et l'individu qui voulait, dans le *Testament d'Heiligenstadt*, que le monde se réconcilie avec lui, s'ouvre le possible espace d'une *rencontre* paradoxalement insaisissable dans le savoir. La nature de cet espace possible ? Écoutez Beethoven, vous comprendrez *sans le savoir…* Car c'est un blanc qui se présente en lieu et place de la réponse à une telle question. Et c'est parce qu'il y a du blanc que l'écriture devient possible. Ce travail en est la preuve…

BIBLIOGRAPHIE

Abraham Nicolas & Torok Maria, *L'écorce et le noyau*, Paris, Aubier,

Audley A., *Louis van Beethoven. Sa vie et ses œuvres d'après les plus récents documents*, Paris, Didier & Cie, 1867.

Badura-Skoda Paul & Demus Jörg, *Les sonates de Beethoven*, Paris, J.-CL Lattès, 1984.

Beethoven Ludwig van, *Cahiers de conversation (1819-1827)*, édition révisée par Nathalie Krafft, Paris, Buchet-Chastel.

Belpaire M. E., *Beethoven*, Bruxelles, l'écran de midi, 1946.

Boucourechliev André, Beethoven, Paris, Le Seuil, 1963.

Boucourechliev André, « Transmutations », *L'ARC, 1970*, p. 19-26.

Brisson Elisabeth, *Le sacre du musicien. La référence à l'antiquité chez Beethoven*, CNRS éditions, 2000.

Brisson Elisabeth, *Beethoven*, Paris, Fayard, 2004.

Brisson Elisabeth, *Guide de la musique de Beethoven*, Paris, Fayard, 2005.

Brisson Elisabeth, *Beethoven*, Paris, Ellipses, 2016.

Célis Henry, *Beethoven*, Bruxelles, Editions de la Nouvelle Revue, Belgique, 1944.

Chantavoine Jean, *Beethoven*, Paris, Félix Alcan, 1911.

Closson Ernest, *L'élément flamand dans Beethoven*, Bruxelles, Monnom, 1928.

Cooper Barry (sous la direction de), *Dictionnaire Beethoven*, Paris, J.-C. Lattès, 1991.

D'Harcourt Robert, « Une vie d'orages et de passions », in *Beethoven*, Paris, Hachette, 1961.

De Hevesy André, *Beethoven. Vie intime*, Paris, Emile-Paul frères, 1949.

D'Indy Vincent, *Beethoven*, Paris, Henri Laurens, 1911.

DeNora Tia, *Beethoven et la construction du génie*, Paris, Fayard, 1995.

Fauconnier Bernard, *Beethoven*, Paris, Gallimard, 2010.

Freud Sigmund, *Un souvenir d'enfance de Léonard de Vinci* (1910), Paris, Gallimard, 1987

Freud Sigmund, "Actuelles sur la guerre et la mort", 1915, in *Œuvres complètes, XIII*, Paris, PUF, 1988, p. 129-157.

Freud Sigmund, « Un souvenir d'enfance de Poésie et vérité » (1917), in *Œuvres complètes XV*, Paris, PUF, 1996, p. 65-75

Goldron Romain, *Beethoven sans légende*, Lausanne, Cahiers de la renaissance vaudoise, 1972.

Gottschalk Walter & Bentot Gaston, *Langenscheidt II*, Paris, Larousse, 1968.

Grover George, *Beethoven and his Nine Symphonies*, New York, 1898.

Herriot Edouard, *La vie de Beethoven*, Paris, Gallimard, 1929.

Hertrich Charles, *L'âme sublime de Beethoven*, Saint-Etienne, Les Flambeaux, 1944.

Javaud Alexandre, « Beethoven et l'humour », *Beethoven, sa vie, son œuvre, 17*, 1er semestre 2015, p. 79-92.

Kern Alfred, « Je suis le tout… », *L'ARC, 1970*, p. 19-26.

Loyonnet Paul, *Les 32 sonates pour piano, journal intime de Beethoven*, Québec, Louise Couteau, 1988.

Lenz Whilelm von, *Beethoven et ses trois styles*, ..., 1855.

Littré Emile, *Dictionnaire de la langue française, IV*, Paris, Hachette, 1873.

Ludwig Emile, *Beethoven. Vie d'un conquérant*, Paris, Flammarion, 1945.

Magnani Luigi, *Les cahiers de conversation de Beethoven*, Neuchâtel, La Braconnière, 1971, p. 12-13.

Marty Laurent, « Le Christ au Mont des Oliviers. Analyse musicale de l'œuvre », *Revue ABF, 11*, 1er semestre 2009, p.

Massin Jean & Brigitte, *Ludwig van Beethoven*, Paris, Fayard, 1967.

Massin Jean & Brigitte, *Recherche de Beethoven*, Paris, Fayard, 1970.

Massin Jean & Brigitte, *Wolfgang Amadeus Mozart*, Paris, Fayard, 1970.

Maurois André, « Le mystère des amours », in *Beethoven*, Paris, Hachette, 1961, p. 129-150.

Michaux Jean-Louis, *Le cas Beethoven. Le génie et le malade*, Bruxelles, Ravin, 1999.

Miermont Jacques, *Contribution à l'étude psychopathologique de Ludwig van Beethoven*, Thèse, Clermont Ferrand, 1974

Nohl Ludwig, *Beethovens Briever*, Leipzig, Günther, 1870.

Offner Raymond, *Beethoven l'inexpliqué*, Paris, Editions du Mail, 1947.

Porot Maurice & Miermont Jacques, *Beethoven et les malentendus. Etude médico-psychologique*, Paris, Geigy, 1986.

Prod'homme Jean-Georges, *La jeunesse de Beethoven*, Paris, Payot, 1921.

Prod'homme Jean-Georges, *Les sonates pour piano de Beethoven (1782-1823)*, Paris, Delagrave, 1938.

Prod'homme Jean-Georges, *Beethoven raconté par ceux qui l'ont vu*, Paris, Stock, 1947.

Reniers Dominique, « Beethoven et l'écriture du Destin. Entre Autre », *Beethoven, sa vie, son œuvre, 14*, second semestre 2012, p. 21-38.

Reniers Dominique, « Beethoven et Zmeskall von Domanovecz. Beethoven et son entourage (1) », *Beethoven, sa vie, son œuvre, 17*, 1er semestre 2015.

Reniers Dominique, « Beethoven et Karl Amenda. Beethoven et son entourage (3) », *Beethoven, sa vie, son œuvre*, 19, second semestre 2016.

Rolland Romain, *Jean-Christophe I. L'aube*, Paris, Albin Michel, 1927.

Rolland Romain, *La vie de Beethoven*, Paris, Hachette, 1927.

Rolland Romain, *Beethoven. Les grandes époques créatrices*, 1930-1949, Paris, Albin Michel, 1966.

Romano Stephan, « La comtesse Marie Erdödy fut-elle l'Immortelle Bien-Aimée de Beethoven ? », *Revue ABF, 9*, 1er semestre 2008, p. 18-38.

Rosen Charles, *Les sonates pour piano de Beethoven. Un petit guide*, Paris, Gallimard, 2007.

Rouch Michel, « Ludwig van Beethoven, sa vie, son œuvre. 1735-1749 », *Revue ABF, 7*, 1er semestre 2007, p.

Rouch Michel, « Ludwig van Beethoven, sa vie, son œuvre. 1768-1770 », *Revue ABF, 10*, second semestre 2008, p.

Rouch Michel, « Ludwig van Beethoven, sa vie, son œuvre, 11, 1774-1778 », *Revue ABF, 13*, 1[er] semestre 2012, p.

Schauffler Robert Haven, *Beethoven. The man who freed Music*, New York, Garden City, 1933.

Schindler Anton, *Histoire de la vie et de l'œuvre de Ludwig van Beethoven*, Paris, Garnier, 1864.

Solomon Maynard, *Beethoven*, Paris, Fayard, 2003.

Sterba Richard et Edith, *Beethoven et sa famille*, Paris, Corréa, 1955.

Stricker Rémy, *Le dernier Beethoven*, Paris, Gallimard, 2001.

Sullivan J. W. N., *Beethoven. His spiritual development*, New York, American Library and World Literature, 1927.

Thayer Alexander Wheelock, *The life of Ludwig van Beethoven, I*, Cambridge University Press, 1921.

Thayer Alexandre Wheelock, *The life of Ludwig van Beethoven III*, Cambridge University Press, 1921

Vignal Marc, *Beethoven et Vienne*, Paris, Fayard, 2004.

Wegeler Franz & Ries Ferdinand, *Notices biographiques sur L. van Beethoven*, Paris, Dentu, 1862.

Wilder Victor, *Beethoven. Sa vie et son œuvre*, Paris, Charpentier & Fasquelle, 1927.

TABLE DES MATIÈRES

Structures éditoriales du groupe L'Harmattan

L'Harmattan Italie
Via degli Artisti, 15
10124 Torino
harmattan.italia@gmail.com

L'Harmattan Hongrie
Kossuth l. u. 14-16.
1053 Budapest
harmattan@harmattan.hu

L'Harmattan Sénégal
10 VDN en face Mermoz
BP 45034 Dakar-Fann
senharmattan@gmail.com

L'Harmattan Cameroun
TSINGA/FECAFOOT
BP 11486 Yaoundé
inkoukam@gmail.com

L'Harmattan Burkina Faso
Achille Somé – tengnule@hotmail.fr

L'Harmattan Guinée
Almamya, rue KA 028 OKB Agency
BP 3470 Conakry
harmattanguinee@yahoo.fr

L'Harmattan RDC
185, avenue Nyangwe
Commune de Lingwala – Kinshasa
matangilamusadila@yahoo.fr

L'Harmattan Congo
67, boulevard Denis-Sassou-N'Guesso
BP 2874 Brazzaville
harmattan.congo@yahoo.fr

L'Harmattan Mali
Sirakoro-Meguetana V31
Bamako
syllaka@yahoo.fr

L'Harmattan Togo
Djidjole – Lomé
Maison Amela
face EPP BATOME
ddamela@aol.com

L'Harmattan Côte d'Ivoire
Résidence Karl – Cité des Arts
Abidjan-Cocody
03 BP 1588 Abidjan
espace_harmattan.ci@hotmail.fr

L'Harmattan Algérie
22, rue Moulay-Mohamed
31000 Oran
info2@harmattan-algerie.com

L'Harmattan Maroc
5, rue Ferrane-Kouicha, Talaâ-Elkbira
Chrableyine, Fès-Médine
30000 Fès
harmattan.maroc@gmail.com

Nos librairies en France

Librairie internationale
16, rue des Écoles – 75005 Paris
librairie.internationale@harmattan.fr
01 40 46 79 11
www.librairieharmattan.com

Librairie l'Espace Harmattan
21 bis, rue des Écoles – 75005 Paris
librairie.espace@harmattan.fr
01 43 29 49 42

Lib. sciences humaines & histoire
21, rue des Écoles – 75005 Paris
librairie.sh@harmattan.fr
01 46 34 13 71
www.librairieharmattansh.com

Lib. Méditerranée & Moyen-Orient
7, rue des Carmes – 75005 Paris
librairie.mediterranee@harmattan.fr
01 43 29 71 15

Librairie Le Lucernaire
53, rue Notre-Dame-des-Champs – 75006 Paris
librairie@lucernaire.fr
01 42 22 67 13

www.ingramcontent.com/pod-product-compliance
Lightning Source LLC
LaVergne TN
LVHW011951220826
846092LV00001B/153

* 9 7 8 2 3 4 3 2 0 9 8 3 8 *